Französische Immobilien verwaltende Gesellschaften mit deutschem Gesellschafter unter besonderer Berücksichtigung des deutsch-französischen Abkommensrechts

Trierer Studien zum Internationalen Steuerrecht

Herausgegeben von Gabriele Burmester

Band 23

Anna Lena Weis

Französische Immobilien verwaltende Gesellschaften mit deutschem Gesellschafter unter besonderer Berücksichtigung des deutsch-französischen Abkommensrechts

PETER LANG

Bibliografische Information der Deutschen Nationalbibliothek
Die Deutsche Nationalbibliothek verzeichnet diese Publikation in der Deutschen Nationalbibliografie; detaillierte bibliografische Daten sind im Internet über http://dnb.d-nb.de abrufbar.

Zugl.: Trier, Univ., Diss., 2018

D 385
ISSN 1861-695X
ISBN 978-3-631-78134-0 (Print)
E-ISBN 978-3-631-78152-4 (E-PDF)
E-ISBN 978-3-631-78153-1 (EPUB)
E-ISBN 978-3-631-78154-8 (MOBI)
DOI 10.3726/b15370

Peter Lang – Berlin · Bern · Bruxelles · New York · Oxford · Warszawa · Wien

Diese Publikation wurde begutachtet.

www.peterlang.com

Vorwort

Die vorliegende Arbeit wurde im Sommersemester 2018 vom Fachbereich Rechtswissenschaft der Universität Trier als Dissertation angenommen. Die Dissertation wurde vor Veröffentlichung überarbeitet. Literatur, Gesetzgebung, Rechtsprechung und Verwaltungsanweisungen konnten bis August 2017 berücksichtigt werden.

An dieser Stelle möchte ich meiner Doktormutter, Frau Prof. Dr. Gabriele Burmester, sehr herzlich danken, die die Dissertation in jeder Phase exzellent betreut und mich sehr unterstützt hat. Ihr außerordentliches Engagement für Studierende und Promovierende – auch nach ihrer Emeritierung – bewundere und schätze ich sehr, für ihre Förderung bin ich äußerst dankbar. Herzlichen Dank richte ich auch an Herrn Prof. Dr. Hans-Friedrich Müller für die Erstellung des Zweitgutachtens und an Herrn Prof. Dr. Timo Hebeler und Herrn Prof. Dr. Mark Zöller für ihre freundliche Mitwirkung am Rigorosum. Ich danke zudem Herrn Dr. Christoph Schneider, der mir als wertvoller Ratgeber zur Verfügung stand.

Zuletzt danke ich meiner Familie und insbesondere meinem Ehemann, der immer für mich da war und alle Höhen und Tiefen der Dissertation mitgemacht hat. Ich bin sehr glücklich, solche Unterstützung erfahren zu haben.

Inhaltsverzeichnis

Abkürzungsverzeichnis

a. A.	anderer Ansicht
Abl.	Amtsblatt
Abs.	Absatz
a. F.	alte Fassung
AG	Aktiengesellschaft
AktG	Aktiengesetz
Ann.	Annex
AO	Abgabenordnung
AStG	Gesetz über die Besteuerung bei Auslandsbeziehungen (Außensteuergesetz)
Art.	Artikel
Artt.	Artikel (mehrere)
Aufl.	Auflage
Az.	Aktenzeichen
BA	bénéfices agricoles
BB	Betriebs-Berater (Zeitschrift)
BewG	Bewertungsgesetz
BFH	Bundesfinanzhof
BGB	Bürgerliches Gesetzbuch
BGBl.	Bundesgesetzblatt
BGH	Bundesgerichtshof
BIC	Bénéfices industriels et commerciaux
BMF	Bundesministerium der Finanzen
BNC	Bénéfices non commerciaux
BOFiP	Bulletin officiel des Finances Publiques
BOI	Bulletin Officiel des Impôts
BStBl.	Bundessteuerblatt
BVerfG	Bundesverfassungsgericht
bzw.	beziehungsweise
CA	Cour d'appel
CGI	Code Général des Impôts
CC	Code Civil
CCas	Cour de Cassation
CCom	Code de Commerce
CE	Conseil d'Etat

C3S	Contribution sociale de solidarité des sociétés
CRDS	Contribution pour le remboursement de la dette sociale
CSG	Contribution sociale généralisée
DBA	Doppelbesteuerungsabkommen
DBA Deutschland-Frankreich	Abkommen zwischen der Bundesrepublik Deutschland und der Französischen Republik zur Vermeidung der Doppelbesteuerungen und über gegenseitige Amts- und Rechtshilfe auf dem Gebiete der Steuern vom Einkommen und vom Vermögen sowie der Gewerbesteuern und der Grundsteuern
DBA Deutschland-Frankreich (E)	Abkommen zwischen der Bundesrepublik Deutschland und der Französischen Republik zur Vermeidung der Doppelbesteuerung der Nachlässe, Erbschaften und Schenkungen
DBA Deutschland-USA	Abkommen zwischen der Bundesrepublik Deutschland und den Vereinigten Staaten von Amerika zur Vermeidung der Doppelbesteuerung und zur Verhinderung der Steuerverkürzung auf dem Gebiet der Steuern vom Einkommen und Vermögen und einiger anderer Steuern
DE-VG	Deutsche Verhandlungsgrundlage für Doppelbesteuerungsabkommen
Ders.	Derselbe
DGFiP	Direction Générale des Finances Publiques
Diss.	Dissertation
DStR	Deutsches Steuerrecht (Zeitschrift)
EGBGB	Einführungsgesetz zum Bürgerlichen Gesetzbuch
ErbStR 2011	Erbschaftsteuerrichtlinien mit Hinweisen 2011
EStG	Einkommensteuergesetz
EU	Europäische Union
EuErbVO	Verordnung (EU) Nr. 650/2012 des Europäischen Parlaments und des Rates vom

	4.7.2012 über die Zuständigkeit, das anzuwendende Recht, die Anerkennung und Vollstreckung von Entscheidungen und die Annahme und Vollstreckung öffentlicher Urkunden in Erbsachen sowie zur Einführung eines Europäischen Nachlasszeugnisses
EWR	Europäischer Wirtschaftsraum
f.	folgende (Seite/Randnummer)
ff.	folgende (Seiten/Randnummern)
FG	Finanzgericht
FGO	Finanzgerichtsordnung
FPI	Fonds de placement immobilier
gem.	gemäß
ggf.	gegebenenfalls
G-REIT	German REIT (Real Estate Investment Trust)
GbR	Gesellschaft bürgerlichen Rechts
GewStG	Gewerbesteuergesetz
GG	Grundgesetz
GmbH	Gesellschaft mit beschränkter Haftung
GmbHG	Gesetz betreffend die Gesellschaften mit beschränkter Haftung
HGB	Handelsgesetzbuch
Hrsg	Herausgeber
Hs	Halbsatz
InvStG	Investmentsteuergesetz
IPR	Internationales Privatrecht
IR	Impôt sur le revenu
IS	Impôt sur les sociétés
i.S.d.	im Sinne des/der
ISF	Impôt de solidarité sur la fortune
IStR	Internationales Steuerrecht (Zeitschrift)
IStR-LB	Internationales Steuerrecht – Länderbericht (Zeitschrift)
i.V.m.	in Verbindung mit
IWB	Internationale Wirtschaftsbriefe (Zeitschrift)
KAGB	Kapitalanlagegesetzbuch

KG	Kommanditgesellschaft
KStG	Körperschaftsteuergesetz
LPF	Livre des procédures fiscales
MK	Musterkommentar
n.F.	neue Fassung
NJW	Neue Juristische Wochenschrift (Zeitschrift)
Nr	Nummer
NWB	NWB Zeitschrift Steuer- und Wirtschaftsrecht (Zeitschrift)
NZG	Neue Zeitschrift für Gesellschaftsrecht
OECD	Organisation für wirtschaftliche Zusammenarbeit und Entwicklung
OECD-MA	Musterabkommen der OECD zur Vermeidung der Doppelbesteuerung auf dem Gebiet der Steuern vom Einkommen und vom Vermögen (2014)
OECD-MA (E)	Musterabkommen der OECD für ein Abkommen zwischen Staat A und Staat B zur Vermeidung der Doppelbesteuerung auf dem Gebiet der Nachlaß-, Erbschaft- und Schenkungsteuern (1982)
OHG	Offene Handelsgesellschaft
OPCVM	Organisme de placement collectifs en valeurs mobilières
OPCI	Organisme de placement collectif immobilier
PACS	Pacte civil de solidarité
PIStB	Praxis Internationale Steuerberatung (Zeitschrift)
REITG	Gesetz über deutsche Immobilien-Aktiengesellschaften mit börsennotierten Anteilen
RFH	Reichsfinanzhof
RFHE	Sammlung der Entscheidungen und Gutachten des Reichsfinanzhofs
RJF	Revue de jurisprudence fiscale (Zeitschrift)
rkr.	rechtskräftig
Rn.	Randnummer
Rs.	Rechtssache
s.	siehe

S.	Satz
SA	Société anonyme
SARL	Société à responsabilité limitée
SAS	Société par actions simplifiée
SCI	Société civile immobilière
SCS	Société en commandite simple
SIIC	Société d'investissement immobilière côtée
SICAV	Société d'investissement à capital variable
Slg.	Sammlung der Rechtsprechung des Europäischen Gerichtshofs und des Gerichts Erster Instanz
SNC	Société en nom collectif
SPPICAV	Société de placement à prépondérance immobilière à capital variable
TA	Tribunal administratif
u.a.	unter anderem
Ubg.	Die Unternehmensbesteuerung (Zeitschrift)
WpHG	Gesetz über den Wertpapierhandel (Wertpapierhandelsgesetz)
z.B.	zum Beispiel
ZEV	Zeitschrift für Erbrecht und Vermögensnachfolge

Einleitung

Deutschland und Frankreich sind traditionell wirtschaftlich wie kulturell eng miteinander verflochten. Frankreich ist Deutschlands wichtigster Handelspartner in Europa.[1] Gleichzeitig investieren Deutsche und Franzosen gerne im jeweiligen Nachbarland. Auf deutscher Seite sind französische Immobilien ein beliebtes Investmentobjekt. Häufig setzen Investoren hierfür Immobiliengesellschaften ein, die Gewerbe- oder Wohnimmobilien erwerben und verwalten.

Zur Förderung internationaler Wirtschaftstätigkeit verfügen Deutschland und Frankreich jeweils über ein dichtes Netz an Abkommen zur Vermeidung der Doppelbesteuerung (sogenannte Doppelbesteuerungsabkommen, im Folgenden: DBA), um den in ihrem Staatsgebiet ansässigen Personen Schutz vor der mehrfachen Besteuerung ihrer Einkünfte oder ihres Vermögens zu gewähren. Deutschland und Frankreich haben miteinander ein DBA zur Vermeidung der Doppelbesteuerung auf dem Gebiet der Einkommen- und Vermögensteuer sowie ein DBA auf dem Gebiet der Erbschaft- und Schenkungsteuer abgeschlossen. Ersteres DBA („Abkommen zwischen der Bundesrepublik Deutschland und der Französischen Republik zur Vermeidung der Doppelbesteuerungen und über gegenseitige Amts- und Rechtshilfe auf dem Gebiete der Steuern vom Einkommen und vom Vermögen sowie der Gewerbesteuern und der Grundsteuern", im Folgenden: DBA Deutschland-Frankreich) ist seit dem 23.4.1961 in Kraft.[2] Die derzeitige Fassung liegt vor in Form des Revisionsprotokolls vom 9.6.1969[3] sowie der Zusatzabkommen vom 28.9.1989[4], vom 20.12.2001[5] und vom 31.3.2015[6]. Das deutsch-französische DBA auf dem Gebiet der Erbschaftsteuer

---

1 Zusammenfassende Übersichten zum Außenhandel (Vorläufige Ergebnisse) vom 13.3.2017 von DESTATIS, abrufbar unter http://destatis.de

2 BGBl. 1961 II S. 398.

3 BGBl. 1970 II S. 717.

4 BGBl. 1990 II S. 772.

5 BGBl. 2002 II S. 2372.

6 Das Abkommen auf dem Stand der letzten Änderung ist in Kraft seit dem 24.12.2015 (BGBl. II 2016, S. 227), anzuwenden bei den im Abzugsweg erhobenen Steuern auf die Beträge, die am oder nach dem 1.1.2016 gezahlt werden, bei den nicht im Abzugsweg erhobenen Einkommensteuern auf Einkünfte betreffend alle Kalender- oder gegebenenfalls Wirtschaftsjahre, die nach dem Kalenderjahr 2016 beginnen, bei den anderen Steuern auf die Steuern, die für Zeiträume ab dem 1.1.2016 erhoben werden, BGBl. 2015 II, S. 1335, 1346.

stammt aus dem Jahr 2009 („Abkommen zwischen der Bundesrepublik Deutschland und der Französischen Republik zur Vermeidung der Doppelbesteuerung der Nachlässe, Erbschaften und Schenkungen“[7], im Folgenden: DBA Deutschland-Frankreich (E)).

Immobiliengesellschaften geben in jüngerer Zeit häufig Anlass zu Abkommensänderungen auf internationaler Ebene. Gerade im deutsch-französischen Verhältnis sind Änderungen im Abkommensrecht zu verzeichnen, die Immobiliengesellschaften betreffen. Jüngst wurde gemäß dieser Entwicklung das deutsch-französische DBA auf dem Gebiet der Einkommensteuer durch Zusatzabkommen vom 31.3.2015 geändert und dabei unter anderem ein neuer Art. 7 Abs. 4 eingeführt.[8] Vorbild dieser Regelung ist ein Artikel des Musterabkommens der Organisation für wirtschaftliche Zusammenarbeit und Entwicklung (OECD), des „Musterabkommens der Organisation für wirtschaftliche Zusammenarbeit und Entwicklung zur Vermeidung der Doppelbesteuerung auf dem Gebiet der Steuern vom Einkommen und Vermögen“, im Folgenden: OECD-MA. Der dort in Art. 13 Abs. 4 verortete, aber inhaltlich mit Art. 7 Abs. 4 übereinstimmende Artikel besteht bereits seit dem Jahr 2003.[9] Danach dürfen die Gewinne aus der Veräußerung bestimmter Beteiligungen an Immobiliengesellschaften in dem Staat besteuert werden, in dem die Immobilien liegen. Der Artikel sieht also ein Besteuerungsrecht zugunsten des Belegenheitsstaats der Immobilien vor. Das OECD-MA ist aufgrund der Empfehlung der OECD durch ihre Mitgliedstaaten bei Abschluss ihrer DBA als Orientierung heranzuziehen.[10] So findet sich auch eine Regelung entsprechend Art. 13 Abs. 4 OECD-MA in den meisten seit 2003 neu abgeschlossenen oder geänderten deutschen DBA,[11] Deutschland hat zudem in seine Verhandlungsgrundlage für Doppelbesteuerungsabkommen im Jahr 2013 (im Folgenden: DE-VG) einen solchen Artikel aufgenommen.[12] Frankreich hat indes ein besonderes Interesse an der Aufnahme einer solchen Vorschrift in seine Doppelbesteuerungsabkommen und sucht hierdurch, eigene nationale Besteuerungsvorschriften auch abkommensrechtlich durchsetzen zu können.[13]

7 BGBl. II 2007, S. 1402, Inkrafttreten am 3.4.2009, BGBl. II 2009, S. 596.

8 Ein Überblick über die sonstigen Änderungen durch das Zusatzabkommen 2015 findet sich bei *Rubechi*, IStR-LB 2015, 57.

9 *OECD (Hrsg.)*, Modèle de Convention fiscale concernant le revenu et la fortune 2014 (Version complète), Art. 13 Gains en Capital, M-38 f.

10 *Wassermeyer*, in: Wassermeyer, DBA (OECD-MA), Vor Art. 1 MA, Rn. 34.

11 *Wagner/Lievenbrück*, IStR 2012, 593.

12 BMF, IV B 2- S 1301/13/10009 (Stand der DE-VG: 22. August 2013); *Lay/Stoecker*, IWB 2013, 368 (371).

13 *Gouthière*, Les impôts dans les affaires internationales, Rn. 1596.

Beteiligungen an Gesellschaften, deren Gesellschaftsvermögen zu mehr als 50 % aus französischen Immobilien besteht, sind in Frankreich besonderen Regeln unterworfen. Solche Immobiliengesellschaften sind in Frankreich als „sociétés à prépondérance immobilière" bekannt, als „Gesellschaft mit vorwiegendem Immobiliencharakter".[14] Frankreich nutzt die Anknüpfung an die französischen Immobilien im Gesellschaftsvermögen bei Einkommensteuer, Vermögensteuer und Erbschaftsteuer um hierdurch eine Steuerpflicht an Veräußerungsgewinnen, Bestand und unentgeltlicher Übertragung der Gesellschaftsbeteiligungen zu begründen; dies nicht nur, aber insbesondere dann, wenn ausländische Investoren an einer solchen Gesellschaft beteiligt sind. Angesichts verschieden ausgestalteter Tatbestände variiert die Definition einer „société à prépondérance immobilière" allerdings je nach Steuerart leicht.[15]

Art. 7 Abs. 4 DBA Deutschland-Frankreich fügt sich in eine Reihe weiterer deutsch-französischer Abkommensvorschriften zu Immobiliengesellschaften ein. Zu nennen ist Art. 19 Abs. 2 DBA Deutschland-Frankreich, der bei der Vermögensteuer das Besteuerungsrecht an Beteiligungen an Immobiliengesellschaften dem Staat zuspricht, in dem die Immobilien gelegen sind. Weiter besteht eine Regelung für die Erbschaft- und Schenkungsteuer in Art. 5 Abs. 3 DBA Deutschland-Frankreich (E), die ebenfalls ein Besteuerungsrecht für den Belegenheitsstaat der Immobilien vorsieht. Da aufgrund der stillen Wertsteigerung der Immobilien die Besteuerung stiller Reserven die steuerliche Hauptbelastung darstellt, ist die Auseinandersetzung mit diesen Abkommensvorschriften von großer Bedeutung für Investoren. Darüber hinaus muss auch die rechtsformabhängige laufende Besteuerung des deutschen Gesellschafters in die Erörterung dieser Vorschriften einbezogen werden, nicht zuletzt vor dem Hintergrund der unterschiedlichen Besteuerungssysteme in Deutschland und Frankreich. Diesen Gesamtzusammenhang sucht die vorliegende Arbeit aus Anlass des jüngsten Zusatzabkommens herzustellen und erörtert die Besteuerung deutscher Investoren, die über eine deutsche, französische oder drittstaatliche vermögensverwaltende Gesellschaft in französische Immobilien investieren.

Die Arbeit ist in zwei Hauptteile gegliedert. Der erste Teil der Arbeit behandelt die Besteuerung der Einkünfteerzielung in Deutschland und Frankreich durch einen in Deutschland ansässigen Gesellschafter einer Immobiliengesellschaft, die überwiegend französische Immobilien hält. Diskutiert wird auch die

14 *Schultze*, IWB 2010, 631 (636).

15 *Delabre/Olivé*, La Semaine juridique Notariale et Immobilière 2012, Heft 49, Nr. 1392 (Rn. 3 ff., 22 ff.); *Schultze*, IWB 2010, 631 (636).

Vermögensteuerpflicht des Gesellschafters mit der Beteiligung in Frankreich. Begonnen wird mit einem Überblick zum französischen Einkommensteuerrecht sowie zur Besteuerung der verschiedenen Gesellschaftsformen in Frankreich mit Fokus auf die Besteuerung von Immobiliengesellschaften und ihrer Gesellschafter. Im Anschluss wird anhand von Grundfällen die Besteuerung eines deutschen Gesellschafters bei Beteiligung an einer vermögensverwaltenden Immobilien-Kapitalgesellschaft erörtert. Hierzu wird ein Grundfall gebildet (B.I.), bei dem von einem Gesellschaftssitz in Deutschland, in Frankreich sowie in einem Drittstaat ausgegangen wird. Anschließend wird die Besteuerung der beim Gesellschafter ankommenden Dividenden (B.II.) erörtert sowie die Besteuerung der Einkünfte aus der Veräußerung der Beteiligungen an den Immobilien-Kapitalgesellschaften (B.III.). Weiter folgt die Prüfung der Vermögensteuerpflicht des Gesellschafters aufgrund der Beteiligungen (B.IV.). Anschließend folgt die Besteuerung des deutschen Gesellschafters bei Beteiligung an einer vermögensverwaltenden Personengesellschaft, ausgehend von einem parallel ausgestalteten Grundfall (C.I) mit Beteiligungen an Immobilien-Personengesellschaften mit Sitz in Deutschland, in Frankreich und einem Drittstaat, die jeweils in überwiegend französische Immobilien investieren. Auch hier sind zunächst die laufenden Einkünfte des deutschen Gesellschafters (C.II) Gegenstand der Darstellung sowie die Besteuerung der Veräußerung der Beteiligungen (C. III), zuletzt die Besteuerung des Gesellschafters bei der Vermögensteuer (C.IV).

Der zweite Teil der Arbeit behandelt die Erbschaftsteuerpflicht bei Vererbung der Beteiligungen in den fortgeführten Grundfällen des ersten Teils, d.h. an vermögensverwaltenden Immobilienkapital- und Personengesellschaften mit Sitz in Deutschland, Frankreich oder einem Drittstaat, die jeweils in überwiegend französische Immobilien investieren. Eingangs werden Grundzüge des maßgeblichen Internationalen Privatrechts (A.) sowie des Erb- und Erbschaftsteuerrechts Deutschlands (B. I.) und Frankreichs (B. II.) dargestellt mit Fokus auf Gesellschafter von Immobiliengesellschaften. Unter Fortführung des ersten Teils wird zunächst die Besteuerung anlässlich der Vererbung der Beteiligung an Immobilien-Kapitalgesellschaften dargestellt (C.), zuletzt die Besteuerung anlässlich der Vererbung von Beteiligungen an Immobilien-Personengesellschaften (D.).

Die Arbeit endet mit einer Schlussbetrachtung.

Erster Teil: Die Beteiligung des deutschen Gesellschafters – Besteuerung von Erwirtschaftung und Bestand in Einkommen- und Vermögensteuer in Deutschland und Frankreich

A. Überblick über das französische Steuerrecht

I. Rechtsquellen

Beteiligt sich ein deutscher Steuerpflichtiger an einer französischen, deutschen oder einer drittstaatlichen Gesellschaft, die schwerpunktmäßig französische Immobilien verwaltet und daraus ihre Einkünfte erwirtschaftet, so besteht jeweils eine Verknüpfung mit Frankreich und dessen Besteuerungskompetenz. Diese Verknüpfung ist entweder aufgrund der Belegenheit der Immobilie gegeben, aufgrund einer etwaigen Ansässigkeit der Gesellschaft in Frankreich oder der über diese Gesellschaft bezogenen Einkünfte des deutschen Gesellschafters. Demgemäß gibt die Arbeit einleitend einen Überblick über das französische Steuerrecht, insbesondere über die Grundzüge der Einkommensteuer, sowie der Besteuerung von Kapital- und Personengesellschaften einschließlich eines Gewinntransfers und einer Beteiligungsveräußerung.

Das französische materielle Steuerrecht ist im Wesentlichen in einem einzigen Steuergesetzbuch, dem Code Général des Impôts (CGI), geregelt. Dieses ist unterteilt in ein Buch Eins, das Vorschriften zu allen Steuerarten enthält und ein Buch Zwei, das unter anderem das Steuerschuldrecht und Steuerstrafrecht enthält. Im Anhang des CGI befinden sich Durchführungsverordnungen zu den Artikeln des CGI, die nach der Zuständigkeit des Verordnungsgebers unterteilt sind.[16] Das Steuerverfahrensrecht ist im Steuerverfahrensgesetzbuch (Livre des procédures fiscales, kurz: LPF) geregelt. Als weitere Rechtsquelle dienen die von der Direction Générale des Finances publiques (im Folgenden: DGFiP) erlassenen Verwaltungsanweisungen in Form von Steuerrichtlinien (instructions oder circulaires). Sie geben die Ansicht der Verwaltung zur Auslegung von Steuernormen wieder.[17] Die instructions sind oftmals ausführlicher als die deutschen

16 *Viegener*, in: Wassermeyer, DBA (Frankreich), Anhang, Rn. 1.

17 *Gouthière*, Les impôts dans les affaires internationales, Rn. 1060; hinzu treten ministerielle Antworten (réponses ministérielles) auf schriftliche Fragen von Senatoren und

Steuerrichtlinien.[18] Veröffentlicht werden die instructions auf der Homepage der DGFiP im Bulletin Officiel des Finances publiques-Impôts (im Folgenden: BOFiP).[19] Die Steuerrichtlinien entfalten Bindungswirkung für die Steuerbehörden, die keine davon abweichende Auslegung vertreten dürfen, Art. L 80 A LPF. Die Richtlinien dürfen nicht in Widerspruch zu höherrangigen Normen wie einfachen Gesetzen, Doppelbesteuerungsabkommen oder der Verfassung stehen, was anderenfalls ihre Nichtigkeit zur Folge hat.[20] Französische Gerichte sind wie deutsche an die Steuerrichtlinien der Verwaltung nicht gebunden.[21]

Die französischen Doppelbesteuerungsabkommen sind als weitere Rechtsquelle zu beachten. Sie stehen nach Art. 55 der französischen Verfassung in der Normenhierarchie unterhalb der Verfassung, gehen aber im Rang den einfachen Gesetzen vor.[22] In einem Gerichtsverfahren gehen daher die Abkommensvorschriften entsprechend ihrer Stellung in der Normenhierarchie den einfachen Gesetzen vor, selbst wenn sich ein Steuerpflichtiger nicht ausdrücklich auf ein einschlägiges Doppelbesteuerungsabkommen beruft.[23] Die Gerichte prüfen aber zuerst die Anwendung des einfachen innerstaatlichen Rechts dahin gehend, ob es eine Besteuerung zulässt, und anschließend, ob ein Doppelbesteuerungsabkommen dieser Besteuerung entgegensteht.[24] Wenngleich dies auch in deutschen Gerichtsverfahren die übliche Vorgehensweise ist, unterscheidet sich die Stellung französischer DBA wesentlich von jener der DBA in der deutschen Normenhierarchie. In Deutschland erreichen Doppelbesteuerungsabkommen

---

Parlamentariern zur Auslegung von Steuernormen, die rechtlich auf derselben Stufe stehen wie die instructions/circulaires, *Hellio/Thill*, Steuern in Frankreich, Rn. 13; *Gouthière*, Les impôts dans les affaires internationales, Rn. 1070.

18 *Hellio/Thill*, Steuern in Frankreich, Rn. 12.

19 http://bofip.impots.gouv.fr, die Richtlinien beginnen mit dem Kürzel BOI.

20 *Gouthière*, Les impôts dans les affaires internationales, Rn. 1065.

21 *Hellio/Thill*, Steuern in Frankreich, Rn. 12.

22 Art. 55 der Verfassung lautet „*Les traités ou accords régulièrement ratifiés ou approuvés ont, dès leur publication, une autorité supérieure à celle des lois, sous réserve, pour chaque accord ou traité, de son application par l'autre partie.*".

23 *Hellio/Thill*, Steuern in Frankreich, Rn. 21.

24 CE, Entscheidung v. 28.6.2002, n°232276 („Schneider Electric"), RJF 2002, Nr. 1080; *Gouthière*, Les impôts dans les affaires internationales, Rn. 10642: „priorité du droit interne", im Sinne der Prüfungsreihenfolge „Nationales Recht-Abkommensrecht", wie im deutschen Recht vorgesehen. Diese Reihenfolge gilt indes nur bei Anwendung durch den Conseil d'Etat (Verwaltungsgerichtsbarkeit), der Cour de Cassation (ordentliche Gerichtsbarkeit) hingegen wendet Abkommensvorschriften unmittelbar direkt an, zu den Gerichtszweigen s. sogleich.

durch das Zustimmungsgesetz nach Art. 59 Abs. 2 S. 1 des Grundgesetzes (GG) innerstaatliche Wirksamkeit und werden dadurch zu einfachem Bundesrecht, haben dabei aber weder Übergesetzes- noch Verfassungsrang.[25] § 2 Abs. 1 der deutschen Abgabenordnung (AO) bestimmt zwar, dass Verträge mit anderen Staaten im Sinne des Artikels 59 Abs. 2 S. 1 des Grundgesetzes über die Besteuerung, soweit sie unmittelbar anwendbares staatliches Recht geworden sind, den Steuergesetzen vorgehen. Diese Vorschrift, ebenfalls im Rang eines einfachen Bundesgesetzes, kann allerdings einer anderen Norm keinen höheren Rang in der Normenhierarchie verleihen. Aus der Gleichrangigkeit ergibt sich die Praxis Deutschlands, abkommensverdrängende Gesetze zu erlassen (sog. „treaty overrides").[26] Diese Praxis ist nach Ansicht des Bundesverfassungsgerichts (BVerfG) auch unter bestimmten Voraussetzungen grundsätzlich zulässig.[27] Der französische Verfassungsgerichtshof (Conseil d'Etat, kurz: CE) hält hingegen angesichts der höheren Stellung der DBA in der französischen Normenhierarchie ein gegen ein Doppelbesteuerungsabkommen verstoßendes einfaches Gesetz für unzulässig und rechtswidrig.[28] Ein „treaty override" ist demnach aus französischer Sicht nicht möglich.[29] Diese höhere Stellung in der französischen Normenhierarchie hat aus Sicht Frankreichs zur Folge, dass ein DBA zwar nicht direkt, aber zumindest indirekt steuerbegründend wirken können soll.[30] Frankreich hat hierzu offene Auffangtatbestände in seinem nationalen Steuergesetzbuch geschaffen, die die Besteuerung von solchen Einkünften sicherstellen sollen, die nach einem DBA von Frankreich besteuert werden dürfen, während kein nationaler Tatbestand eine Besteuerung jener Einkünfte vorsieht.[31] Hierdurch wird einem (aus Sicht Frankreichs bestehenden) Befehl des DBA zur Besteuerung entsprochen. Frankreich hat durch jene Vorschriften somit sichergestellt, dass bei Zuordnung der Besteuerungsrechte durch ein Doppelbesteuerungsabkommen an Frankreich

---

25 BVerfG, Beschluss v. 15.12.2015, Az. 2 BvL 1/12, IStR 2016, 191 (196).

26 *Frotscher*, Internationales Steuerrecht, Rn. 305 f., zum Begriff *Schwenke*, in: Wassermeyer, DBA (OECD-MA), Vor Art. 1 Rn. 12f.

27 BVerfG, Beschluss v. 15.12.2015, Az. 2 BvL 1/12, IStR 2016, 191.

28 Conseil d'Etat (CE), Entscheidung v. 28.6.2002, n°232276 („Schneider Electric"), RJF 2002, Nr. 1080.

29 *Kramer*, in: Wassermeyer, DBA (Frankreich), Art. 1 Rn. 9.

30 *Hellio/Thill*, Steuern in Frankreich, Rn. 922; *Gouthière*, Les impots dans les affaires internationales, Rn. 10665.

31 *Editions Francis Lefèbvre (Hrsg.)*, Memento Fiscal 2017, Rn. 510; *Hellio/Thill*, Steuern in Frankreich, Rn. 922; es handelt sich um Art. 4 bis 2° CGI, Art. 165 bis und Art. 209 I. CGI.

auch tatsächlich eine Besteuerung erfolgt. Diese Sichtweise auf DBA als Anwendungsbefehl zur Besteuerung entspricht nicht der deutschen Ansicht, dass DBA keine (unmittelbare oder mittelbare) steuerbegründende Wirkung entfalten. Doppelbesteuerungsabkommen fungieren vielmehr als Schrankenrecht gegenüber den bestehenden oder denkbaren Steueransprüchen der Vertragsstaaten.[32]

Die Rechtsprechung als weitere Rechtsquelle in Frankreich ist gerade im Internationalen Steuerrecht von großer Bedeutung.[33] Die Steuerrechtsprechung ist in Frankreich anders als in Deutschland keiner besonderen Finanzgerichtsbarkeit vorbehalten. Stattdessen ergeht die Rechtsprechung nach Art. L 199 LPF entweder durch die ordentliche Gerichtsbarkeit (ordre judiciaire) oder die Verwaltungsgerichtsbarkeit (ordre administratif). Zuständig für die direkten Steuern wie Einkommen- und Körperschaftsteuer ist der Verwaltungsgerichtszweig mit dem Verfassungsgerichtshof an der Spitze.[34] Die Rechtsprechung zu den Registersteuern (zu denen auch die Erbschaft- und Schenkungsteuer gehört), den Grundsteuern und den indirekten Steuern ergeht durch die ordentliche Gerichtsbarkeit, deren höchste Instanz der Kassationsgerichtshof (Cour de Cassation, kurz: CCass) bildet.[35] Durch diese Zweiteilung kann es z.B. zu einer unterschiedlichen Auslegung von DBA kommen.[36]

II. Grundlagen der französischen Einkommensteuer

1. Persönliche Steuerpflicht

Natürliche Personen unterliegen in Frankreich der Einkommensteuer (impôt sur le revenu, kurz: IR). Die Regelungen hierzu befinden sich in Artt. 1 – 204-0 bis CGI.[37] Frankreich unterscheidet wie Deutschland zwischen unbeschränkter und

---

32 *Debatin*, Beihefter zu DStR 1992 (Heft 23), 1 (2); *Frotscher*, Internationales Steuerrecht, Rn. 295.

33 *Gouthière*, Les impôts dans les affaires internationales, Rn. 1210.

34 *Walter*, Fiches de droit fiscal international, S. 206.

35 *Walter*, Fiches de droit fiscal international, S. 206.

36 Z.B hinsichtlich der soeben dargestellten unterschiedlichen Prüfungsreihenfolge von DBA und innerstaatlichem Recht, früher z.B. zur Frage, ob völkerrechtliche Verträge durch Gerichte ausgelegt werden dürfen, hierzu sah sich der Conseil d'Etat lange nicht befugt und legte sie unter Aussetzung des Verfahrens dem zuständigen Ministerium vor: *Gouthière*, Les impôts dans les affaires internationales, Rn. 1484; *Hellio/Thill*, Steuern in Frankreich, Rn. 24.

37 Die französischen Gesetzesvorschriften sind so aufgebaut, dass eine einheitliche Übernahme der deutschen Zitierweise von Gesetzesvorschriften (Norm, Absatz, Satz, Nummer, Buchstabe…) nicht möglich ist. Stattdessen wird möglichst wortgetreu die

beschränkter Steuerpflicht. Der in Deutschland wohnhafte Gesellschafter einer Immobiliengesellschaft wird in aller Regel in Frankreich nicht unbeschränkt einkommensteuerpflichtig sein. Natürliche Personen unterliegen der unbeschränkten Steuerpflicht mit ihren weltweiten inländischen und ausländischen Einkünften dann, wenn sie nach Art. 4 A S. 1 CGI in Frankreich ansässig sind, d.h. dort ihr „domicile fiscal" haben. Sonstige natürliche Personen ohne domicile fiscal in Frankreich sind nur beschränkt steuerpflichtig mit ihren Einkünften aus französischer Quelle. Drei Arten von Anknüpfungsmerkmalen sind zu unterscheiden, die jeweils zu einer Ansässigkeit und damit zu einer unbeschränkten Steuerpflicht führen: persönliche, berufliche und wirtschaftliche Anknüpfungsmerkmale.[38]

Persönliche Anknüpfungsmerkmale sind nach Art. 4 B 1. a. CGI der Hauptwohnsitz (foyer) oder der gewöhnliche Aufenthalt (séjour principal) in Frankreich. Der Hauptwohnsitz bezeichnet den Wohnsitz, an dem sich der Steuerpflichtige üblicherweise dauerhaft aufhält.[39] Ein Steuerpflichtiger kann nur einen Hauptwohnsitz haben. Der Hauptwohnsitz liegt z.B. am Familienwohnsitz, solange sich die Familie des Steuerpflichtigen regelmäßig zusammen dort einfindet, auch wenn sich der Steuerpflichtige selbst dort aus beruflichen Gründen größtenteils nicht aufhält.[40] Ein Zweitwohnsitz begründet regelmäßig nicht den „foyer".[41] Gegenüber dem Hauptwohnsitz ist der gewöhnliche Aufenthalt in Frankreich wie in Deutschland ein subsidiäres persönliches Anknüpfungsmerkmal.[42] Hierfür ist ein Aufenthalt von mehr als 183 Tagen im Jahr in Frankreich erforderlich.[43]

Berufliche Anknüpfungsmerkmale zur Begründung der steuerlichen Ansässigkeit liegen nach Art. 4 B 1. b. CGI vor, wenn eine natürliche Person in Frankreich ein Gehalt oder einen nicht unbeträchtlichen Teil ihrer gewerblichen oder selbstständigen Einkünfte bezieht.[44] Diese Vorschrift hat keine Entsprechung

---

Struktur der jeweiligen Norm im Zitat aufgegriffen, um das Finden der zitierten Stelle zu erleichtern. Eine Aufstellung der wesentlichen Vorschriften findet sich im Anhang.

38 *Walter*, Fiches de droit fiscal international, S. 175 f.; *Hellio/Thill*, Steuern in Frankreich, Rn. 36.

39 BOI-IR-CHAMP-10 Rn. 100.

40 *Castagnède*, Précis de fiscalité internationale, Rn. 138; BOI-IR-CHAMP-10 Rn. 110.

41 *Gouthière*, Les impôts dans les affaires internationales, Rn. 40820.

42 *Hellio/Thill*, Steuern in Frankreich, Rn. 36; *Gouthière*, Les impôts dans les affaires internationales, Rn. 40840.

43 *Editions Francis Lefèbvre (Hrsg.)*, Memento Fiscal 2017, Rn. 495.

44 BOI-IR-CHAMP-10 Rn. 170 ff.

im deutschen Einkommensteuerrecht. Als drittes Anknüpfungsmerkmal, das im deutschen Einkommensteuerrecht ebenfalls keine Entsprechung hat, dienen wirtschaftliche Interessen nach Art. 4 B 1. c. CGI.[45] Als ansässig angesehen werden danach Steuerpflichtige, die den Mittelpunkt ihrer wirtschaftlichen Interessen in Frankreich haben. Dies gilt für Steuerpflichtige, die z.B. den Großteil ihrer Investitionen in Frankreich tätigen, sie von dort aus verwalten oder daraus den Großteil ihrer Einkünfte beziehen[46], etwa aus Mietobjekten.[47] Im Vergleich zu Frankreich bestehen in Deutschland weniger Kriterien zur Begründung der unbeschränkten Einkommensteuerpflicht, dies sind gem. § 1 Abs. 1 S. 1 des Einkommensteuergesetzes (EStG) i.V.m. §§ 8 und 9 AO der Wohnsitz oder der gewöhnliche Aufenthalt in Deutschland. Allerdings genügt aus deutscher Sicht jeder beliebige Wohnsitz, wie z.B. ein Zweitwohnsitz, es ist nicht erforderlich, dass sich dort der Mittelpunkt der Lebensinteressen des Steuerpflichtigen befindet.[48]

Nicht nach diesen Anknüpfungsmerkmalen in Frankreich unbeschränkt steuerpflichtige Personen können nach Artt. 4 A S. 2, 164 B CGI nur beschränkt steuerpflichtig sein mit ihren Einkünften aus französischer Quelle. Art. 164 B CGI führt die inländischen Einkünfte abschließend auf.[49] Unterteilt werden die inländischen Einkünfte in solche aufgrund Erwerbstätigkeit des Steuerpflichtigen (Art. 164 B I. CGI) und solche, bei denen der Schuldner der Einkünfte in Frankreich ansässig ist (Art. 164 B II. CGI). Die Einordnung der Einkünfte in Art. 164 B I. CGI erfolgt parallel zu den Einkunftsarten des CGI und ähnelt insoweit der deutschen Parallelvorschrift § 49 EStG, die inländische Einkunftsquellen ebenfalls abschließend und unter Anknüpfung an die Einkunftsarten des Einkommensteuergesetzes normiert. Der Steuertarif für beschränkt Steuerpflichtige bemisst sich nach den allgemeinen Vorschriften, allerdings ist ein Mindeststeuersatz von 20 % vorgeschrieben.[50] Einige der inländischen Einkünfte unterliegen abweichend davon einem Steuerabzug mit Abgeltungswirkung, z.B. Dividenden und Einkünfte aus privaten Veräußerungsgeschäften.[51] Diese sind

45 Eine sog. erweiterte beschränkte Steuerpflicht kann allerdings nach § 2 Abs. 1 des Außensteuergesetzes (AStG) begründet werden, wenn der Steuerpflichtige wesentliche wirtschaftliche Interessen in Deutschland hat. Diese der Vermeidung der Steuerflucht dienende Vorschrift hat jedoch eine eher geringe praktische Bedeutung.

46 *Castagnède*, Précis de fiscalité internationale, Rn. 138.

47 *Hellio/Thill*, Steuern in Frankreich, Rn. 36.

48 *Buciek*, in Beermann/Gosch, AO/FGO, § 8 AO Rn. 10.

49 *Editions Francis Lefèbvre (Hrsg.)*, Memento Fiscal 2017, Rn. 4350.

50 *Gouthière*, Les impôts dans les affaires internationales, Rn. 3130 ff.

51 *Gouthière*, Les impôts dans les affaires internationales, Rn. 3110.

bei der Veranlagung nicht mehr zu berücksichtigen.[52] Sonderausgaben sind auch in Frankreich bei nur beschränkt Steuerpflichtigen nicht zum Abzug zu bringen.[53] Zuständige Behörde für beschränkt Steuerpflichtige ist der Service des impôts des particuliers non résidents, der zur DGFiP gehört.[54]

Bis zum Veranlagungszeitraum 2015 konnte eine beschränkte Steuerpflicht in Frankreich nach Art. 164 C CGI unabhängig von inländischen Einkünften im Sinne des Art. 164 B CGI begründet werden, wenn eine Person einen Zweitwohnsitz in Frankreich innehatte. Anhand dieses Wohnsitzes wurde der Wert der theoretisch zu erzielenden Mieteinkünfte geschätzt (valeur locative).[55] Die Mindestbemessungsgrundlage, die anzusetzen war, ergab sich aus der dreifachen Höhe der valeur locative.[56] Es handelte sich dabei um eine gesetzlich festgelegte Untergrenze zur Schätzung der Einkünfte des Steuerpflichtigen anhand der äußeren Lebensumstände. Die Vorschrift wurde jedoch ab dem Veranlagungszeitraum 2015 ersatzlos abgeschafft.

2. *Sachliche Steuerpflicht*

In der französischen Einkommensteuer bestehen acht Einkunftsarten. Einkünfte aus Vermietung und Verpachtung, aus Kapitalvermögen sowie private Veräußerungsgewinne gehören zu den Einkünften aus Vermögen („revenus patrimoniales"). Demgegenüber gehören zu den Einkünften aus beruflichen Aktivitäten die gewerblichen Einkünfte (bénéfices industriels et commerciaux, kurz: BIC) nach Artt. 34–61 A CGI, die Bezüge bestimmter Geschäftsführer nach Art. 62 CGI, Einkünfte aus Land- und Forstwirtschaft (bénéfices de l'exploitation agricole, kurz: BA) nach Artt. 63–78 CGI, Einkünfte aus Gehältern, Löhnen, Renten und Pensionen gem. Art. 79–90 CGI sowie nichtgewerbliche Einkünfte (bénefices non commerciaux, kurz: BNC) nach Artt. 92–107 CGI.

Besteht eine Beteiligung an einer Immobilien verwaltenden Personengesellschaft, erzielt deren Gesellschafter in der Regel Einkünfte aus Vermietung und Verpachtung (revenus fonciers) gem. Artt. 14 -33 quinquies CGI. Erfasst sind Einkünfte aus bebauten Grundstücken und aus unbebauten Grundstücken (einschließlich Industriestätten) des Privatvermögens.[57] Die Vermietung und

52 *Gouthière*, Les impôts dans les affaires internationales, Rn. 3130.

53 Dies gilt ebenso in Deutschland, *Haase*, Internationales und Europäisches Steuerrecht, Rn. 411.

54 *Gouthière*, Les impôts dans les affaires internationales, Rn. 3600.

55 *Grosclaude/Marchessou*, Droit fiscal général, Rn. 1808.

56 *Grosclaude/Marchessou*, Droit fiscal général, Rn. 210.

57 *Grosclaude/Marchessou*, Droit fiscal général, Rn. 579.

Verpachtung von Immobilien wird in Frankreich in bestimmten Fällen jedoch der gewerblichen Tätigkeit zugeordnet. Zu unterscheiden ist dabei zwischen der Vermietung leerer Immobilien (immeubles nus) und der Vermietung möblierter Immobilien (location en meublé). Die Vermietung leerer Immobilien gehört zu den Einkünften aus Vermietung und Verpachtung.[58] Die Vermietung von möblierten Häusern, Apartments und Zimmern ist in Frankreich hingegen eine gewerbliche Tätigkeit.[59] Zur Abgrenzung kommt es darauf an, ob ein Mindestmaß an erforderlicher Möblierung vorhanden ist, sodass eine normale Nutzung durch den Mieter erfolgen kann.[60] Verluste aus Vermietung und Verpachtung können nur in Höhe von jährlich 10.700 Euro bzw. 15.300 Euro[61] mit entsprechenden positiven Einkünften aus Vermietung und Verpachtung verrechnet und verbleibende Verluste bis zu zehn Jahre vorgetragen werden (Art. 156 I. 3° CGI).[62] Bei Erträgen unterhalb von 15.000 Euro jährlich unterliegt der Steuerpflichtige automatisch einem vereinfachten Besteuerungsverfahren (régime micro-foncier) nach Art. 32 1. CGI. Danach werden 30 % der Einkünfte pauschal als Werbungskosten abgezogen,[63] ein Abzug der tatsächlichen Werbungskosten ist nicht möglich. Bei Beteiligung an einer vermögensverwaltenden Immobiliengesellschaft gilt die Grenze von 15.000 Euro für jeden Gesellschafter in Bezug auf seinen Gewinnanteil.[64] Eine Verlustfeststellung ist bei Besteuerung nach dem vereinfachten „régime micro-foncier" nicht möglich.[65] Der Steuerpflichtige kann aber zurückoptieren zum normalen Besteuerungsregime (régime réel d'imposition), Art. 32 4. CGI. Für beschränkt Steuerpflichtige ergibt sich die Steuerpflicht hinsichtlich der inländischen Einkünfte aus Vermietung und Verpachtung aus Art. 164 B I. a. CGI.

---

58 *Grosclaude/Marchessou*, Droit fiscal général, Rn. 286; *Viegener*, in: Wassermeyer, DBA (Frankreich), Anhang, Rn. 50; *Editions Francis Lefèbvre (Hrsg.)*, Memento Fiscal 2017, Rn. 7025.

59 BOI-BIC-CHAMP-40-20 Rn. 1; *Grosclaude/Marchessou*, Droit fiscal général, Rn. 586; *Editions Francis Lefèbvre (Hrsg.)*, Memento Fiscal 2017, Rn. 7025; *Viegener*, in: Wassermeyer, DBA (Frankreich), Anhang, Rn. 50.

60 Zur Abgrenzung und steuerlichen Behandlung sowie Ausnahmen gibt es eine ausführliche Darstellung in BOI-BIC-CHAMP-40-10 und BOI-BIC-CHAMP-40-20.

61 Ausnahmsweise ist bei bestimmten Einkünften ein Abzug von 15.300 Euro zulässig (hierzu BOI-RFPI-BASE-30-20-10 Rn. 110 ff.).

62 BOI-RFPI-BASE-30-20-10 Rn. 320.

63 *Editions Francis Lefèbvre (Hrsg.)*, Memento Fiscal 2017, Rn. 27475.

64 *Editions Francis Lefèbvre (Hrsg.)*, Memento Fiscal 2017, Rn. 27460.

65 *Editions Francis Lefèbvre (Hrsg.)*, Memento Fiscal 2017 Rn. 27530.

Besteht eine Beteiligung an einer Immobilien verwaltenden Kapitalgesellschaft, vermittelt diese Einkünfte aus Kapitalvermögen (revenus de capitaux mobiliers) gem. Artt. 108 ff. CGI. Erfasst sind nach Art. 108 S. 1 1° CGI Ausschüttungen durch Gesellschaften, die der Körperschaftsteuer unterliegen, z.B. die einer AG entsprechende société anonyme oder die einer GmbH entsprechende société à responsabilité limitée. Steuerpflichtig sind die durch die Gesellschafter beschlossenen offenen Gewinnausschüttungen (distributions régulières).[66] Als Ausschüttungen gelten nach Art. 109 1. 1° CGI auch die Gewinne, die weder zur Kapitalerhöhung verwendet, noch in Rücklagen überführt werden sowie nach Art. 109 1. 2° CGI diejenigen Zahlungen oder sonstige Zuwendungen an Gesellschafter, die nicht aus Gewinnen stammen (distributions irrégulières).[67] Die erstere Vorschrift ist jedoch nur anwendbar in Jahren, in denen ein Gewinn erzielt wird.[68] Erfasst sind Ausschüttungen französischer wie ausländischer Gesellschaften nach Art. 120 ff. CGI (distributions étrangères), wenn die ausländische Gesellschaft im Ausland einer der französischen Körperschaftsteuer entsprechenden Steuer unterliegt.[69] Anders als im deutschem Steuerrecht vermitteln Personengesellschaften ebenfalls Einkünfte aus Kapitalvermögen, wenn sie zur Körperschaftsteuer optiert haben (Art. 206 3. CGI), Art. 108 S. 1 2° CGI. Auch sociétés civiles, die eine gewerbliche Tätigkeit ausüben, werden kraft Gesetz als Körperschaft besteuert (Art. 108 S. 1 2° CGI).[70] Sie vermitteln in diesem Fall Einkünfte aus Kapitalvermögen. Weiter gehören nach Art. 108 S. 2 CGI die Ausschüttungen an den Kommanditisten einer Kommanditgesellschaft (société en commandite simple, SCS) sowie an beschränkt haftende Gesellschafter einer société en participation zu den Einkünften aus Kapitalvermögen. Auch Ausschüttungen durch von der Körperschaftsteuer befreite Gesellschaften wie der Société d'investissement immobilière côtée (SIIC)[71] gehören nach Art. 108 S. 3 CGI zu den Einkünften aus Kapitalvermögen. Ausschüttungen unterliegen in der Regel einem Steuerabzug von 21 % ihres Bruttobetrags, der keine Abgeltungswirkung hat.[72] Sie werden bei der folgenden Veranlagung zum individuellen Steuersatz

66 *Editions Francis Lefèbvre (Hrsg.)*, Memento Fiscal 2017, Rn. 24450.

67 *Hellio/Thill*, Steuern in Frankreich, Rn. 430; *Editions Francis Lefèbvre (Hrsg.)*, Memento Fiscal 2017, Rn. 24740 ff.; BOI-RPPM-RCM-10-20-10 Rn. 50 ff.

68 *Schneider*, Doppelbesteuerungsrechtliche Qualifikationskonflikte im Kontext einer deutschen Betriebsaufspaltung mit französischem Gesellschafter, S. 155.

69 *Editions Francis Lefèbvre (Hrsg.)*, Memento Fiscal 2017, Rn. 24270.

70 BOI-RPPM-RCM-10-20-10 Rn. 10.

71 Teil 1 A. III. 1. b).

72 *Editions Francis Lefèbvre (Hrsg.)*, Memento Fiscal 2017, Rn. 24575.

besteuert, der im Wege des Steuerabzugs erhobene Betrag wird auf die danach geschuldete Steuer angerechnet.[73] Es ist ein Teileinkünfteverfahren anzuwenden, steuerpflichtig sind in der Regel nur 60 % der Bezüge von Gesellschaften mit Sitz in Frankreich oder in der EU (Art. 158 3. 2° CGI). Dieses Teileinkünfteverfahren gilt nach Art. 158 3. 3° b bis) CGI nicht für Ausschüttungen einer SIIC. Verluste sind nach Art. 156 I. 8° CGI mit positiven Einkünften aus Kapitalerträgen verrechenbar, verbleibende Verluste können bis zu sechs Jahre vorgetragen werden. Für beschränkt Steuerpflichtige ergeben sich bei der Ausschüttung durch eine französische Kapitalgesellschaft inländische Einkünfte nach Art. 164 B I. b. CGI.

Bei Veräußerung der im Privatvermögen gehaltenen Beteiligung an einer Immobiliengesellschaft liegen Einkünfte aus privaten Veräußerungsgeschäften (plus-values des particuliers) vor, geregelt in Artt. 150-0 A – 150-0 VH CGI. Private Veräußerungsgeschäfte sind unterteilt in Veräußerungsgeschäfte aus beweglichem Vermögen nach Art. 150 UA CGI (plus-values sur biens meubles[74]), aus der Veräußerung von Wertpapieren und Gesellschaftsbeteiligungen nach Artt. 150-0 A ff. CGI (plus-values sur valeurs mobilières et droits sociaux) sowie aus Immobilien und Anteilen an Immobiliengesellschaften (plus-values immobilières) nach 150 U ff. CGI. Die Veräußerung der Beteiligung an einer Immobiliengesellschaft kann sowohl zu den privaten Veräußerungsgewinnen aus Wertpapieren und Gesellschaftsbeteiligungen (Art. 150-0 A CGI) gehören als auch zu jenen aus Immobilien und Anteilen an Immobiliengesellschaften (Art. 150 UB CGI).

Steuerpflichtig nach Art. 150-0 A sind die Gewinne aus der Veräußerung von in- und ausländischen Wertpapieren, Gesellschaftsbeteiligungen und aus Rechten daran, wie dem Nießbrauch an einer Beteiligung (usufruit) und mit einem Nießbrauch belastete Beteiligungen (nue-propriété). Hierzu gehören Aktien, Anteile an Gesellschaften mit beschränkter Haftung (sociétés à responsabilité limitée, im Folgenden: SARL) und an der Einmann-GmbH (entreprise unipersonnelle à responsabilité limitée, im Folgenden: EURL), aber auch Beteiligungen an sociétés civiles und Personenhandelsgesellschaften, wie der société en nom collectif (im Folgenden: SNC).[75] Die Veräußerung der Beteiligung an einer Personengesellschaft, die ebenfalls als Veräußerung von Gesellschaftsrechten nach dieser Vorschrift steuerpflichtig ist, wird steuerlich, anders als in Deutschland, nicht als anteilige Veräußerung der Wirtschaftsgüter des

73 *Editions Francis Lefèbvre (Hrsg.)*, Memento Fiscal 2017, Rn. 24655.
74 z.B. Edelmetalle, Schmuck, Kunstobjekte, Sammlerstücke, Antiquitäten.
75 BOI-RPPM-PVBMI-10-10-10 Rn. 120 ff.

Gesellschaftsvermögens behandelt[76]. Die Steuerpflicht nach Art. 150-0 A CGI besteht auch unabhängig davon, welchem Besteuerungsregime die jeweilige Personen- oder Kapitalgesellschaft unterliegt oder in welcher Höhe eine Beteiligung vor Veräußerung bestand.[77] Steuerauslösender Tatbestand ist die entgeltliche Veräußerung (cession à titre onéreux).[78] Der Veräußerungsgewinn ergibt sich nach Art. 150-0 D Nr. 1 CGI aus der Differenz zwischen Veräußerungspreis abzüglich der Anschaffungskosten sowie der Veräußerungsnebenkosten.[79] Der Veräußerungspreis entspricht grundsätzlich dem tatsächlich vereinbarten Entgelt.[80] Bei börsennotierten Anteilen entspricht der Veräußerungspreis dem Börsenkurs am Tag der Veräußerung.[81] Der Anschaffungspreis entspricht den tatsächlich entstandenen Anschaffungskosten, bzw. bei börsennotierten Gesellschaften dem Börsenwert am Tag der Anschaffung.[82] Bei zuvor unentgeltlichem Erwerb ist hingegen abweichend davon der für Erbschaft- oder Schenkungsteuer maßgebliche Wert als Anschaffungskosten anzusetzen. Der Veräußerungsgewinn kann bei längerer Vorbesitzzeit bis zu 65 % steuerbefreit sein (Artt. 150-0 D bis f. CGI).[83] Der steuerpflichtige Veräußerungsgewinn wird zum individuellen Einkommensteuertarif veranlagt und unterliegt keinem Steuerabzug.[84] Die zu einer beschränkten Steuerpflicht führenden Veräußerungen von Beteiligungen im Sinne des Art. 150-0 A CGI, die inländische Einkünfte in Frankreich darstellen, ergeben sich aus Art. 164 B I. e ter) und f) CGI.

Private Veräußerungsgeschäfte aus Immobilien (Art. 150 U CGI) liegen vor bei Veräußerung bebauter und unbebauter Grundstücke und Rechten an Immobilien (Nießbrauch u.a.). Weiter ist die Veräußerung von Beteiligungen an vermögensverwaltenden Immobilienpersonengesellschaften gem. Art. 150 UB CGI

---

76 *Viegener*, in: Wassermeyer, DBA (Frankreich), Anhang, Rn. 84.

77 *Editions Francis Lefèbvre (Hrsg.)*, Memento Fiscal 2017, Rn. 32890.

78 *Editions Francis Lefèbvre (Hrsg.)*, Memento Fiscal 2017, Rn. 32900.

79 BOI-RPPM-PVBMI-20-10 Rn. 1; *Editions Francis Lefèbvre (Hrsg.)*, Memento Fiscal 2017, Rn. 33030.

80 BOI-RPPM-PVBMI-20-10-10-10 Rn. 1; s. Art. 74-0 B in Anhang II des CGI.

81 BOI-RPPM-PVBMI-20-10-10-10 Rn. 20.

82 BOI-RPPM-PVBMI-20-10-20-10 Rn. 10; s. a. Art. 74-0 B in Anhang II des CGI.

83 *Editions Francis Lefèbvre (Hrsg.)*, Memento Fiscal 2017, Rn. 33080; eine größere Begünstigung von bis zu 85 % kann erzielt werden durch Anwendung des „régime renforcé", das allerdings nur bei den in Art. 150-0 D B CGI genannten Voraussetzungen gewährt wird, u.a. muss die Gesellschaft einer gewerblichen Tätigkeit nachgehen und darf keine Immobilienverwaltung betreiben, hierzu BOI-RPPM-PVBMI-20-30-Rn. 1 ff.

84 *Editions Francis Lefèbvre (Hrsg.)*, Memento Fiscal 2017, Rn. 33220.

steuerpflichtig. Danach sind Gewinne aus der Veräußerung von Beteiligungen an Gesellschaften im Sinne der Artt. 8, 8 bis und 8 ter CGI mit Sitz in Frankreich erfasst (also u.a. an den in Frankreich der Personengesellschaftsbesteuerung unterliegenden Gesellschaften[85]), deren Aktivvermögen im Zeitpunkt der Veräußerung mehrheitlich unmittelbar oder mittelbar aus französischen Immobilien und Rechten an solchen Immobilien besteht. Der Veräußerungsgewinn bemisst sich gem. Art. 150 V CGI nach dem Veräußerungspreis abzüglich der Veräußerungsnebenkosten sowie der Anschaffungskosten.[86] Anschaffungskosten sind die tatsächlich zum Erwerb aufgewandten Kosten. Bei zuvor unentgeltlichem Erwerb ist abweichend davon der Wert maßgeblich, der für Zwecke der Erbschaft- oder Schenkungsteuer angesetzt wurde.[87] Die Veräußerungsgewinne unterliegen einem Steuerabzug von 19 % (Art. 200 B CGI)[88] zuzüglich Zuschlägen zur Einkommensteuer in Höhe von 15,5 %. Auf die privaten Veräußerungsgeschäfte aus Immobilien und Immobiliengesellschaftsbeteiligungen über 50.000 Euro wird zudem eine zusätzliche Steuer von bis zu 6 % auf den Veräußerungsgewinn erhoben (Art. 1609 nonies G CGI).[89] Nichtansässige Personen unterliegen mit den Veräußerungsgewinnen im Sinne des Art. 150 UB CGI unter den Voraussetzungen des Art. 164 B I. e bis) CGI der beschränkten Steuerpflicht in Frankreich.

Verluste aus privaten Veräußerungsgeschäften bleiben unverrechnet und können weder mit Gewinnen aus privaten Veräußerungsgeschäften verrechnet werden, noch mit sonstigen positiven Einkünften, und können auch nicht vorgetragen werden (Art. 150 VD CGI).[90]

Gesellschafter einer vermögensverwaltenden Immobiliengesellschaft erzielen in der Regel keine gewerblichen Einkünfte. Dennoch soll ein kurzer Überblick über die Besteuerung gewerblicher Einkünfte in Frankreich gegeben werden. Gewerbliche Einkünfte sind geregelt in Art. 34 ff. CGI. Originär gewerbliche Einkünfte im Sinne des Art. 34 CGI liegen vor, wenn ein Steuerpflichtiger regelmäßig eine Tätigkeit auf eigene Rechnung mit Gewinnerzielungsabsicht

85 Zur Personengesellschaftsbesteuerung sogleich Teil 1 A. III. 2.

86 Zu berücksichtigen sind Art. 74 SA Annex II des CGI, die genaue Bestimmungen zu den jeweils anzusetzenden Positionen enthalten.

87 Art. 150 VB I CGI.

88 *Editions Francis Lefèbvre (Hrsg.)*, Memento Fiscal 2017, Rn. 32405.

89 *Editions Francis Lefèbvre (Hrsg.)*, Memento Fiscal 2017, Rn. 32710 ff.

90 *Editions Francis Lefèbvre (Hrsg.)*, Memento Fiscal 2017, Rn. 32265; mit einer Ausnahme für Verkäufe bestimmter Immobilien (vente en bloc d'un immeuble par fractions successives) nach Art. 150 VD I CGI.

ausübt.[91] Es handelt sich bei „bénéfices commerciaux" zudem um einen Verweis auf Handelsgeschäfte (actes de commerce) im Sinne des Handelsgesetzbuchs (Code de Commerce, im Folgenden: CCom), die als gewerbliche Tätigkeit gelten.[92] Der regelmäßige Kauf und Verkauf von Immobilien oder Anteilen an Immobiliengesellschaften gilt als gewerblich (marchands de biens) gem. Art. 35 I. 1° CGI. Die Abgrenzung zu privaten Veräußerungsgeschäften kann Schwierigkeiten bereiten.[93] Als gewerbliche Tätigkeit gilt auch die Errichtung von Häusern zum Weiterverkauf als Bauträger (construction-vente) nach Art. 35 I. 1° bis CGI. Einkünfte aus gewerblicher Tätigkeit werden durch Betriebsvermögensvergleich ermittelt.[94] Grundlage der Besteuerung gewerblicher Einkünfte ist die Handelsbilanz, deren Positionen durch die steuerlichen Vorschriften zur Gewinnermittlung modifiziert werden.[95] Das Betriebsvermögen erfasst zum einen die Wirtschaftsgüter, die der Steuerpflichtige nach seinem Willen bilanziert. Daneben gehören auch solche Wirtschaftsgüter zum Betriebsvermögen, die betrieblicher Natur sind, unabhängig von ihrer Bilanzierung.[96] Wirtschaftsgüter ohne Bezug zur gewerblichen Tätigkeit werden hingegen bilanziell neutralisiert. Einnahmen und Ausgaben durch diese Wirtschaftsgüter bleiben ohne Auswirkung auf das steuerliche Ergebnis (Art. 155 II. CGI).[97] Dies können auch Einkünfte aus nicht betriebsbezogener Vermietung und Verpachtung, aus Kapitalvermögen oder privaten Veräußerungsgeschäften sein. Diese Einkünfte werden gegebenenfalls getrennt von den im Übrigen gewerblichen Einkünften unter der jeweiligen Einkunftsart erfasst und besteuert.[98] Nach altem Recht galt eine Toleranzgrenze für solche Einkünfte ohne Bezug zur gewerblichen Tätigkeit,

---

91 *Editions Francis Lefèbvre (Hrsg.)*, Memento Fiscal 2017, Rn. 7015.

92 *Grosclaude/Marchessou*, Droit fiscal général, Rn. 283.

93 In Frankreich haben sich Gerichte anhand dieser Vorschrift mit der Abgrenzung zur noch privaten, d.h. gelegentlichen Veräußerung auseinandergesetzt, die der Bundesfinanzhof in Deutschland mit seiner „Drei-Objekte-Rechtsprechung" zu lösen sucht. Eine Übersicht der Rechtsprechung zur Abgrenzung zwischen „Marchand de biens" und privaten Veräußerungsgeschäften ist zu finden in BOI-BIC-CHAMP-20-10-20 mit Verweis auf vier Fallgruppen.

94 *Viegener*, in: Wassermeyer, DBA (Frankreich), Anhang, Rn. 32.

95 *Viegener*, in: Wassermeyer, DBA (Frankreich), Anhang, Rn. 33.

96 *Viegener*, in: Wassermeyer, DBA (Frankreich), Anhang, Rn. 34.

97 *Editions Francis Lefèbvre (Hrsg.)*, Memento Fiscal 2017, Rn. 7455; anwendbar ist die Vorschrift neben Einzelunternehmern auch auf Einkünfte von Personengesellschaften; Einzelheiten zur Abgrenzung und Ausnahmen finden sich in BOI-BIC-BASE-90.

98 *Editions Francis Lefèbvre (Hrsg.)*, Memento fiscal 2017, Rn. 7345, 7955; *Serlooten*, Droit fiscal des affaires, Rn. 177, 179.

die bis zu 5 % (im Einzelfall auch 10 %) der (gewerblichen) Gesamteinkünfte betragen durften, ohne dass eine getrennte Erfassung erfolgen musste. Seit dem 1.1.2017 werden diese Toleranzgrenzen nur noch bei entsprechender Option des Steuerpflichtigen berücksichtigt.[99] Betriebliche Veräußerungsgewinne (plus-values professionnelles) liegen vor bei Veräußerung von Wirtschaftsgütern des Anlagevermögens (immobilisations/éléments d'actif immobilisé), nicht aber des Umlaufvermögens (actifs circulants).[100] Neben der Veräußerung sind auch Gewinnrealisierungen anlässlich einer Entnahme, Einbringung, Schenkung, eines Tauschs, oder bei sonstigem Ausscheiden aus dem Betriebsvermögen zu versteuern (z.B. Enteignung oder Zerstörung).[101] Die Gewinne werden je nach Dauer der Zugehörigkeit des veräußerten Wirtschaftsguts zum Anlagevermögen unterteilt in kurz- oder langfristige Veräußerungsgewinne. Kurzfristige Veräußerungsgewinne (plus-values à court terme) gehören zum laufenden Gewinn. Sie entstehen bei der Veräußerung von Anlagevermögen, das zuvor weniger als zwei Jahre bilanziert war.[102] Die übrigen Gewinne aus der Veräußerung von seit mehr als zwei Jahren bilanzierten Wirtschaftsgütern gehören zu den steuerlich begünstigten langfristigen Veräußerungsgewinnen (plus-values à long terme).[103] Sie werden zu einem ermäßigten Steuersatz von 16 % besteuert (Art. 39 quindecies I. 1. CGI) und unterliegen Zuschlägen zur Einkommensteuer von in der Regel 15,5 %.[104] Gewinne aus der kurzfristigen Veräußerung von Vermögen können jedoch gleichmäßig auf drei Jahre aufgeteilt und im Jahr der Entstehung wie auch den beiden Folgejahren versteuert werden; dies gilt nicht bei Aufgabe des Betriebs.[105]

Gewerbliche Verluste sind gem. Art. 156 I. CGI mit den übrigen Einkünften verrechenbar und können bis zu sechs Jahre vorgetragen werden. Dies gilt auch

99 *Editions Francis Lefèbvre (Hrsg.)*, Memento fiscal 2017, Rn. 7345.

100 *Editions Francis Lefèbvre (Hrsg.)*, Memento Fiscal 2017, Rn. 17700.

101 BOI-BIC-BASE-10-10 Rn. 50; *Editions Francis Lefèbvre (Hrsg.)*, Memento Fiscal 2017, Rn. 17730.

102 Sowie von Anlagevermögen, das mehr als zwei Jahre bilanziert war, soweit der Veräußerungsgewinn den Betrag der Abschreibungen auf das Wirtschaftsgut nicht übersteigt, *Serlooten*, Droit fiscal des affaires, Rn. 200; *Hellio/Thill*, Steuern in Frankreich, Rn. 64.

103 *Editions Francis Lefèbvre (Hrsg.)*, Memento Fiscal 2017, Rn. 18040; körperschaftsteuerpflichtige Gesellschaften sind vom Regime der begünstigten „plus-values à long terme" mit wenigen Ausnahmen ausgeschlossen (hierzu Serlooten, Droit fiscal des affaires, Rn. 531 ff.).

104 *Editions Francis Lefèbvre (Hrsg.)*, Memento Fiscal 2017, Rn. 18100, Rn. 34515.

105 *Editions Francis Lefèbvre (Hrsg.)*, Memento Fiscal 2017, Rn. 18075.

für Verluste aus kurzfristigen betrieblichen Veräußerungsgeschäften.[106] Verluste aus langfristigen betrieblichen Veräußerungsgeschäften sind insoweit benachteiligt und können nur mit positiven Einkünften aus langfristigen betrieblichen Veräußerungsgeschäften verrechnet werden.[107] Abweichend können auch Verluste aus als „BIC non-professionnelles" definierten Tätigkeiten nach Art. 156 I. 1° bis CGI nur mit ebensolchen positiven Einkünften verrechnet werden:[108] erfasst sind danach Einkünfte aus einer ohne persönliche Beteiligung des Steuerpflichtigen an einen Dritten übertragenen Tätigkeit sowie Tätigkeiten, bei denen der Steuerpflichtige nur wie ein Kapitalgeber fungiert. Zudem finden Kleinunternehmerregelungen Anwendung auf Unternehmen, die mit ihren Einkünften unterhalb bestimmter Einkunftsschwellen bleiben, z.B. das „régime micro-BIC" bei Einkünften unterhalb von 82.800 Euro jährlich, sowie das „regime simplifié" bei Einkünften unterhalb von 788.000 Euro jährlich.[109]

3. *Ermittlung der Einkommensteuer*

Die Ermittlung des steuerpflichtigen Einkommens ist geregelt in Artt. 12, 13 und 156 ff. CGI. Nach Art. 12 CGI wird die individuelle Einkommensteuer jährlich hinsichtlich der Einkünfte festgesetzt, die der Steuerpflichtige erwirtschaftet hat. Grundsätzlich werden die einzubeziehenden Einkünfte entsprechend den Vorschriften jeder Einkunftsart ermittelt und anschließend die Summe der Einkünfte gebildet.[110] Einkünfte aus ausländischer Quelle werden dabei nach denselben Regeln ermittelt wie die Einkünfte aus inländischer Quelle, Art. 158 1. CGI.[111] Hiervon werden einige Einkünfte getrennt besteuert, wie z.B. Einkünfte aus privaten Veräußerungsgeschäften, die einem gesonderten Steuersatz unterliegen.[112] Verluste werden nach der allgemeinen Regel des Art. 156 I CGI vorbehaltlich etwaiger Sondervorschriften zu einzelnen Einkunftsarten mit den übrigen Einkünften innerhalb desselben Jahres sowie der nächsten sechs Veranlagungszeiträume verrechnet.

---

106 *Serlooten*, Droit fiscal des affaires, Rn. 204.

107 *Serlooten*, Droit fiscal des affaires, Rn. 206.

108 *Editions Francis Lefèbvre (Hrsg.)*, Memento Fiscal 2017, Rn. 1020.

109 Tabelle mit Übersicht und weiteren Einzelheiten bei *Editions Francis Lefèbvre (Hrsg.)*, Memento Fiscal 2017, Rn. 85300.

110 *Grosclaude/Marchessou*, Droit fiscal général, Rn. 185.

111 *Editions Francis Lefèbvre (Hrsg.)*, Memento Fiscal 2017, Rn. 780.

112 *Grosclaude/Marchessou*, Droit fiscal général, Rn. 184.

Frankreich unterwirft unbeschränkt Steuerpflichtige einer Haushaltsbesteuerung (imposition par foyer).[113] Maßgeblich ist das Einkommen des Steuerpflichtigen und der Mitglieder seines foyer fiscal, sodass gleichsam das Familieneinkommen ermittelt wird.[114] Das hierdurch gewonnene „revenu brut global" wird durch gesetzlich abschließend geregelte Sonderausgaben gemindert, z.B. durch Unterhaltszahlungen nach Art. 156 II. 2° CGI (pensions alimentaires) sowie anteilig durch Zuschläge zur Einkommensteuer auf bestimmte Einkünfte (contribution sociale généralisée, kurz: CSG) nach Art. 154 quinquies CGI.[115] Man erhält dann das sog. „revenu net global", das gegebenenfalls nach Abzug bestimmter weiterer Sonderausgaben das „revenu net global imposable" ergibt, das wiederum als Grundlage für die Anwendung des Steuertarifs dient.[116] Der Einkommensteuertarif ergibt sich aus Artt. 193 ff. CGI. Die Steuerbelastung wird unter Berücksichtigung eines Familienquotienten festgesetzt. Der Quotient bestimmt sich anhand der persönlichen Situation des Steuerpflichtigen und richtet sich danach, ob der Steuerpflichtige verheiratet, geschieden, verwitwet, alleinerziehend oder Partner eines pacte civil de solidarité[117] (im Folgenden: PACS) ist. Weiter werden im Haushalt lebende Kinder berücksichtigt.[118] Die Berechnung des Tarifs erfolgt im Grundsatz zunächst durch Teilung des „revenu net global imposable" durch den Familienquotienten. Die hierdurch erhaltenen Teile des Einkommens werden zergliedert und auf sie jeweils der Tarif auf die verschiedenen Einkommensstufen (tranches) angewandt, der sich aus der Tabelle in Art. 197 I. 1. CGI ergibt (barème pour une part de revenu). Es können Teile des Einkommens mit bis zu 45 % besteuert werden. Die Summe der so erhaltenen Steuern auf die Einkommensteile wird mit dem Familienquotient multipliziert und ergibt die Brutto-Gesamtsteuer (montant total de l'impôt brut). Diese unterliegt auf dem Weg zur tatsächlich zu entrichtenden Einkommensteuer noch diversen Korrekturen.[119]

---

113 *Hellio/Thill*, Steuern in Frankreich, Rn. 38.

114 *Grosclaude/Marchessou*, Droit fiscal général, Rn. 184.

115 *Editions Francis Lefèbvre (Hrsg.)*, Memento Fiscal 2017, Rn. 1075 f; *Hellio/Thill*, Steuern in Frankreich, Rn. 125.

116 *Editions Francis Lefèbvre (Hrsg.)*, Memento Fiscal 2017, Rn. 1480.

117 Der PACS ist geregelt in Art. 515-1 ff CC, es handelt sich dabei um einen eheähnlichen Vertrag zur Organisation des gemeinsamen Lebens eines Paares, der vermögensrechtliche, familienrechtliche, steuerliche und sozialrechtliche Folgen hat. Er ist gegenüber der Zivilehe ein Weniger, steht aber Paaren gleichen und unterschiedlichen Geschlechts offen.

118 *Editions Francis Lefèbvre (Hrsg.)*, Memento Fiscal 2017, Rn. 1850 ff.

119 *Editions Francis Lefèbvre (Hrsg.)*, Memento Fiscal 2017, Rn. 2200 ff.

Die Pflicht zur Abgabe einer jährlichen Einkommensteuererklärung ist geregelt in Artt. 170–175 CGI. In Frankreich wird derzeit gestaffelt nach der Höhe der Einkünfte die elektronische Steuererklärung schrittweise verbindlich eingeführt, ab dem Veranlagungszeitraum 2018 soll sie für jedermann verpflichtend sein.[120]

III. Die Besteuerung französischer Gesellschaften

1. *Kapitalgesellschaften*

a) *Körperschaftsteuerpflichtige Gesellschaften*

Die Körperschaftsteuer (impôt sur les sociétés, im Folgenden: IS) ist geregelt in Artt. 205–223 U CGI. Körperschaftsteuerpflichtig sind nach Art. 206 1. CGI die Aktiengesellschaft (société anonyme, im Folgenden: SA), die Kommanditgesellschaft auf Aktien (société en commandite par actions) und die Gesellschaft mit beschränkter Haftung (société à responsabilité limitée, im Folgenden: SARL). Diese Gesellschaften sind steuerlich intransparent.[121] Die Körperschaftsteuerpflicht bezieht sich auf die Einkünfte aus einer in Frankreich belegenen Quelle (Territorialitätsprinzip nach Art. 209 I. CGI)[122], ausländische Quellen kommen als Anknüpfungspunkt für eine Steuerpflicht nicht in Betracht. Die Steuerpflicht der Kapitalgesellschaften wird gerade nicht dadurch begründet, dass eine Gesellschaft ihren Sitz oder Ort der Geschäftsleitung in Frankreich hat.[123] Im deutschen Körperschaftsteuerrecht besteht stattdessen eine unbeschränkte, das Welteinkommen umfassende Körperschaftsteuerpflicht nach § 1 Abs. 1 und Abs. 2 des Körperschaftsteuergesetzes (im Folgenden: KStG), wenn die Gesellschaft ihre Geschäftsleitung oder ihren Sitz der Gesellschaft entsprechend §§ 10, 11 AO in Deutschland hat, sowie andererseits eine beschränkte Körperschaftsteuerpflicht nach § 2 KStG, die inländische Einkünfte im Sinne des § 8 Abs. 1 KStG i.V.m. § 49 EStG voraussetzt.[124]

In Frankreich sind hingegen von vornherein nur objekt- und quellenbezogen die Einkünfte aus einem in Frankreich betriebenen Unternehmen (entreprise exploitée en France) steuerpflichtig. Dies umfasst die von einer französischen

120 *Editions Francis Lefèbvre (Hrsg.)*, Memento Fiscal 2017, Rn. 3675.
121 *Cozian*, Droit des sociétés, Rn. 50: „opacité".
122 *Serlooten*, Droit fiscal des affaires, Rn. 695; *Hellio/Thill*, Steuern in Frankreich, Rn. 225.
123 *Hellio/Thill*, Steuern in Frankreich, Rn. 225; BOI-IS-CHAMP-10-10 Rn. 370.
124 *Pfirrmann*, in: Gosch, KStG, § 2 Rn. 25.

Betriebsstätte der Gesellschaft erwirtschafteten Einkünfte (établissement[125]), weiter die Einkünfte der Gesellschaft aus der Tätigkeit eines abhängigen Vertreters (représentant) sowie die Einkünfte aus der Durchführung einer in sich abgeschlossenen Gesamtheit von Geschäften (cycle complet d'opérations) wie dem An- und Verkauf von Waren in Frankreich.[126] Unabhängig vom Vorliegen eines in Frankreich betriebenen Unternehmens sind weitere Einkünfte aus französischer Quelle körperschaftsteuerpflichtig nach Art. 209 I. CGI in Verbindung mit den Vorschriften zu inländischen Einkünften natürlicher Personen nach Art. 164 B I. a), e bis) und e ter) CGI, d. h. Einkünfte aus der Vermietung und Verpachtung französischer Immobilien, der Veräußerung französischer Immobilien oder der Veräußerung von Beteiligungen an Immobiliengesellschaften.[127] Da Frankreich Einkünfte aus ausländischer Quelle der Gesellschaft nicht besteuert, können im Gegenzug die körperschaftsteuerpflichtigen Gesellschaften die aus diesen Quellen entstammenden Verluste auch nicht in Frankreich geltend machen.[128] Neben Kapitalgesellschaften können auch Personengesellschaften wie die SNC oder die société civile nach Art. 206 Nr. 3 CGI unter den Voraussetzungen des Art. 239 CGI zur Körperschaftsteuer optieren. Des Weiteren sind Kommanditgesellschaften mit den auf die Kommanditisten entfallenden Einkünfte selbst körperschaftsteuerpflichtig (Art. 206 Nr. 4 CGI). Die Einkünfte der körperschaftsteuerpflichtigen Gesellschaften werden gem. Art. 209 I CGI nach den Grundsätzen für gewerbliche Einkünfte (BIC) ermittelt (Art. 209 CGI). Dies gilt unabhängig von der tatsächlichen Aktivität der Gesellschaft, die nicht gewerblich sein muss.[129] Der Körperschaftsteuertarif wurde seit dem 1.1.2017 für bestimmte Gesellschaften von zuvor 33,33 % auf 28 % gesenkt, der niedrigere Körperschaftsteuertarif soll bis zum 1.1.2020 auch für die übrigen Gesellschaften gelten.[130] Gewinne aus langfristigen

---

125 Die Begriffe „établissement“ und „établissement stable“ sind nicht gleichbedeutend. Das „établissement“ bezeichnet eine Betriebsstätte nach französischem Recht, während der Begriff „établissement stable“ für die Betriebsstätte nach dem Recht der Doppelbesteuerungsabkommen verwendet wird, s. *Gouthière*, Les impôts dans les affaires internationales, Rn. 16630.

126 *Serlooten*, Droit fiscal des affaires, Rn. 696; *Gouthière*, Les impôts dans les affaires internationales, Rn. 4750 ff.; BOI-IS-60-10-10 Rn. 50 ff.

127 Teil 1 A. II. 2.

128 *Serlooten*, Droit fiscal des affaires, Rn. 711.

129 *Editions Francis Lefèbvre (Hrsg.)*, Memento Fiscal 2017, Rn. 35840; *Grosclaude/Marchessou*, Droit fiscal général, Rn. 977.

130 *Editions Francis Lefèbvre (Hrsg.)*, Memento Fiscal 2017, Rn. 36065.

Veräußerungsgeschäften[131] unterliegen hingegen einem ermäßigten Steuersatz von 19 % nach Art. 219 I a. CGI.

b) Société d'investissement immobilière côtée (SIIC)

Das Besteuerungsregime einer Société d'investissement immobilière côtée (Art. 208 C CGI) weicht von dem der körperschaftsteuerpflichtigen Kapitalgesellschaften ab. Die SIIC ist das Pendant zur deutschen REIT-AG (G-REIT), die ihrerseits im Gesetz über deutsche Immobilien-Aktiengesellschaften mit börsennotierten Anteilen (REITG) geregelt ist. Beide Gesellschaftsformen ermöglichen die Investition in Immobilien über eine Gesellschaft, deren Erträge im Grundsatz von der Körperschaftsteuer befreit sind, die Einkünfte werden direkt beim Gesellschafter besteuert. Dies wirkt sich angesichts der so fehlenden Doppelbelastung durch eine zweimalige Besteuerung auf Ebene der Gesellschaft und des Gesellschafters positiv auf die Gesamtsteuerbelastung der so erzielten Einkünfte aus. Die deutsche REIT-AG ist nach § 1 REITG eine Aktiengesellschaft, deren Unternehmensgegenstand beschränkt ist auf den Erwerb und das Halten von Eigentum und dinglichen Nutzungsrechten an in- und ausländischem unbeweglichem Vermögen zwecks Verwaltung dieses Vermögens. Die Aktien der AG müssen zum Handel an einem organisierten Markt im Sinne des § 2 Abs. 5 des Wertpapierhandelsgesetzes (WpHG) zugelassen sein. Zum Zeitpunkt der Börsenzulassung müssen sich nach § 11 Abs. 1 S. 2 REITG mindestens 25 % der Aktien in Streubesitz befinden (als Streubesitz gelten weniger als 3 % der Stimmrechte, § 11 Abs. 1 S. 3 REITG), später sollen sich gem. § 11 Abs. 1 S. 2 REITG mindestens 15 % der Aktien in Streubesitz befinden. Ein Anleger darf nicht direkt über mehr als 10 % der Stimmrechte verfügen (§ 11 Abs. 4 REITG). Die REIT-AG unterliegt sowohl Vermögens- als auch Ertragsanforderungen. Nach § 12 Abs. 2 REITG müssen mindestens 75 % der Aktiva zum unbeweglichen Vermögen gehören.[132] Nach § 13 Abs. 1 REITG müssen REIT-AGs 90 % ihres Jahresüberschusses im Sinne des § 275 des Handelsgesetzbuchs (HGB) ausschütten. Die REIT-AG ist bei Erfüllen der nach § 16 Abs. 1 REITG normierten Voraussetzungen von der Körperschaftsteuer befreit. Hierbei handelt es sich um eine persönliche Steuerbefreiung.[133]

---

131 Teil 1 A. II. 2.

132 Die Quote bemisst sich bezogen auf die Aktiva gemäß Einzel- bzw. Konzernabschluss abzüglich der Ausschüttungsverpflichtung und Rücklagen nach § 13 Abs. 1, 3 REITG und den Modifikationen des § 12 Abs. 1 REITG.

133 *Kaiser*, Der französische REIT, S. 230.

Eine französische SIIC kann in der Rechtsform einer SA oder einer société en commandite par actions vorliegen.[134] Die vergleichbare Befreiung der SIIC von der Körperschaftsteuer wird aufgrund Option gewährt.[135] Hierfür muss die Gesellschaft (wie der G-REIT) an einem geregelten Markt notiert sein, der den Anforderungen der Finanzmarktrichtlinie entspricht.[136] Weiter müssen sich einmalig zu Beginn des Wirtschaftsjahres, in dem die Besteuerung im SIIC-Regime erstmals stattfindet, 15 % der Aktien in Streubesitz befinden, als Streubesitz gelten Beteiligungen von jeweils direkt oder indirekt weniger als 2 % der Stimmrechte und des Kapitals der Gesellschaft.[137] Unzulässig sind Beteiligungen von 60 % oder mehr an Kapital oder Stimmrechten der Gesellschaft.[138] Hauptgesellschaftszweck und Haupttätigkeit einer SIIC sind Erwerb oder Errichtung von Immobilien zum Zweck der Vermietung sowie die Beteiligung an Gesellschaften, die ihrerseits diese Zwecke verfolgen.[139] Nebentätigkeiten sind nur eingeschränkt erlaubt, zulässig sind unter anderem der Immobilienhandel oder die Verwaltung von Immobilien Dritter.[140] Die Zusammensetzung des Gesellschaftsvermögens ist nicht gesetzlich vorgeschrieben, durch den Unternehmensgegenstand ergeben sich allerdings indirekt Vermögensanforderungen.[141] Die Einkünfte einer SIIC sind nach Option nur insoweit von der Körperschaftsteuer befreit, als sie auf die Haupttätigkeit entfallen. Einkünfte aus Nebentätigkeiten sind nicht von der Körperschaftsteuer befreit.[142] Die Steuerbefreiung ist somit anders als die des G-REIT als partielle, sachliche Steuerbefreiung, nicht hingegen als persönliche Steuerbefreiung ausgestaltet.[143] Die SIIC unterliegt einer Ausschüttungsverpflichtung, nach der jährlich 85 % der steuerfreien Erträge aus

134 *Kaiser*, Der französische REIT, S. 35.
135 *Kaiser*, Der französische REIT, S. 61.
136 Richtlinie 2004/39/EG des Europäischen Parlaments und des Rates vom 21. April 2004 über Märkte für Finanzinstrumente, zur Änderung der Richtlinien 85/611/EWG und 93/6/EWG des Rates und der Richtlinie 2000/12/EG des Europäischen Parlaments und des Rates und zur Aufhebung der Richtlinie 93/22/EWG des Rates (Abl. Nr. L 145 S. 1, ber. Abl. 2005 Nr. L 45 S. 18) (MiFID), in Kraft bis 3.1.2018, künftig: Richtlinie 2014/65/EU des Europ. Parlaments u. des Rates v. 15.5.2014 über Märkte für Finanzinstrumente, Abl. 2014 L 173, S. 349 (MiFID II).
137 *Kaiser*, Der französische REIT, S. 53.
138 *Editions Francis Lefèbvre (Hrsg.)*, Memento Fiscal 2017, Rn. 30940.
139 *Kaiser*, Der französische REIT, S. 39.
140 *Kaiser*, Der französische REIT, S. 40.
141 *Kaiser*, Der französische REIT, S. 228.
142 *Editions Francis Lefèbvre (Hrsg.)*, Memento Fiscal 2017, Rn. 30930.
143 *Kaiser*, Der französische REIT, S. 95.

Vermietung und Verpachtung von Immobilien sowie aus Rechten an Immobilien, wie Nießbrauch (usufruit), Erbbaurecht (bail à construction) und Erbpacht (bail emphythéotique) auszuschütten sind.[144] Die Aktionäre einer SIIC erzielen bei Ausschüttung Einkünfte aus Kapitalvermögen, wie auch die Gesellschafter eines G-REIT. Das Besteuerungskonzept ist demnach insgesamt ähnlich zu dem des G-REIT und seiner Aktionäre.

2. Personengesellschaften

Nach Art. 8 Abs. 1 CGI unterliegen die Gesellschafter einer SNC und die Komplementäre einer SCS persönlich der Steuer mit dem auf sie entfallenden Anteil am Gewinn aus der Gesellschaft. Gleiches gilt nach Art. 8 1° CGI für die Gesellschafter einer vermögensverwaltenden société civile sowie für unbeschränkt haftende Gesellschafter einer stillen Gesellschaft (Art. 8 2° CGI). Diese Gesellschaften werden als halbtransparent[145] oder transluzid[146] bezeichnet.[147] Die Einkünfte werden auf Ebene der Personengesellschaft ermittelt und von ihr selbst erklärt, gleichwohl erfolgt die Besteuerung beim Gesellschafter[148] und richtet sich nach seinen persönlichen Verhältnissen. Der Gewinnanteil wird unabhängig davon besteuert, ob er an die Gesellschafter ausgezahlt wurde oder nicht.[149] Die Gesellschaften sind in Frankreich in Bezug auf die Gewinnermittlung selbst Steuersubjekt, obgleich sie weder Steuerschuldner noch Steuerpflichtiger sind,

---

144 *Kaiser*, Der französische REIT, S. 103.

145 *Rubechi*, IStR-LB 2015, 30; *Cozian*, Droit des sociétés, Rn. 62.

146 *Gouthière*, Les impôts dans les affaires internationales, Rn. 30950; auch die Verwaltung nutzt diesen Begriff: z.B. BOI-RFPI-CHAMP-30-20 Rn. 110 ff.

147 Beide Bezeichnungen als gleichwertig nutzend *Hellio/Rädler*, IStR 2000, 401 (402); *Editions Francis Lefèbvre (Hrsg.)*, Memento Fiscal 2017, Rn. 37500; andere Autoren nutzen den Begriff „translucidité" zur Bezeichnung des Besteuerungsregimes von Investmentgesellschaften wie der SPPICAV, z.B. *Cozian*, Droit des sociétés, Rn. 62, mit Verweis hierauf *Schneider*, Doppelbesteuerungsrechtliche Qualifikationskonflikte im Kontext einer deutschen Betriebsaufspaltung mit französischem Gesellschafter, S. 92 f.; *Serlooten*, Droit fiscal des affaires, Rn. 692 unterschiedet hingegen zwei Theorien: Die „théorie de la dette d'impôt/de semitransparence", sowie die „théorie de la transparence/translucidité", das Besteuerungsregime wie vorgestellt fällt unter die „théorie de semi-transparence".

148 *Gouthière*, Les impôts dans les affaires internationales, Rn. 31040.

149 *Cozian*, Droit des sociétés, Rn. 48; *Gouthière*, Les impôts dans les affaires internationales, Rn. 31045.

sondern die Steuer für ihre Gesellschafter entrichten.[150] Die französischen Personengesellschaften gelten für steuerliche Zwecke als Einkünfte erzielende Steuersubjekte, soweit ihre Gesellschafter unbeschränkt haften, ungeachtet der Tatsache, dass sie die auf ihre Gewinne entfallende Steuer für ihre Gesellschafter abführen. Unter den Voraussetzungen des Art. 239 bis AA CGI können SARL zur Besteuerung nach Art. 8 CGI optieren (Art. 8 3° CGI) und sich der Personengesellschafts-Besteuerung unterwerfen.[151] In Frankreich wird der Begriff der „transparence fiscale" für das Besteuerungsregime der Personengesellschaften genutzt, um dieses zusammenfassend vom Besteuerungsregime der Körperschaften abzugrenzen[152], der Begriff ist aber anders besetzt als das deutsche Verständnis von Transparenz. Deutschland weist im Ergebnis ein ähnliches System der Besteuerung von Personengesellschaften und ihren Gesellschaftern auf. Steuerpflichtig sind allein natürliche Personen nach § 1 EStG und Körperschaften nach § 1 KStG.[153] Die durch eine Personengesellschaft erwirtschafteten Einkünfte werden den Gesellschaftern zugerechnet, nicht der Gesellschaft. Personengesellschaften sind lediglich Subjekt der Einkünfteerzielung und Einkünfteermittlung und werden insoweit nur als partielles Steuersubjekt

---

150 *Gouthière*, Les impôts dans les affaires internationales, Rn. 31340; *Rubechi*, IStR-LB 2015, 30.

151 Die Option ist allerdings beschränkt auf gewerblich oder land- und forstwirtschaftlich tätige Familiengesellschaften, deren Gesellschafter untereinander entweder in direkter Linie verwandt, Geschwister, Ehegatten oder Partner eines PACS sind (zu PACS siehe Teil 1 A. II. 3). Daneben können auch sonstige SARLs, nicht börsennotierte Aktiengesellschaften und sog. kleine Aktiengesellschaften (société par actions simplifiée, im Folgenden: SAS) unter den Voraussetzungen des Art. 239 bis AB CGI zur Besteuerung nach Art. 8 CGI optieren (Art. 8 6° CGI), auch hier darf die Gesellschaft nicht rein vermögensverwaltend tätig sein. Zudem müssen mindestens 50 % der Anteile oder Aktien durch eine natürliche Person gehalten werden und mindestens 34 % durch eine oder mehrere Personen, die in der Gesellschaft eine Führungstätigkeit ausüben, z.B. als Geschäftsführer, président oder directeur général des Verwaltungsrats einer SA bzw. Vorstand oder Aufsichtsratsvorsitzender einer SA, je nachdem, welche Führungsstruktur sich die SA gegeben hat. Frankreich kennt einerseits die nach deutschem Vorbild eingeführte Zweiteilung der Führung einer AG in Vorstand und Aufsichtsrat; hierzu *Cozian*, Droit des sociétés, Rn. 871 ff, üblicher ist aber die Bildung eines Verwaltungsrats, hierzu: *Cozian*, Droit des sociétés, Rn. 668 ff. Eine Option ist nur innerhalb der ersten fünf Jahre nach Gründung möglich (Art. 239 bis AB II. 3° CGI).

152 z.B. bei *Serlooten*, Droit fiscal des affaires, Rn. 498; *Cozian*, Droit des sociétés, Rn. 46; als steuerlich transparent bezeichnet man aber auch das Besteuerungsregime der Gesellschaften im Sinne des Art. 1655 ter, 8 bis CGI, s. hierzu Teil 1 A. III. 3.

153 *Heinicke*, in: Schmidt, EStG, § 1 Rn. 11–13.

bezeichnet.[154] Im Ergebnis besteht somit zwar eine vergleichbare Rechtslage, Frankreich schließt aber im Gegensatz zu Deutschland hieraus bereits auf die Steuersubjekteigenschaft von Personengesellschaften. Die Steuersubjektqualität der französischen Personengesellschaften erschließt sich mit Blick auf deren Eigenschaft als juristische Person (personne morale) im französischen Zivilrecht.[155] Nach Art. 1842 CC sind alle Gesellschaften mit Ausnahme der stillen Gesellschaft mit ihrer Eintragung in das Handels- und Gesellschaftsregister juristische Personen.[156] Der Status als juristische Person hat zur Folge, dass die Gesellschaft rechtsfähig und selbst Rechtsträgerin ihres Gesellschaftsvermögens ist, das vom Vermögen ihrer Gesellschafter getrennt ist.[157] Die grundlegende systematische Trennung zwischen Gesamthandsgesellschaften, die in Deutschland auf die Gesellschaft bürgerlichen Rechts (GbR) in §§ 705 ff. des Bürgerlichen Gesetzbuchs (BGB) zurückgehen, und Körperschaften, die in Deutschland auf den Verein in §§ 21 ff. BGB zurückgehen, kennt Frankreich nicht. Personen- und Kapitalgesellschaften gehen dort vielmehr gleichermaßen auf die „Gesellschaft" (société) im Code Civil zurück, sie sind strukturell rechtlich gleich in ihrer Eigenschaft als juristische Person.[158] Eine systematische Abgrenzung erfolgt in Frankreich nicht zwischen Personen- und Kapitalgesellschaften, sondern zwischen Gesellschaft (société) und Verein (association).[159] Üblich ist in Frankreich allerdings die Abgrenzung zwischen Gesellschaften mit beschränkter und unbeschränkter Haftung (sociétés à risque limité/illimité).[160] Die steuerliche Andersbehandlung der Personengesellschaften gegenüber den Kapitalgesellschaften, also die transparente Besteuerung nach Art. 8 CGI im Gegensatz zur Körperschaftsteuerpflicht, ist dem unterschiedlichen Umfang der Gesellschafterhaftung geschuldet.[161] Die unbeschränkte Haftung eines Personengesellschafters führt

---

154 BFH, Beschluss v. 25.6.1984, Az. GrS 4/82, BStBl. II 1984, S. 751.

155 *Schneider*, Doppelbesteuerungsrechtliche Qualifikationskonflikte im Kontext einer deutschen Betriebsaufspaltung mit französischem Gesellschafter, S. 92 f.

156 Diese Vorschrift befindet sich im allgemeinen Gesellschaftsrecht („droit commun des sociétés", *Cozian*, Droit des sociétés, Rn. 99), das in Art.t 1832–1844-17 des Code Civil (CC) normiert ist, nach Art. 1834 CC sind diese Vorschriften auf alle Gesellschaften anwendbar, soweit nichts abweichendes geregelt ist.

157 *Cozian*, Droit des sociétés, Rn. 299; *Dondero*, Droit des sociétés, Rn. 100.

158 *Hellio/Rädler*, IStR 2000, 401 (404).

159 *Hellio/Rädler*, IStR 2000, 401 (404); *Cozian*, Droit des sociétés, Rn. 72: „comme chiens et chats".

160 Schaubild zu den Unterschieden bei *Cozian*, Droit des sociétés, Rn. 102.

161 *Grosclaude/Marchessou*, Droit fiscal général, Rn. 876; *Schneider*, Doppelbesteuerungsrechtliche Qualifikationskonflikte, S. 93.

dazu, dass dieser seinen Anteil am Gewinn einer Personengesellschaft selbst versteuert. Eine nur beschränkte Haftung des Personengesellschafters resultiert hingegen (insoweit) in der Körperschaftsteuerpflicht der Gesellschaft. Dies zeigt sich bei der Besteuerung der Gesellschafter einer französischen Kommanditgesellschaft. Aufgrund des Kriteriums der beschränkten Haftung ist die Kommanditgesellschaft mit den auf einen Kommanditisten entfallenden Anteil am Gewinn selbst körperschaftsteuerpflichtig (der Kommanditist bezieht Einkünfte aus Kapitalvermögen), während ein Komplementär hingegen mit dem ihm zukommenden Gewinnanteil der Einkommensteuer unterliegt. Die Anerkennung der Personengesellschaften als Steuerrechtssubjekt hat praktische Auswirkungen auf deutsch-französische Sachverhalte, z.B. auf die Frage, wem die Einkünfte aus einer bestimmten Quelle aus französischer Sicht zuzurechnen sind, und auf die Anwendung der Doppelbesteuerungsabkommen auf Personengesellschaften.

Einen weiteren Unterschied in der Besteuerung von Personengesellschaften gegenüber dem deutschen Steuerrecht bildet die geringere Differenzierung Frankreichs zwischen der Besteuerung vermögensverwaltender und gewerblich tätiger Personengesellschaften.[162] In Deutschland werden vermögensverwaltende Personengesellschaften unterschieden von den gewerblich tätigen Mitunternehmerschaften im Sinne des § 15 Abs. 1 S. 1 Nr. 2 1. Hs. EStG.[163] Die Einkünfte aus privater Vermögensverwaltung werden in Deutschland verfahrensrechtlich einheitlich und gesondert auf Ebene der Gesellschaft festgestellt (§§ 179 Abs. 1, 2 S. 2, 180 Abs. 1 S. 1 Nr. 2 a) AO) und den Gesellschaftern je nach ihrer Beteiligung am Ergebnis der Gesellschaft als Einkünfte z.B. aus Kapitalvermögen oder Vermietung und Verpachtung anteilig zugerechnet (§ 39 Abs. 2 Nr. 2 AO).[164] Bei einer Beteiligung an einer gewerblichen Mitunternehmerschaft erfolgt die Zurechnung der Gewinne anhand § 15 Abs. 1 S. 1 Nr. 2 EStG. Neben den Einkünften aus der Beteiligung sind danach auch Sondervergütungen erfasst, die der Gesellschafter aus durch die Gesellschaft gezahlten Leistungsvergütungen erzielt. Wirtschaftsgüter im Eigentum eines Mitunternehmers werden zu Sonderbetriebsvermögen bei der Mitunternehmerschaft, wenn das Wirtschaftsgut der Tätigkeit der Gesellschaft dient (Sonderbetriebsvermögen I) oder der

162 *Hellio/Rädler*, IStR 2000, 401 (402).

163 Die Regeln zur gewerblichen Mitunternehmerschaft gelten kraft Verweis auch für freiberufliche (§ 18 Abs. 4 EStG) und land- und forstwirtschaftliche (§ 13 Abs. 7 EStG) Mitunternehmerschaften.

164 *Birk/Desens/Tappe*, Steuerrecht, Rn. 1120.

Beteiligung des Gesellschafters an der Mitunternehmerschaft (Sonderbetriebsvermögen II). Der Besteuerungsmodus des Art. 8 CGI in Frankreich findet hingegen gleichermaßen auf vermögensverwaltende wie auch gewerblich tätige Personengesellschaften Anwendung.[165] Die Einkünfteermittlung und -qualifikation auf Ebene der Gesellschaft erfolgen aber anders als in Deutschland abhängig von Rechtsstellung und Aktivitäten des Gesellschafters sowie von der Tätigkeit der Gesellschaft selbst. Ist der Gesellschafter eine Privatperson, ein Kleinunternehmer oder eine Person, die Einkünfte aus BNC erzielt, gehören die Einkünfte zur jeweiligen Einkunftsart, die die Gesellschaft erzielt (z.B. gewerbliche Einkünfte oder Einkünfte aus Kapitalvermögen).[166] Der Gewinnanteil wird nach den jeweiligen Regeln der Einkunftsart ermittelt (Art. 238 bis K II. CGI). Handelt es sich beim Gesellschafter allerdings um einen gewerblich tätigen Unternehmer oder eine körperschaftsteuerpflichtige Gesellschaft, führt dies zwingend zu Einkünften aus Gewerbebetrieb beim Gesellschafter (Art. 238 bis K I. CGI), hierzu müssen die Einkünfte nach den Regeln für Unternehmer für Zwecke der Besteuerung dieses Gesellschafters ggf. neu ermittelt werden.[167] Frankreich definiert die Beteiligung einer natürlichen Person an einer gewerblich tätigen Personengesellschaft nicht grundsätzlich als persönliches Betriebsvermögen des Gesellschafters (actif professionnel personnel) (Art. 151 nonies I CGI), sondern nur, wenn der Gesellschafter zu Erwerbszwecken der Gesellschaft selbst tätig ist, z.B. als Geschäftsführer.[168] Frankreich kennt dabei weder Sonderbetriebsvermögen noch (mit Ausnahmen) Sondervergütungen.[169] Grundsätzlich sind Verträge zwischen Gesellschafter und Gesellschaft auch steuerlich anzuerkennen.[170]

---

165 Eine société civile unterfällt abweichend hiervon der Besteuerung nach Art. 8 Abs. 1 CGI nur dann, wenn sie originär vermögensverwaltend tätig ist. Bei einer gewerblichen Tätigkeit wird sie hingegen kraft Gesetz nach Art. 206 2. CGI der Körperschaftsteuer unterworfen und unterliegt denselben Regeln wie körperschaftsteuerpflichtige Gesellschaften: BOI-BIC-CHAMP Rn. 30.

166 *Serlooten*, Droit fiscal des affaires, Rn. 508.

167 *Editions Francis Lefèbvre*, Memento Fiscal 2017, Rn. 37630; *Serlooten*, Droit fiscal des affaires, Rn. 509. Vergleichbar ist dies mit der sog. „Zebragesellschaft", einer vermögensverwaltenden Gesellschaft, bei denen die Einkünfte einiger Gesellschafter in gewerbliche Einkünfte umqualifiziert werden.

168 Voraussetzungen sind konkrete Handlungen, Beispiele aus *Editions Francis Lefèbvre (Hrsg.)*, Memento Fiscal 2017, Rn. 37675 sind das Erscheinen am Tätigkeitsort der Gesellschaft, das Erstellen von Rechnungen, Empfang und Betreuung von Kunden, Beiträge zur Produktentwicklung.

169 *Hellio/Rädler*, IStR 2000, 401 (402).

170 *Serlooten*, Droit fiscal des affaires, Rn. 502.

Bestimmte persönliche Betriebsausgaben des Gesellschafters können in Abzug gebracht werden.[171] Beteiligungen an gewerblich tätigen Gesellschaften gelten aber als Privatvermögen, wenn der Gesellschafter nur wie ein passiver Kapitalgeber fungiert und in der Gesellschaft keine berufliche Tätigkeit entfaltet.[172] Die Einordnung als Betriebsvermögen hat Einfluss auf die Besteuerung der Gewinne aus der Veräußerung der Beteiligung, die bei Einstufung als Betriebsvermögen zu betrieblichen Veräußerungsgewinnen gehören, anderenfalls zu den privaten Veräußerungsgewinnen.[173]

3. *Société de copropriété nach Art. 1655 ter CGI*

Immobiliengesellschaften im Sinne des Art. 1655 ter CGI sind transparente[174] Gesellschaften, deren alleiniger Gesellschaftszweck es ist, Immobilien zu erwerben oder zu errichten, um sie anschließend in einzelne Untereinheiten aufgeteilt ihren Gesellschaftern zukommen zulassen, zur Verfügung zu stellen, oder sie zu verwalten[175]. Sie können als Kapitalgesellschaft oder als Personengesellschaft vorliegen (z.B. als SARL oder als société civile). Diese Gesellschaften gelten als steuerlich nicht selbstständig existent. Die Besteuerung der hieraus erzielten Einkünfte ist geregelt in Art. 8 bis CGI, wonach Gesellschafter persönlich der Steuer unterworfen sind mit ihren Einkünften aus der Beteiligung an der Gesellschaft und so behandelt werden, als seien sie selbst anteilige Eigentümer der Immobilien.[176] Die Gesellschafter erzielen Einkünfte aus Vermietung und Verpachtung.[177] Dieses Besteuerungskonzept ist vergleichbar mit dem der vermögensverwaltenden vermietenden Personengesellschaften in Deutschland, deren Gesellschafter die Beteiligung im Privatvermögen halten. Steuersubjektqualität

---

171 *Editions Francis Lefèbvre (Hrsg.)*, Memento Fiscal 2017, Rn. 37680 f.

172 *Editions Francis Lefèbvre (Hrsg.)*, Memento Fiscal 2017, Rn. 37675.

173 Teil 1 A. II. 2.

174 Diese Gesellschaften werden in der deutschen wie französischen Literatur oft als „transparent“ bezeichnet. Zu beachten ist, dass in Frankreich der Begriff „transparence“ auch für das oben beschriebene Besteuerungsregime der Personengesellschaften in Abgrenzung zu dem Besteuerungsregime der Körperschaften genutzt wird. Während Frankreich diesen Personengesellschaften Steuerrechtsfähigkeit zuerkennt, trifft dies für die hier genannten Gesellschaften unabhängig von der Rechtsform nicht zu.

175 *Editions Francis Lefèbvre*, Memento Fiscal 2017, Rn. 30780.

176 *Gouthière*, Les impôts dans les affaires internationales, Rn. 67065.

177 *Grosclaude/Marchessou*, Droit fiscal général, Rn. 601.

kommt diesen Gesellschaften, ungeachtet ihrer Rechtsform, nach französischer Auffassung nicht zu.

IV. Überblick über die Vermögensteuer

Hält ein deutscher Gesellschafter die Beteiligung an einer Gesellschaft, die französische Immobilien verwaltet, so bilden diese Immobilien einen Anknüpfungspunkt für die französische Vermögensteuer (Impôt de solidarité sur la fortune, im Folgenden: ISF), bei der es sich um eine jährliche Vermögensabgabe handelt. In Frankreich unterliegen nur natürliche Personen der Vermögensteuer nach Art. 885 A CGI. Art. 885 D CGI verweist bezüglich der Ermittlung, Erhebung und Erklärung der Vermögensteuer auf die Regeln der Erbschaftsteuer. Eine unbeschränkte Vermögensteuerpflicht mit dem weltweiten Vermögen besteht gem. Art. 885 1° S. 1 CGI, wenn eine natürliche Person in Frankreich auch für Einkommensteuerzwecke steuerlich ansässig ist, es wird auf Art. 4 A, B CGI abgestellt[178]. Personen, die erst innerhalb der letzten fünf Jahre in Frankreich unbeschränkt einkommensteuerpflichtig geworden sind, unterliegen der Vermögensteuer zunächst nur mit ihrem in Frankreich belegenen Vermögen (Art. 885 A 1° S. 2 CGI). Nicht ansässige Personen unterliegen nach Art. 885 A 2° CGI ebenso nur mit ihrem französischen Inlandsvermögen der Vermögensteuerpflicht. Was als in Frankreich belegenes Vermögen gilt, richtet sich aufgrund des Verweises in Art. 885 D CGI nach den Regeln der Erbschaftsteuer.[179] Als inländisches Vermögen gilt nach Art. 750 ter 2° Abs. 1 CGI z.B. französisches bewegliches Vermögen und französische Immobilien sowie indirekt gehaltene französische Immobilien gem. Art. 750 ter 2° Abs. 2 CGI, wenn die Immobilie einer Gesellschaft oder sonstigen Vereinigung gehört, an der der Steuerpflichtige allein oder mit Ehegatte, Abkömmlingen, Vorfahren oder Geschwistern zu mehr als der Hälfte direkt oder mittelbar über eine oder mehrere weitere Beteiligungen im Sinne des Art. 990 D Abs. 2 CGI (chaîne de participations) beteiligt ist.[180] Auch Forderungen, deren Schuldner in Frankreich ansässig ist und Beteiligungen an Gesellschaften mit Sitz oder Ort der tatsächlichen Geschäftsleitung in Frankreich gehören zum inländischen Vermögen (Art. 750 ter 2° Abs. 3 CGI).

In die Bemessungsgrundlage der Vermögensteuer fließen bei unbeschränkter Vermögensteuerpflicht alle Vermögenswerte des Steuerpflichtigen ein.[181] Bei

178 *Hellio/Thill*, Steuern in Frankreich, Rn. 900, hierzu Teil 1 A. II. 1.

179 BOI-PAT-ISF-20 Rn. 50.

180 BOI-PAT-ISF-20-10-30 Rn. 200 ff.

181 *Editions Francis Lefèbvre (Hrsg.)*, Memento Fiscal 2017, Rn. 71250.

nur beschränkter Vermögensteuerpflicht ist das französische inländische Vermögen anzusetzen. Maßgeblich sind die Verhältnisse am Stichtag (jeweils 1.1.), eine spätere Änderung, z.B. durch Veräußerung des Vermögens, ist irrelevant.[182] Hinzu treten bestimmte (auch in der Erbschaftsteuer anwendbare) Eigentumsvermutungen nach Artt. 751 ff. CGI, die die Bemessungsgrundlage erweitern.[183] Nicht in die Bemessungsgrundlage einbezogen werden hingegen die in Artt. 885 N-885 R CGI definierten sog. „biens professionnels". Dabei handelt es sich z.B. um Beteiligungen an Personengesellschaften, die einkommensteuerlich als „actif professionnel personnel" des Gesellschafters gelten (Art. 885 O CGI).[184] Bestimmte Anteile an nicht vermögensverwaltend tätigen körperschaftsteuerpflichtigen Gesellschaften sind nach Art. 885 O bis CGI ebenfalls nicht vermögensteuerpflichtig, wenn der Steuerpflichtige dort eine Leitungsfunktion ausübt und wenigstens direkt oder indirekt 25 % der Anteile an der Gesellschaft hält.[185] Sonstige Anteile an gewerblich, land- und forstwirtschaftlich sowie nichtgewerblich tätigen Gesellschaften sind unter den Voraussetzungen des Art. 885 I bis CGI teilweise begünstigt.[186]

Von dem ermittelten Vermögen des Steuerpflichtigen sind die Schulden abzuziehen, Art. 885 E CGI. Als Schulden sind (wie bei der Erbschaftsteuer) vor allem die zum Stichtag bestehenden persönlichen Schulden des Steuerpflichtigen abziehbar.[187]

---

182 *Editions Francis Lefèbvre (Hrsg.)*, Memento Fiscal 2017, Rn. 71250.

183 *Editions Francis Lefèbvre (Hrsg.)*, Memento Fiscal 2017, Rn. 71260.

184 Teil 1 A. III. 2.

185 *Kessler/Sinz/Achilles-Pujol*, DBA-Kommentar Deutschland/Frankreich, S. 156.

186 Dies setzt voraus, dass der Steuerpflichtige sich gemeinsam mit mindestens einem sonstigen Gesellschafter verpflichtet, die Beteiligung nicht zu veräußern, Art. 885 I bis a. CGI (engagement collectif de conservation). Die Dauer der Vereinbarung muss auf wenigstens zwei Jahre angelegt sein und während dieses Zeitraums insgesamt wenigstens 34 % der Anteile am Kapital sowie an Stimmrechten der Gesellschaft erfassen (20 % bei börsennotierten Gesellschaften), Art. 885 I bis b. Abs. 1, 2 CGI. Mit Ablauf der Vereinbarung tritt die Verschonung ein unter der Voraussetzung, dass die Beteiligung nicht veräußert wird, Art. 885 I bis c. CGI. Veräußert der Gesellschafter seine Beteiligung, wird die Verschonung rückwirkend versagt. Nach sechs Jahren tritt eine endgültige Befreiung ein, eine Veräußerung hat dann nur den Wegfall der Verschonung für das laufende Jahr zur Folge, Art. 885 I bis d. CGI. Weiter muss wenigstens einer der an der Vereinbarung beteiligten Personen seine Haupttätigkeit während des Zeitraums von fünf Jahren nach Abschluss der Vereinbarung innerhalb der Gesellschaft entfalten, Art. 885 I bis e. CGI.

187 *Editions Francis Lefèbvre (Hrsg.)*, Memento Fiscal 2017, Rn. 71810.

Die Bewertung des Vermögens erfolgt unter Verweis auf die Regeln zur Erbschaftsteuer (droits de mutations par décès), Art. 885 S CGI. Die Bewertung erfolgt mit dem Verkehrswert (valeur vénale) zum ersten Januar jeden Jahres.[188] Nach Art. 885 T bis CGI sind Anteile an börsennotierten Gesellschaften nach dem mittleren Kurs am Stichtag oder dem durchschnittlichen Kurs der letzten 30 Tage vor dem Stichtag zu bewerten. Sonstige Gesellschaftsbeteiligungen werden mit dem Verkehrswert bewertet, den der Steuerpflichtige anhand einer detaillierten Schätzung in der Steuererklärung angeben muss.[189] Eine Immobilie wird nach Art. 885 S Abs. 2 CGI nur zu 70 % ihres Verkehrswerts angesetzt, wenn es sich dabei um den Hauptwohnsitz des Steuerpflichtigen handelt.

Der Vermögensteuer unterliegt das Vermögen erst ab einem Wert von 1.300.000 Euro (Art. 885 A S. 1 CGI). Es handelt sich dabei um eine Freigrenze, deren Überschreitung zu einer Besteuerung des gesamten Vermögens führt.[190] Der Tarif ist ein progressiver Teilmengentarif, zu dessen Anwendung Vermögensabschnitte gemäß der Tabelle in Art. 885 U Nr. 1 CGI gebildet werden und die dort festzusetzenden Steuersätze je Vermögensabschnitt anzuwenden sind. Eine Abmilderung der Belastung von Vermögen bis einschließlich 1.400.000 Euro ist geregelt in Art. 885 U Nr. 2 CGI. Die tarifliche Vermögensteuer kann nach Artt. 885 V ff. CGI ermäßigt werden, unter anderem bei Investitionen sowie aufgrund „Deckelung" (plafonnement) der auf den Steuerpflichtigen entfallenden Einkommen- und Vermögensteuer auf 75 % der im Vorjahr erzielten Einkünfte (Grundregel).[191]

B. Beteiligung des deutschen Gesellschafters an einer Kapitalgesellschaft

I. Grundfall

Eine natürliche Person mit Wohnsitz in Deutschland (deutscher Gesellschafter) ist neben anderen Gesellschaftern an mehreren Kapitalgesellschaften beteiligt, die Beteiligungen befinden sich im Privatvermögen. Die erste Gesellschaft ist eine Kapitalgesellschaft mit Sitz und Ort der Geschäftsleitung in Deutschland (deutsche Gesellschaft). Die zweite Gesellschaft ist eine Kapitalgesellschaft mit Sitz und Ort der Geschäftsleitung in Frankreich (französische Gesellschaft). Dabei kann es

188 *Editions Francis Lefèbvre (Hrsg.)*, Memento Fiscal 2017, Rn. 71750.

189 *Gentilhomme/Hérail*, Fiscalité des mutations à titre gratuit et des partages, Rn. 103.

190 *Viegener*, in Wassermeyer, DBA (Frankreich), Anhang Rn. 183.

191 *Editions Francis Lefèbvre (Hrsg.)*, Memento Fiscal 2017, Rn. 72150 f.

sich um eine körperschaftsteuerpflichtige Gesellschaft, eine SIIC oder eine société de copropriété handeln. Die dritte Gesellschaft hat ihren Sitz und den Ort ihrer Geschäftsleitung in einem Drittstaat, und ist dort körperschaftsteuerpflichtig. Die Kapitalgesellschaften verwalten seit mindestens vier Jahren nahezu ausschließlich eigene französische Immobilien (Leervermietung von Gebäuden, Grundstücken).

II. Besteuerung laufender Einkünfte beim Gesellschafter (Dividenden)

1. Besteuerung in Deutschland

Der deutsche Gesellschafter ist aufgrund seines Wohnsitzes in Deutschland dort mit seinem Welteinkommen unbeschränkt einkommensteuerpflichtig nach § 1 Abs. 1 EStG i.V.m. § 8 AO. Als Gesellschafter der deutschen Kapitalgesellschaft erzielt er Einkünfte aus Kapitalvermögen nach § 20 Abs. 1 Nr. 1 S. 1 EStG, da er die Beteiligung im Privatvermögen hält. Dies gilt unabhängig davon, ob und in welchem Umfang die Kapitalgesellschaft Immobilien verwaltet. Es kommt auch nicht darauf an, in welchem Staat das Gesellschaftsvermögen in Form der Immobilien gelegen ist. Steuerpflichtig sind nach § 20 EStG Gewinnanteile (Dividenden), Ausbeuten und sonstige Bezüge aus Aktien, Genussrechten, mit denen das Recht am Gewinn und Liquidationserlös einer Kapitalgesellschaft verbunden ist, und aus Anteilen an Gesellschaften mit beschränkter Haftung. Zu den sonstigen Bezügen gehören gem. § 20 Abs. 1 Nr. 1 S. 2 EStG auch verdeckte Gewinnausschüttungen. Auch Dividenden einer REIT-AG gehören zu den Einkünften aus Kapitalvermögen, § 19 Abs. 1 REITG ordnet die Anwendung des § 20 Abs. 1 Nr. 1 EStG an. Das Investmentsteuergesetz (InvStG) ist auf diese Ausschüttungen nicht anwendbar.[192]

Ausschüttungen ausländischer Rechtsträger wie im Grundfall Ausschüttungen der französischen oder drittstaatlichen Kapitalgesellschaft gehören ebenfalls zu den Einkünften aus Kapitalvermögen nach § 20 Abs. 1 Nr. 1 EStG, sofern die ausländische Gesellschaft mit einer inländischen Rechtsform im Sinne des § 20 EStG im Wesentlichen übereinstimmt.[193] Der ausländische Rechtsträger muss mit einer inländischen Kapitalgesellschaft vergleichbar sein.[194] Die Einordnung

---

192 BMF, Schreiben v. 23.10.2014, DStR 2014, 2346 (2348). Dies gilt auch für das InvStG in seiner neuen Fassung 2018 (BGBl. I 2016, S. 1730, Inkrafttreten gem. Art. 11 Abs. 3 dieses Gesetzes am 1.1.2018). Nach § 1 Abs. 1, Abs. 3 Nr. 5 InvStG (2018) ist das InvStG nicht auf in- und ausländische REIT-Aktiengesellschaften anwendbar.

193 *Ratschow*, in: Blümich, EStG, § 20 Rn. 7.

194 BFH, Urteil v. 16.12.1992, Az. I R 32/92, BStBl. II 1993, S. 399; v. 12.6.2013, Az. I R 109–111/10, BStBl. II 2013, S. 1024.

ausländischer Rechtsträger für Zwecke der Besteuerung in Deutschland erfolgt nach dem Rechtstypenvergleich der Rechtsprechung, der zurückgeht auf die sog. „Venezuela-Entscheidung“ des Reichsfinanzhofs aus dem Jahre 1930.[195] Der Rechtstypenvergleich setzt eine zweistufige Prüfung voraus, wonach zunächst die ausländische Rechtsform nach ausländischem Zivilrecht gewürdigt wird und anschließend der Vergleich mit einer deutschen Rechtsform erfolgt.[196] Hierdurch wird ermittelt, ob das ausländische Rechtsgebilde entweder wie eine inländische Körperschaft, also als selbstständiges Steuersubjekt, behandelt wird, deren Gesellschafter erst bei einer Ausschüttung Einkünfte erzielen (intransparente Betrachtung), oder ob die durch die Gesellschaft vermittelten Einkünfte unmittelbar den Gesellschaftern zugerechnet werden (transparente Betrachtung).[197] Die Einordnung ausländischer Rechtsträger für Zwecke der Besteuerung in Deutschland erfolgt allein nach den Kriterien des deutschen Einkommen- und Körperschaftsteuerrechts, unabhängig davon, wie die Gesellschaft nach ausländischem Steuerrecht behandelt wird.[198] In ihrem Schreiben zur steuerlichen Einordnung der US-amerikanischen Limited Liability Company (LLC)[199] stellt die Finanzverwaltung Kriterien auf, die allgemein zur Abgrenzung zwischen Personengesellschaft und Kapitalgesellschaft herangezogen werden können.[200] Im sog. Betriebsstättenerlass des Bundesministeriums der Finanzen (BMF) sind aber viele ausländische Gesellschaftsformen bereits für steuerliche Zwecke eingeordnet, danach entspricht z.B. die französische SARL einer GmbH und eine französische SA einer AG.[201] Ausschüttungen der französischen Kapitalgesellschaft im Grundfall gehören damit ebenfalls zu den Einkünften aus Kapitalvermögen nach § 20 Abs. 1 Nr. 1 EStG. Auch die Ausschüttungen der französischen SIIC führen beim deutschen Gesellschafter zu Einkünften aus Kapitalvermögen nach § 19 Abs. 1 REITG i.V.m. § 20 Abs. 1 Nr. 1 EStG, da eine französische SIIC vergleichbar ist mit einem G-REIT und somit einer „anderen REIT-Körperschaft“

195 RFH, Urteil v. 12.2.1930, Az. VI A 899/27, RFHE 27, S. 73; auch heute berufen sich Gerichte auf diese Entscheidung, z.B. BFH, Urteil v. 20.08.2008, Az. I R 34/08, BStBl. II 2009, S. 263.

196 *Henke/Lang*, IStR 2001, 514.

197 *Kopec/Mroz*, Ubg. 2014, 164 (165).

198 BFH, Urteil v. 3.2.1988, Az. I R 134/84, BStBl. II 1988, S. 588; BMF, Schreiben v. 26.9.2014, BStBl. I 2014, S. 1258 (Rn. 1.2).

199 BMF, Schreiben v. 19.3.2004, BStBl. I 2004, S. 411 ff.

200 *Jacobs*, Internationale Unternehmensbesteuerung, S. 396; *Kopec/Mroz*, Ubg. 2014, 164 (166); *Kahlenberg*, PIStB 2013, 310 (316).

201 BMF, Schreiben v. 24.12.1999, BStBl. I 2000, S. 1076, Tabelle 1 (Stichwort: Frankreich).

im Sinne des § 19 Abs. 5 REITG entspricht.[202] Eine französische transparente Immobilien verwaltende Gesellschaft im Sinne des Art. 1655 ter CGI in der Rechtsform einer Kapitalgesellschaft vermittelt aus deutscher Sicht ebenfalls Einkünfte aus Kapitalvermögen. Die Gesellschaft wird steuerlich in Deutschland als intransparent behandelt.[203] Auch die Ausschüttung der Kapitalgesellschaft mit Sitz im Drittstaat führt zu Einkünften aus Kapitalvermögen, da die Gesellschaft mit einer deutschen Kapitalgesellschaft vergleichbar ist.

Nach § 20 Abs. 9 S. 1 EStG sind bei Ermittlung der Einkünfte aus Kapitalvermögen insgesamt Werbungskosten in Höhe von 801 Euro in Gestalt des Sparer-Pauschbetrags abzuziehen (1602 Euro für zusammen veranlagte Ehegatten, § 20 Abs. 9 S. 2 EStG). Der Abzug der tatsächlich entstandenen Werbungskosten ist ausgeschlossen. Die Dividenden der deutschen Kapitalgesellschaft unterliegen als inländische Dividenden der Kapitalertragsteuer nach § 43 Abs. 1 S. 1 Nr. 1, Nr. 1a) EStG. Die Dividenden der französischen und drittstaatlichen Gesellschaften unterliegen als ausländische Dividenden nach § 43 Abs. 1 S. 1 Nr. 6 EStG ebenfalls dem Steuerabzug in Deutschland.[204] Der Steuerabzug beträgt 25 % nach § 43a Abs. 1 S. 1 Nr. 1 EStG, Bemessungsgrundlage ist der volle Kapitalertrag, § 43a Abs. 2 S. 1 EStG. Schuldner der Kapitalertragsteuer ist bei inländischen und ausländischen Dividenden (§ 43 Abs. 1 Nr. 1, 1a und Nr. 6 EStG) nach § 44 Abs. 1 S. 1 EStG der Gläubiger der Kapitalerträge. Der Steuerabzug ist nach § 44 Abs. 1 S. 3 EStG bei inländischen Dividenden im Sinne des § 43 Abs. 1 S. 1 Nr. 1 EStG durch die ausschüttende Gesellschaft als Schuldnerin der Kapitalerträge, bei inländischen Dividenden im Sinne des § 43 Abs. 1 S. 1 Nr. 1 a) EStG (Sammelverwaltung gem. Depotgesetz) und ausländischen Dividenden ggf. durch die die Kapitalerträge auszahlende Stelle (§ 44 Abs. 1 S. 4 Nr. 1 a) EStG) für Rechnung des Gläubigers der Kapitalerträge vorzunehmen. Ausschüttungen eines in- oder ausländischen REIT unterliegen gem. § 20 Abs. 1 REITG ebenfalls der Kapitalertragsteuer. Hiernach sind §§ 43 Abs. 1 S. 1 Nr. 1, Nr. 1a) EStG für inländische Dividenden sowie Nr. 6 für ausländische Dividenden entsprechend anzuwenden. Da der Gesellschafter die Beteiligung im Privatvermögen hält, hat der Steuerabzug vom Kapitalertrag gem. § 43 Abs. 5 S. 1 EStG Abgeltungswirkung.

---

202 *Kaiser*, Der französische REIT, S. 161.

203 *Kramer*, in: Wassermeyer, DBA (Frankreich), Art. 3 Rn. 11.

204 Ausländische Dividenden sind solche, deren Schuldner weder Geschäftsleitung noch Sitz im Inland hat, § 43 Abs. 3 S. 1, 4 EStG.

Verluste aus Einkünften aus Kapitalvermögen, insbesondere Verluste aus Anteilsveräußerungen, dürfen nach § 20 Abs. 6 EStG nicht mit Einkünften aus anderen Einkunftsarten ausgeglichen und nicht nach § 10d EStG abgezogen werden. Stattdessen ist entsprechend § 10d Abs. 4 EStG der verbleibende Verlust gesondert festzustellen und kann vorgetragen werden. Kapitalerträge unterliegen nach § 32d Abs. 1 EStG einem gesonderten Steuertarif von 25 %.

Hält der Gesellschafter seine Beteiligung abweichend vom Grundfall im Betriebsvermögen, so erzielt er Einkünfte aus Gewerbebetrieb (§ 15 EStG), die nach § 20 Abs. 8 EStG vorrangig sind. Gem. § 3 Nr. 40 S. 1, d), S. 2 EStG sind 40 % der Erträge nach dem Teileinkünfteverfahren steuerfrei.[205] Mit der Beteiligung zusammenhängende Betriebsausgaben sind entsprechend nur in Höhe von 60 % abziehbar nach § 3 c Abs. 2 EStG. Nach § 19 Abs. 3 REITG sind § 3 Nr. 40 EStG und § 8b KStG auf Ausschüttungen einer REIT-AG nicht anzuwenden.[206] Der Steuerabzug wird gem. § 43 Abs. 4 EStG auch bei betrieblichen Kapitalerträgen vorgenommen, hat dann allerdings keine Abgeltungswirkung (§ 43 Abs. 5 S. 2 EStG). Die Kapitalertragsteuer auf ausländische Kapitalerträge wird bei Zugehörigkeit der Einkünfte zu einem inländischen Betrieb nach § 43 Abs. 2 S. 3 Nr. 2 EStG allerdings nicht erhoben.[207]

2. *Besteuerung in Frankreich*

a) *Dividenden der Gesellschaften mit Sitz in Deutschland und dem Drittstaat*

Der deutsche Gesellschafter ist in Frankreich nur beschränkt steuerpflichtig mit seinen inländischen französischen Einkünften im Sinne des Art. 164 B CGI. Die Steuerpflicht des Gesellschafters hinsichtlich der Dividenden aus der deutschen und drittstaatlichen Gesellschaft ergibt sich nicht aus Art. 164 B I. a) CGI (revenus d'immeubles sis en France ou de droits relatifs à ces immeubles). Steuerpflichtig nach dieser Vorschrift sind nur Einkünfte aus der Vermietung und Verpachtung französischer Immobilien und Rechten an französischen Immobilien (droits immobiliers), wie Nießbrauch (usufruit) und mit Nießbrauch

205 Nach § 32d Abs. 2 Nr. 3 S. 1, S. 2 EStG können Steuerpflichtige, die ihre Beteiligung im Privatvermögen halten, zur Regelbesteuerung der Kapitalerträge optieren bei Beteiligungen über 25 % oder Beteiligungen von mindestens 1 %, bei der der Gesellschafter durch eine berufliche Tätigkeit unternehmerischen Einfluss auf die wirtschaftliche Tätigkeit ausüben kann. Das Teileinkünfteverfahren gilt dann ebenfalls.

206 Die Ausnahme regelt § 19a EStG.

207 *Hamacher/Dahm*, in Korn, EStG, § 43 Rn. 101 f.

belastetem Eigentum (nue-propriété).[208] Es handelt sich bei den Ausschüttungen einer Kapitalgesellschaft nicht um derartige inländische Einkünfte, auch wenn diese nahezu ausschließlich französische Immobilien verwaltet. Eine Steuerpflicht ergibt sich auch nicht aus Art. 164 B I. b) CGI (revenus de valeurs mobilières françaises et de tous autres capitaux mobiliers placés en France), der inländische Einkünfte aus Kapitalvermögen behandelt. Ausschüttungen ausländischer Kapitalgesellschaften gehören zwar grundsätzlich zu den Einkünften aus Kapitalvermögen, inländische Einkünfte nach Art. 164 B I. b) CGI setzen jedoch voraus, dass die ausschüttende Gesellschaft ihren Sitz in Frankreich hat. Dies ist bei den Gesellschaften mit Sitz in Deutschland sowie dem Drittstaat im Grundfall nicht der Fall. Die Ausschüttungen der deutschen oder drittländischen Kapitalgesellschaft an den deutschen Gesellschafter sind in Frankreich damit nicht steuerpflichtig.

b) Dividenden der Gesellschaft mit Sitz in Frankreich

Der deutsche Gesellschafter ist mit den Dividenden aus der französischen Kapitalgesellschaft nach Art. 164 B I. b) CGI in Frankreich beschränkt steuerpflichtig, Ausschüttungen durch eine Kapitalgesellschaft mit Sitz in Frankreich stellen französische inländische Einkünfte aus Kapitalvermögen nach Art. 164 B I. b) CGI dar.[209] Handelt es sich im Grundfall bei der französischen Kapitalgesellschaft um eine SIIC, so sind auch deren Ausschüttungen nach dieser Vorschrift erfasst. Es handelt sich bei den Ausschüttungen einer Kapitalgesellschaft auch dann um Einkünfte aus Kapitalvermögen, wenn die Gesellschaft Immobilien verwaltet und sich – damit einhergehend – das Gesellschaftsvermögen zu einem großen Anteil aus französischen Immobilien zusammensetzt.[210] Die Kapitalerträge im Sinne der Art. 164 B I. b) CGI unterliegen nach Art. 119 bis 2. CGI einem Steuerabzug in Höhe von 21 % des Bruttobetrags des Kapitalertrags nach Art. 187 1. CGI.[211] Der Steuerabzug auf Ausschüttungen einer SIIC beträgt

---

208 *Gouthière*, Les impôts dans les affaires internationales, Rn. 67040; *Editions Francis Lefèbvre (Hrsg.)*, Memento Fiscal 2017, Rn. 4330.

209 BOI-RPPM-RCM-30-30-10-10 Rn. 30; *Editions Francis Lefèbvre (Hrsg.)*, Memento Fiscal 2017, Rn. 24850.

210 *Gouthière*, Les impôts dans les affaires internationales, Rn. 67090; *Kaiser*, Der französische REIT, S. 149.

211 *Gouthière*, Les impôts dans les affaires internationales, Rn. 60975; *Editions Francis Lefèbvre (Hrsg.)*, Memento Fiscal 2017, Rn. 24860.

hingegen 30 % nach Artt. 119 bis 2., 187 1. CGI.[212] Der Steuerabzug hat Abgeltungswirkung für Personen, die der Einkommensteuer unterliegen, Art. 199 quater A CGI.[213] Das Teileinkünfteverfahren zugunsten in Frankreich ansässiger Personen, wonach gem. Art. 158 3. 2° CGI 40 % des Bruttobetrags der Dividende steuerfrei sind, gilt für beschränkt Steuerpflichtige nicht.[214]

Anderes gilt, wenn es sich im Grundfall bei der französischen Kapitalgesellschaft um eine société de copropriété im Sinne des Art. 1655 ter CGI handelt, denn diese vermittelt Einkünfte aus Vermietung und Verpachtung nach Art. 164 B I. a) CGI, soweit die Einkünfte aus französischen Immobilien erzielt werden.[215] Der deutsche Gesellschafter wird mit diesen Einkünften zum individuellen Einkommensteuertarif veranlagt, allerdings unter Berücksichtigung des Mindeststeuersatzes von 20 %.

c) Ergebnis

Ausschüttungen an den deutschen Gesellschafter durch die deutsche Kapitalgesellschaft sowie die Kapitalgesellschaft mit Sitz im Drittstaat werden in Deutschland und ggf. dem Drittstaat im Wege der Quellensteuer besteuert, in Frankreich sind sie dagegen nicht steuerpflichtig, da es an inländischen Einkünften in Frankreich fehlt.

Die Ausschüttungen der französischen Kapitalgesellschaft (auch der SIIC) an den deutschen Gesellschafter führen hingegen in Frankreich zu inländischen

---

212 BOI-RPPM-RCM-30-30-10-20 Rn. 10. Nach Art. 119 bis 2. CGI (vorletzter Absatz) gilt ein verminderter Steuerabzug in Höhe von 15 % (Art. 219 bis 2° CGI) für Ausschüttungen einer SIIC an ausländische Fonds, die französischen Investmentfonds („organisme de placement collectif") entsprechen, d.h. Organismes de placement collectif en valeurs mobiliers (OPCVM), und organismes de placement collectif immobiliers (OPCI) und sociétés d'investissement à capital variable (SICAV), der Steuerabzug hat weder Abgeltungswirkung noch wird er angerechnet bzw. erstattet (hierzu *Editions Francis Lefèbvre (Hrsg.)*, Memento Fiscal 2017, Rn. 24886 f.; *Gouthière*, Les impôts dans les affaires internationales, Rn. 67960).

213 *Gouthière*, Les impôts dans les affaires internationales, Rn. 3110. Bei körperschaftsteuerpflichtigen Gesellschaften erfolgt eine Anrechnung der im Wege des Steuerabzugs erhobenen Steuer bei der Veranlagung, BOI-RPPM-RCM-30-30-10-80 Rn. 10. Für Zwecke des Art. 119 bis 2. CGI gelten allerdings Gesellschaften mit inländischer Betriebsstätte nicht als „Gesellschaft mit Sitz im Ausland", BOI-RPPM-RCM-30-30-10-40 Rn. 10, entsprechend findet kein Steuerabzug statt.

214 *Editions Francis Lefèbvre (Hrsg.)*, Memento Fiscal 2017, Rn. 24860.

215 BOI-RFPI-CHAMP-30-20 Rn. 60; *Kessler/Sinz/Achilles-Pujol*, DBA-Kommentar Deutschland/Frankreich, S. 37.

Einkünften aus Kapitalvermögen nach Art. 164 B I. b) CGI und damit zu einer beschränkten Steuerpflicht des deutschen Gesellschafters in Frankreich. Handelt es sich bei der französischen Kapitalgesellschaft um eine société de copropriété im Sinne des Art. 1655 ter CGI, so bezieht der Gesellschafter aus französischer Sicht inländische Vermietungseinkünfte und ist mit diesen ebenfalls in Frankreich beschränkt steuerpflichtig nach Art. 164 B I. a) CGI. Aus deutscher Sicht erzielt der Gesellschafter insoweit ebenfalls Einkünfte aus Kapitalvermögen, da Deutschland die Transparenz der französischen société de copropriété nicht anerkennt.

3. Anwendung des DBA

a) Einführung

Doppelbesteuerungsabkommen dienen dazu, eine Doppelbesteuerung, die aufgrund der konkurrierenden Besteuerungsansprüche zweier Staaten entsteht, zu vermeiden. Zwar gibt es keinen einheitlichen Rechtsbegriff der Doppelbesteuerung, international gebräuchlich ist aber eine Unterscheidung zwischen der juristischen und der wirtschaftlichen Doppelbesteuerung.[216] Eine juristische Doppelbesteuerung liegt vor, wenn ein Steuerpflichtiger auf dieselben Einkünfte bzw. dasselbe Vermögen innerhalb desselben Zeitraums dieselben oder gleichartige Steuern in zwei oder mehr Staaten zahlen muss.[217] Eine wirtschaftliche Doppelbesteuerung liegt hingegen vor, wenn derselbe wirtschaftliche Vorgang oder dasselbe wirtschaftliche Ergebnis innerhalb desselben Zeitraums von zwei oder mehr Staaten mit einer gleichen oder vergleichbaren Steuer belegt werden.[218] DBA richten sich primär gegen die juristische Doppelbesteuerung.[219] Zu diesem Zweck sind DBA jeweils ähnlich aufgebaut. Sie enthalten einleitende

---

216 *Haase*, Internationales und Europäisches Steuerrecht, Rn. 30; *Gouthière*, Les impôts dans les affaires internationales, Rn. 7565.

217 Wassermeyer, DBA (OECD-MA), Art. 23A/B MK 1.

218 Wassermeyer, DBA (OECD-MA), Art. 23 A/B MK 2; *Lehner*, in: Vogel/Lehner, DBA, Grundlagen des Abkommensrechts, Rn. 9.

219 *Haase*, Internationales und Europäisches Steuerrecht, Rn. 33; nicht ausdrücklich normiert ist das Verbot der virtuellen Doppelbesteuerung. Diese steht in engem Zusammenhang mit der Freistellungsmethode in DBA. Das Verbot soll vermeiden, dass ein Staat nur deshalb Einkünfte nicht freistellt, weil der andere Staat die Einkünfte nicht besteuert; dies betrifft aber auch die immer wichtigere Funktion der DBA bei der Vermeidung der internationalen Minderbesteuerung, z.B. durch sog. „Subject to tax-Klauseln" oder „Switch-Over-Klauseln"; hierzu *Lehner*, in: Vogel/Lehner, DBA, Grundlagen, Rn. 69 ff.

Bestimmungen zu Anwendbarkeit und Begriffsbestimmungen (vgl. Artt. 1–5 OECD-MA), dann die sog. Zuordnungs- bzw. Verteilungsartikel[220] oder Einkunftsartikel[221] (Artt. 6–22 OECD-MA). Ihnen kommt die Aufgabe zu, die konkurrierenden Besteuerungsrechte dem Ansässigkeitsstaat und/oder dem Quellenstaat zuzuordnen. Den Abschluss bilden der an den Ansässigkeitsstaat gerichtete Artikel zur Vermeidung der Doppelbesteuerung (Art. 23 A/B OECD-MA) sowie verschiedene Bestimmungen z.B. zu Verständigungsverfahren, Diskriminierungsverbot, Informationsaustausch und gegenseitiger Amtshilfe. Diesem Aufbau folgt auch das DBA Deutschland-Frankreich. Daneben treten das Protokoll zum DBA und die deutsch-französische Konsultationsvereinbarungsverordnung[222]. Darüber hinaus bestehen verschiedene Verständigungsvereinbarungen, die in Form von Verwaltungsanweisungen durch das BMF veröffentlicht werden.[223]

In den einleitenden Artikeln 1 und 2 des DBA Deutschland-Frankreich wird der Anwendungsbereich des Abkommens definiert, weiter finden sich dort Definitionen. Nach Art. 1 Abs. 1 gilt das Abkommen für Personen, die in einem Vertragsstaat ansässig sind. Das DBA findet nach Art. 1 Abs. 3 Anwendung auf die dort genannten deutschen und französischen Steuern, auf deutscher Seite sind dies, nachdem die Abgabe Notopfer Berlin abgeschafft worden ist und die Vermögensteuer seit dem 1.1.1997 aus verfassungsrechtlichen Gründen in Deutschland nicht mehr erhoben wird, die Einkommensteuer, die Körperschaftsteuer, die Grundsteuer und die Gewerbesteuer.[224] Zusätzlich hierzu gilt das Abkommen auch für den Solidaritätszuschlag als nachträglich eingeführte Steuer gem. Art. 1 Abs. 4 DBA Deutschland-Frankreich.[225] Auf französischer Seite sind insbesondere die Einkommensteuer (impôt sur le revenu), die Körperschaftsteuer (impôt sur les sociétés), die Vermögensteuer (impôt de solidarité sur la fortune) und die Zuschläge zur Einkommen- und Körperschaftsteuer in Form der contribution sociale généralisée (CSG), contribution pour le remboursement de la dette sociale (CRDS) und contribution sociale de solidarité des sociétés (C3S)

---

220 *Reith*, Internationales Steuerrecht, Rn. 4.299.

221 *Haase*, Internationales und Europäisches Steuerrecht, Rn. 619 ff.

222 BGBl. I 2010 S. 2138.

223 BMF, Schreiben v. 7.12.2004, IV B 4 – S 1320 – 12/04; Schreiben v. 3.4.2006, IV B 6 – S 1301 FRA – 26/06; Schreiben v. 5.11.2007, IV B 6 – S 1301-FRA/0; Schreiben v. 12.1.2009, IV B 3 – S 1301-FRA/08/10001 – (2009/0006215).

224 *Kessler/Sinz/Achilles-Pujol*, DBA-Kommentar Deutschland/Frankreich, S. 5.

225 *Kramer*, in: Wassermeyer, DBA (Frankreich), Art. 1 Rn. 48.

erfasst.[226] Der örtliche Anwendungsbereich umfasst nach Art. 2 Abs. 1 DBA Deutschland-Frankreich das französische Mutterland (France métropolitaine), die überseeischen Departements Guadeloupe, Guyana, Martinique und Réunion sowie den Geltungsbereich des Grundgesetzes der Bundesrepublik Deutschland.

Die Verteilungsartikel sind geregelt in Artt. 3–19. Art. 20 regelt die Vermeidung der Doppelbesteuerung durch den jeweiligen Ansässigkeitsstaat. Nach Art. 20 Abs. 1 a) DBA Deutschland-Frankreich stellt Deutschland als Ansässigkeitsstaat grundsätzlich die Einkünfte, die nach dem Abkommen Frankreich besteuern kann, frei. Die Freistellung ausländischer Einkünfte findet auf Ebene der Steuerbemessungsgrundlage statt, in die die freigestellten Einkünfte nicht einfließen (Progressionsvorbehalt).[227] Allerdings kann Deutschland nach Art. 20 Abs. 1 a) S. 2 DBA Deutschland-Frankreich bei der Bestimmung des Steuersatzes auf die übrigen Einkünfte die nach dem Abkommen freizustellenden Einkünfte berücksichtigen.[228] Bei bestimmten Einkünften wechselt Deutschland gem. Art. 20 Abs. 1 c) und d) zur Anrechnungsmethode. Nach der Anrechnungsmethode sind die im Ausland auf die ausländischen Einkünfte gezahlten Steuern auf die deutsche Steuer anzurechnen.[229] Die Steueranrechnung erfolgt bei Vorliegen eines DBA mit Anrechnungsmethode gem. § 34c Abs. 6 S. 2 EStG nach Maßgabe der § 34c Abs. 1 S. 2–5, Abs. 2 EStG (bei Einkünften aus Kapitalvermögen nach § 32d Abs. 5 EStG). Frankreichs Methode zum Ausgleich der Doppelbesteuerung als Ansässigkeitsstaat ist geregelt in Art. 20 Abs. 2 DBA Deutschland-Frankreich, in der Regel ist danach eine Steueranrechnung vorgesehen. Schließlich enthält das DBA in Artt. 22 ff. Bestimmungen zu Amts- und Rechtshilfe, Verständigungsverfahren und Kündigung.

b) Dividenden der Gesellschaft mit Sitz in Deutschland

Die Gewinnausschüttung der deutschen Kapitalgesellschaft an den deutschen Gesellschafter erfordert als rein innerstaatlicher deutscher Sachverhalt keinen deutsch-französischen Doppelbesteuerungsausgleich, sodass für einen Einsatz des DBA Deutschland-Frankreich kein Raum besteht. Das Besteuerungsrecht liegt gemäß dem deutschen Steuerrecht ausschließlich bei Deutschland.

---

226 *Kessler/Sinz/Achilles-Pujol*, DBA-Kommentar Deutschland/Frankreich, S. 6.

227 *Reith*, Internationales Steuerrecht, Rn. 4.871.

228 Geregelt ist der Progressionsvorbehalt bei durch ein DBA freigestellten Einkünften in § 32b Abs. 1 S. 1 Nr. 3, S. 2 EStG.

229 *Reith*, Internationales Steuerrecht, Rn. 4.873.

c) Dividenden der Gesellschaft mit Sitz im Drittstaat

Ausschüttungen der Kapitalgesellschaft mit Sitz im Drittstaat an den deutschen Gesellschafter werden im DBA Deutschland-Frankreich nicht behandelt, sodass ein Besteuerungsrecht für Deutschland verbleibt. Das DBA zwischen Deutschland und dem Drittstaat wäre - sofern vorhanden - zu beachten.

d) Dividenden der Gesellschaft mit Sitz in Frankreich

1) Körperschaftsteuerpflichtige Gesellschaft

Erhält der deutsche Gesellschafter Dividenden der französischen Gesellschaft, so ist das DBA Deutschland-Frankreich auf diesen Sachverhalt anzuwenden, es besteht eine Doppelbesteuerung der Dividenden durch die mehrfache Besteuerung in Deutschland und in Frankreich. Nach Art. 1 Abs. 1 DBA Deutschland-Frankreich ist das DBA persönlich anwendbar auf Personen, die in einem oder beiden Vertragsstaaten ansässig sind. Der deutsche Gesellschafter ist nach Art. 2 Abs. 1 Nr. 3 a) DBA Deutschland-Frankreich als natürliche Person eine Person im Sinne des Abkommens. Er ist in Deutschland aufgrund seines Wohnsitzes nach § 1 Abs. 1 S. 1 EStG i.V.m. § 8 AO unbeschränkt steuerpflichtig und somit nach Art. 2 Abs. 1 Nr. 4 a) DBA Deutschland-Frankreich ansässig in Deutschland.

Ob die französische Kapitalgesellschaft ansässig ist, richtet sich nach den allgemeinen Regeln in den einleitenden Bestimmungen des DBA (Art. 2 DBA Deutschland-Frankreich). Als ansässige Personen kommen gem. Art. 2 Abs. 1 Nr. 3 b) DBA Deutschland-Frankreich juristische Personen in Betracht sowie Personenvereinigungen und Vermögensmassen, die als solche der Besteuerung wie eine juristische Person unterliegen. Die Auslegung des Begriffs „juristische Person“ richtet sich nach dem Recht des Anwendestaates (Art. 2 Abs. 2 DBA Deutschland-Frankreich). Die deutschen Kapitalgesellschaften wie GmbH und AG sind juristische Personen und somit Personen im Sinne der DBA.[230] Auch französische Kapitalgesellschaften sind aus Sicht Deutschlands juristische Personen und damit Personen im Sinne der DBA.[231] Die Ansässigkeit der französischen Gesellschaft besteht gem. Art. 2 Abs. 1 Nr. 4 b) DBA Deutschland-Frankreich, wenn sie in Frankreich aufgrund des Ortes ihrer Geschäftsleitung oder eines anderen ähnlichen Merkmals steuerpflichtig ist. Die Steuerpflicht der französischen Gesellschaft wird nach französischem Steuerrecht beurteilt.[232] Als in

---

230 *Dürrschmidt*, in: Vogel/Lehner, DBA, Art. 3 MA, Rn. 13a.
231 Teil 1 B. II. 1.
232 BFH, Urteil v. 6.6.2012, Az. I R 52/11, BStBl. II 2014, S. 240.

Frankreich ansässig gilt insbesondere eine körperschaftsteuerpflichtige Gesellschaft, die in Frankreich den Ort ihrer Geschäftsleitung hat. [233] Im Grundfall ist die französische Gesellschaft bei entsprechender Körperschaftsteuerpflicht somit aufgrund des Ortes ihrer Geschäftsleitung als in Frankreich ansässig anzusehen.[234]

Nach Art. 9 Abs. 1 DBA Deutschland-Frankreich können Dividenden, die eine in einem Vertragsstaat ansässige Gesellschaft an eine in dem anderen Vertragsstaat ansässige Person zahlt, in dem anderen Vertragsstaat besteuert werden. Die französische Kapitalgesellschaft gilt als ansässig in Frankreich. Die Ausschüttung erfolgt an den deutschen Gesellschafter, der in Deutschland ansässig ist. Als Dividenden gelten nach Art. 9 Abs. 6 S. 1 DBA Deutschland-Frankreich Gewinnbeteiligungen aus „Aktien, Genussrechten, oder Genußscheinen, Kuxen, Gründeranteilen und anderen Rechten – ausgenommen Forderungen – mit Gewinnbeteiligung“. Die Definition des Art. 9 Abs. 6 DBA Deutschland-Frankreich entspricht in ihrem ersten Teil dem OECD-Musterabkommen.[235] Nach Art. 9 Abs. 6 S. 2 a) DBA Deutschland-Frankreich gelten als Dividende zudem „Einkünfte, die nach dem Steuerrecht des Vertragsstaats, in dem die ausschüttende Gesellschaft ansässig ist, wie Ausschüttungen behandelt werden“, dies erfasst auch die sog. „distributions irrégulières“ durch französische Gesellschaften, vergleichbar mit verdeckten Gewinnausschüttungen.[236] Nach Art. 9 Abs. 6 b) DBA Deutschland-Frankreich gelten in der Bundesrepublik Deutschland Einkünfte aus partiarischen Darlehen oder Gewinnobligationen und ähnliche gewinnabhängige Vergütungen sowie Ausschüttungen auf Anteilsscheine an einem Investmentvermögen als Dividende. Einkünfte aus Mitunternehmerschaften (z.B. auch aus atypisch stillen Gesellschaften) gehören nicht dazu.[237] Die Ausschüttungen durch französische Kapitalgesellschaften, wie SA, SAS und SARL sind damit unproblematisch erfasst.[238] Die Ausschüttung der

---

233 *Kessler/Sinz/Achilles-Pujol*, DBA-Kommentar Deutschland/Frankreich, S. 26.

234 Zur Ansässigkeit der société de copropriété s. Teil 1 B. II. 3. d) 2), zur von der Körperschaftsteuer befreiten SIIC s. Teil 1 B. II. 3. d) 3).

235 *Kessler/Sinz/Achilles-Pujol*, DBA-Kommentar Deutschland/Frankreich, S. 87.

236 BOI-INT-CVB-DEU-10-20 Rn. 1; *Gouthière*, Les impôts dans les affaires internationales, Rn. 60715; *Hellio/Thill*, Rn. 948; *Kramer*, in: Wassermeyer, DBA (Frankreich), Art. 9 Rn. 50; *Kessler/Sinz/Achilles-Pujol*, DBA-Kommentar Deutschland/Frankreich, S. 87.

237 *Kramer*, in: Wassermeyer, DBA (Frankreich), Art. 9 Rn. 54, hier gilt Art. 4 DBA Deutschland-Frankreich.

238 *Gouthière*, Les impôts dans les affaires internationales, Rn. 60650.

französischen Gesellschaft unterliegt somit Art. 9 Abs. 1 DBA Deutschland-Frankreich und kann in Deutschland, dem Ansässigkeitsstaat des Gesellschafters, besteuert werden.

Nach Art. 9 Abs. 2 DBA Deutschland-Frankreich kann daneben Frankreich als Quellenstaat der Dividende einen Steuerabzug von bis zu 15 % der Dividende erheben.[239] Deutschland als Ansässigkeitsstaat rechnet die Quellensteuer auf die Dividende nach Art. 20 Abs. 1 c) DBA Deutschland-Frankreich an.[240] Die Anrechnung erfolgt bei einer Beteiligung im Privatvermögen nach Maßgabe des § 32d Abs. 5 S. 2 EStG.[241] Danach ist die auf ausländische Kapitalerträge festgesetzte und gezahlte und um einen entstandenen Ermäßigungsanspruch gekürzte ausländische Steuer, jedoch höchstens 25 % ausländische Steuer auf den einzelnen Kapitalertrag, auf die deutsche Steuer anzurechnen. Die Anrechnung erfolgt insgesamt nur bis zur Höhe der deutschen Steuer, die auf die im jeweiligen Veranlagungszeitraum bezogenen Kapitalerträge entfällt, § 32d Abs. 5 S. 3 EStG.

2) Société de copropriété

Besteht eine Beteiligung des deutschen Gesellschafter an einer société de copropriété, werden die durch diese Gesellschaft vermittelten Einkünfte abkommensrechtlich in Deutschland und Frankreich unterschiedlich eingeordnet. Aus deutscher Sicht ist Art. 9 Abs. 1 DBA Deutschland-Frankreich wegen fehlender Ansässigkeit der Gesellschaft sowie fehlender Dividenden nicht einschlägig: Gesellschaften im Sinne des Art. 1655 ter CGI sind abkommensrechtlich nicht ansässig, da diese Gesellschaftsform in Frankreich nicht der Körperschaftsteuer unterliegt.[242] Die Gesellschaft schüttet zudem in Frankreich keine Dividenden aus, da ihre Einkünfte den Gesellschaftern steuerlich direkt zugerechnet werden.[243] Stattdessen handelt es sich mangels einer sonstigen einschlägigen

---

239 Die Voraussetzungen zur Reduzierung des Quellensteuersatzes bereits bei Steuerabzug sind geregelt in BOI-INT-DG-20-20-20-20. Abweichend kann Frankreich nach Art. 9 Abs. 3 DBA Deutschland-Frankreich keine Steuer erheben, wenn deutscher Gesellschafter eine zu mehr als 10 % beteiligte in Deutschland ansässige Kapitalgesellschaft ist.

240 Abweichend ist nach Art. 20 Abs. 1 b) die Freistellungsmethode nach Art. 20 Abs. 1 a) auf die Nettoeinkünfte anzuwenden, die den Dividenden entsprechen, die an eine deutsche Kapitalgesellschaft ausgeschüttet werden, die an der französischen ausschüttenden Gesellschaft zu mindestens 10 % beteiligt ist.

241 Bei einer Beteiligung im Betriebsvermögen erfolgt die Anrechnung der ausländischen Steuer nach Maßgabe des § 34c Abs. 1 EStG.

242 *Castagnède*, Précis de fiscalité internationale, Rn. 263.

243 Teil 1 A. III. 3.

Abkommensvorschrift um „sonstige Einkünfte" im Sinne des Art. 18 DBA Deutschland-Frankreich, die nur im Ansässigkeitsstaat des deutschen Gesellschafters, also Deutschland, besteuert werden können. Aus Sicht Frankreichs hingegen gilt eine Beteiligung an einer société de copropriété als unbewegliches Vermögen im Sinne der DBA.[244] Für die Einkünfte hieraus nimmt Frankreich das alleinige Besteuerungsrecht nach Art. 3 Abs. 1 DBA Deutschland-Frankreich in Anspruch, wonach Einkünfte aus unbeweglichem Vermögen nur in dem Vertragsstaat besteuert werden können, in dem das unbewegliche Vermögen belegen ist. Es besteht eine durch das DBA nicht vermeidbare Doppelbesteuerung, die ggf. durch ein Verständigungsverfahren zu beseitigen ist.

3) Société d'investissement immobilière côtée

Erhält der deutsche Gesellschafter Dividenden einer französischen SIIC, die überwiegend französische Immobilien verwaltet, stellt sich die Frage, ob Art. 9 DBA Deutschland-Frankreich auf die Dividenden anwendbar ist. Art. 9 findet nur Anwendung auf Dividenden, die durch eine ansässige Gesellschaft gezahlt werden. Fraglich ist, ob das Besteuerungsregime der SIIC zu ihrer Ansässigkeit gemäß Art. 2 Abs. 1 Nr. 4 a) DBA Deutschland-Frankreich führen kann, da eine SIIC in Frankreich einer sachlichen partiellen Steuerbefreiung unterliegt.[245] Hiervon abhängig ist neben der Anwendung des Art. 9 samt der Quellensteuerminderungen nach Art. 9 Abs. 2, 3 und 5 DBA Deutschland-Frankreich die persönliche Abkommensberechtigung der SIIC selbst, wenn die Gesellschaft ihrerseits Einkünfte aus dem anderen Staat erzielt. Eine Ansässigkeit wird nach Art. 2 Abs. 1 Nr. 4a) DBA Deutschland-Frankreich nur begründet, wenn die Gesellschaft nach dem Recht eines Vertragsstaates aufgrund des Ortes ihrer Geschäftsleitung oder eines anderen ähnlichen Merkmals steuerpflichtig ist. Ob dies bei einer steuerbefreiten Kapitalgesellschaft zutrifft, wird in Deutschland und Frankreich diskutiert und unterschiedlich beurteilt.

Nach überwiegender Ansicht in Deutschland soll eine nur abstrakte Körperschaftsteuerpflicht zur Begründung der abkommensrechtlichen Ansässigkeit genügen.[246] Abstrakte Steuerpflicht bedeutet, dass eine prinzipielle Eignung

244 *Hellio/Thill*, Steuern in Frankreich, Rn. 929; *Gouthière*, Les impôts dans les affaires internationales, Rn. 67150; *Kramer*, in: Wassermeyer, DBA (Frankreich), Art. 3 Rn. 11.

245 Teil 1 A. III. 1. b).

246 BFH, Urteil v. 6.6.2012, Az. I R 52/11, BStBl. II 2014, S. 240; zustimmend: *Staiger/Köth*, BB 2012, 9215 (9217 f.); *Jacob/Link*, IStR 2012, 949 (950); a. A. FG Niedersachsen. Urteil v. 29.3.2007, Az. 6 K 514/03, EFG 2007, 1223 (alle zu einer französischen SICAV); *Wassermeyer*, in: Wassermeyer, DBA (OECD-MA), Art. 1 Rn. 23.

als Körperschaftsteuersubjekt in ihrem jeweiligen Ansässigkeitsstaat besteht, unabhängig von einer tatsächlichen Körperschaftsteuerpflicht. Dies gilt nach Ansicht der deutschen Literatur für ausländische wie deutsche von der Körperschaftsteuer befreite Gesellschaften wie z.B. die deutsche REIT-AG, die abkommensrechtlich als ansässig anerkannt ist.[247] Entsprechend sollte dies auch für die französische SIIC gelten, die nach Art. 208 C CGI sogar nur teilweise von der Körperschaftsteuer befreit ist.[248] Damit ist aus deutscher Sicht Art. 9 DBA Deutschland-Frankreich auf Dividenden einer SIIC anzuwenden.

Aus französischer Sicht wird die Ansässigkeit der von der Körperschaftsteuer befreiten Gesellschaften anders beurteilt, wenngleich weiter unklar ist, wie gerade eine SIIC behandelt werden soll. Der französische Verfassungsgerichtshof hat in zwei Entscheidungen aus dem Jahr 2015 dazu Stellung genommen, ob eine abstrakte Steuerpflicht die Ansässigkeit eines Versorgungswerks begründet.[249] Ein Versorgungswerk ist grundsätzlich als Betrieb gewerblicher Art nach § 4 KStG in Deutschland körperschaftsteuerpflichtig.[250] Nach § 5 Abs. 1 Nr. 8 KStG ist ein Versorgungswerk, das sich durch die Zwangsmitgliedschaft seiner Versicherten auszeichnet, wie z.B. bei Ärzten und Rechtsanwälten, von der Körperschaftsteuer befreit.[251] Dabei handelt es sich um eine persönliche Steuerbefreiung, sie erfasst Einkünfte aus dem gesamten Geschäftsbereich, aus sämtlichen, auch gewerblichen Tätigkeiten.[252] Der Conseil d'Etat entschied, dass sich das Versorgungswerk der Landesärztekammer Hessen, das Dividenden aus Frankreich erzielte, allein aufgrund seiner abstrakten Steuerpflicht mangels eigener Ansässigkeit nicht auf Art. 9 DBA Deutschland-Frankreich berufen kann. Dies begründet der CE im Wesentlichen mit dem Abkommenszweck der Vermeidung der Doppelbesteuerung. Danach müsse eine effektive (tatsächliche) Besteuerung der Körperschaft vorliegen, um die Abkommensvorteile in Anspruch zu nehmen, da es der Abkommenszweck sei, die Doppelbesteuerung

---

247 *Wassermeyer/Kaeser*, in: Wassermeyer, DBA (OECD-MA), Art. 4 Rn. 27; *Staiger/Köth*, BB 2012, 2915 (2918); *Wagner*, Die Besteuerung des deutschen REIT, S. 117.

248 Nicht einmal abstrakt steuerpflichtig ist allerdings eine société de copropriété, da sie steuerlich als nichtexistent gilt und kein Steuersubjekt ist.

249 CE, Entscheidung v. 9.11.2015, Nr. 370054 (Landesärztekammer Hessen Versorgungswerk), und Nr. 371137 (Santander Pensiones SA EGFP), Besprechung der Entscheidungen bei *Leboff/Saiac*; Feuillet Rapide fiscal social 51/15, Nr. 7.

250 *Märtens*, in: Gosch, KStG, § 5 Rn. 179.

251 *Märtens*, in: Gosch, KStG, § 5 Rn. 180.

252 *Märtens*, in: Gosch, KStG, § 5 Rn. 180a.

zu vermeiden. Mit gleicher Begründung lehnte der CE die Ansässigkeit eines spanischen Versorgungswerks ab.[253]

Die Entscheidung des CE ist auf die Beurteilung der Ansässigkeit steuerbefreiter Gesellschaften allgemein übertragbar, weswegen die Entscheidung in der Literatur angesichts der mit der Begründung entstehenden Unsicherheiten bei der Abkommensanwendung auf steuerbefreite Gesellschaften kritisiert wird.[254] Die Entscheidungen führen zu Auslegungs- und Abgrenzungsschwierigkeiten bei Ermittlung der Ansässigkeit von Kapitalgesellschaften. Es bleibt ungeklärt, ob solche Gesellschaften, die erst ab Erreichen einer bestimmten Einkommensschwelle steuerpflichtig oder nur auf Zeit von der Steuer befreit sind, als ansässig gelten können. Ungeklärt bleibt auch, wie es abkommensrechtlich zu würdigen ist, wenn die Gesellschaft neben einem steuerfreien auch einen steuerpflichtigen Bereich hat.[255] Betroffen von dieser Unsicherheit ist demnach gerade die französische SIIC, die nur hinsichtlich der Einkünfte aus ihrer Haupttätigkeit steuerbefreit ist, während sie mit den Einkünften aus erlaubten Nebentätigkeiten weiter körperschaftsteuerpflichtig ist.[256] Aus der Entscheidung des CE kann weder auf die Nichtansässigkeit noch auf die Ansässigkeit der SIIC geschlossen werden, möglich erscheint auch die Ansässigkeit der Gesellschaft nur im Hinblick auf bestimmte (nämlich steuerpflichtige) Einkünfte. Die Frage bleibt offen. Die französische Verwaltung vertrat bereits vor den oben genannten Urteilen des CE aus dem Jahr 2015 die Ansicht, dass Dividenden einer SICAV, einer

---

253 Die Folgen der Rechtsprechung des CE sind allerdings im deutsch-französischen Verhältnis bereits teilweise entschärft. Abschnitt I Nr. 1 des Protokolls zum DBA Deutschland-Frankreich (neu eingefügt im Rahmen des Zusatzabkommens 2015) sieht die Anwendung der Abkommensvorteile der Artt. 9, 10 und 15 DBA Deutschland-Frankreich zugunsten von u.a. Pensionsfonds vor. Das Protokoll besagt hierzu: „Hinsichtlich der Artikel 9, 10 und 15 gilt, dass ein Pensionsfonds oder eine andere Einrichtung, die in einem der Vertragsstaaten errichtet und ausschließlich zur Verwaltung, Finanzierung und Bereitstellung von an natürliche Personen gezahlten Ruhegeldern oder anderen Bezügen und Vorteilen aus einer früheren nichtselbstständigen Arbeit unterhalten wird und in diesem Vertragsstaat nicht der in Artikel 1 Absatz 2 Nummer 1 Buchstabe c oder Nummer 2 Buchstabe b genannten Steuer unterliegt, ungeachtet anderer Bestimmungen des Abkommens Anspruch auf die Vergünstigungen nach Artikel 9, 10 und 15 hat, sofern am Ende des vorangegangenen Steuerjahres mehr als 50 vom Hundert ihrer Begünstigten, Mitglieder oder Teilnehmer in einem der beiden Vertragsstaaten ansässige natürliche Personen sind."

254 *Leboff/Saiac*; Feuillet rapide fiscal social 51/15, Nr. 7.

255 *Schultze*, IStR 2016, 320 (321).

256 Teil 1 A. III. 1. b).

steuerbefreiten Investment-Aktiengesellschaft, nicht unter den Anwendungsbereich der Quellensteuerreduzierung für Dividenden in den DBA fallen.[257] In Bezug auf die SIIC gibt es allerdings noch keine eindeutige Positionierung der französischen Verwaltung, vielmehr ist hier der nationale Quellensteuerabzug auf Dividenden einer SIIC nur „vorbehaltlich der Bestimmungen eines DBA anzuwenden".[258] Hieraus schließt Gouthière auf die Annahme der Verwaltung, dass SIIC ansässige Personen im Sinne eines DBA sein können. Dahinter verbirgt sich die Überlegung, dass Abweichungen vom Quellensteuerabzug (in der Regel Reduktionen) die Anwendung des Dividendenartikels und damit in aller Regel die Ansässigkeit der ausschüttenden Gesellschaft im DBA voraussetzen.[259] Folgt man dieser Ansicht, wonach SIIC abkommensrechtlich ansässig sind, kann sich der deutsche Gesellschafter aus Sicht Deutschlands wie Frankreichs auf Art. 9 DBA Deutschland-Frankreich berufen. Danach darf im Grundfall nach Art. 9 Abs. 2 S. 2 DBA Deutschland-Frankreich die Steuer auf die Dividenden einer SIIC 15 % nicht übersteigen.[260]

Mit dem Zusatzabkommen 2015 wurde allerdings Art. 9 Abs. 10 DBA Deutschland-Frankreich neu eingeführt, der die Nichtanwendung der Art. 9 Abs. 2, 3 und 5 DBA Deutschland-Frankreich auf bestimmte Dividenden vorsieht und eine Besteuerung des Quellenstaats ohne Einschränkung erlaubt. Maßgeblich ist Art. 9 Abs. 10 DBA Deutschland-Frankreich allerdings nur ab einer Mindestbeteiligung von 10 % an der Kapitalgesellschaft. Die Vorschrift setzt ein steuerbefreites Investmentvermögen voraus, das eine Dividende zahlt aus zuvor aus unbeweglichem Vermögen erwirtschafteten Einkünften. Weiter muss das Investmentvermögen seine Einkünfte aus unbeweglichem Vermögen größtenteils jährlich ausschütten (Art. 9 Abs. 10 S. 1 a) DBA Deutschland-Frankreich). Der deutsche Gesellschafter im Grundfall ist damit nur betroffen, wenn die Mindestbeteiligung an der französischen SIIC bestünde. Der Begriff

---

257 BOI-INT-DG-20-20-20-20 Rn. 30, ausgeschlossen sind Dividenden durch „fonds communs de placement et les sociétés d'investissement exonérées telles que les SICAV".

258 BOI-IS-CHAMP-30-20-40 Rn. 120.

259 *Gouthière*, Les impôts dans les affaires internationales, Rn. 67960, anders *Kramer*, IStR 2016, 868 (869).

260 Wäre Dividendenempfänger eine in Deutschland ansässige Kapitalgesellschaft, die zu mindestens 10 % am Kapital der ausschüttenden Gesellschaft beteiligt ist, darf in Frankreich nach Art. 9 Abs. 3 DBA Deutschland-Frankreich (abgesehen von einer Besteuerung in Form von 5 % fiktiv nicht abziehbarer Betriebsausgaben nach Art. 216 CGI, entsprechend dem deutschen § 8b Abs. 5 KStG) gar nicht besteuert werden.

„Investmentvermögen“ findet sich wieder in Art. 9 Abs. 6 b) DBA Deutschland-Frankreich, eine Definition des Begriffs im DBA besteht aber nicht. Die Auslegung erfolgt nach dem Recht des Anwendestaates, Art. 2 Abs. 2 DBA Deutschland-Frankreich. Ein Investmentvermögen ist nach § 1 S. 1 des Kapitalanlagegesetzbuchs (im Folgenden: KAGB) „jeder Organismus für gemeinsame Anlagen, der von einer Anzahl von Anlegern Kapital einsammelt, um es gemäß einer festgelegten Anlagestrategie zum Nutzen dieser Anleger zu investieren und der kein operativ tätiges Unternehmen außerhalb des Finanzsektors ist“. Erfasst sind nach § 1 Abs. 2 KAGB Organismen für gemeinsame Anlagen in Wertpapiere[261] und die übrigen Alternativen Investmentfonds. Investmentvermögen ist in der Regel ein Sondervermögen und wird durch Kapitalverwaltungsgesellschaften (§ 13 KAGB) verwaltet. Nicht diese Kapitalverwaltungsgesellschaft zahlt jedoch die Dividende, sondern das Investmentvermögen selbst. Art. 9 Abs. 1 DBA Deutschland-Frankreich behandelt jedoch nur Dividenden-Zahlungen durch „ansässige Gesellschaften“ im Sinne des Art. 9 Abs. 1 DBA Deutschland-Frankreich, auch Art. 9 Abs. 3 und 5 DBA Deutschland-Frankreich erfassen nach ihrem Wortlaut nur Ausschüttungen durch „Kapitalgesellschaften“.[262] Eine deutsche REIT-AG, die im gegenüber dem InvStG spezielleren REITG geregelt ist, schüttet Erträge aus Investmentvermögen aus.[263] Sie wäre als „Investmentvermögen“ im Sinne der Vorschrift auszulegen. Eine REIT-AG erfüllt auch die übrigen Voraussetzungen des Art. 9 Abs. 10 DBA Deutschland-Frankreich: Sie schüttet jährlich die Dividenden aus Erträgen aus, die sie aus unbeweglichem Vermögen im Sinne des DBA erzielt hat, und sie ist mit diesen Erträgen auch körperschaftsteuerbefreit.[264] Damit könnte sie grundsätzlich unter die Abkommensregelung fallen, was aber verhindert wird durch die Beteiligungsschwelle des Art. 9 Abs. 10 DBA Deutschland-Frankreich: Das Erfordernis der Mindestbeteiligung von 10 % in Art. 9 Abs. 10 DBA Deutschland-Frankreich einerseits und das Verbot von Beteiligungen ab 10 % an einer REIT-AG nach § 11 Abs. 4 REITG andererseits schließen sich gegenseitig aus.[265] Parallel ist aber der

---

261 Entsprechend der Richtlinie 2009/65/EG des Europäischen Parlamentes und des Rates v. 12.7.2009 zur Koordinierung der Rechts- und Verwaltungsvorschriften betreffend bestimmte Organismen für gemeinsame Anlagen in Wertpapiere (OGAW) (Abl. L 302 v. 17.11.2009, S. 1), zuletzt geändert durch Richtlinie 2014/91/EU (Abl. L 257 v. 28.8.2014, S. 186).

262 *Kramer*, IStR 2016, 868 (869).

263 BMF, Schreiben v. 23.10.2014, DStR 2014, S. 2346 (2348).

264 *Kramer*, IStR 2016, 868 (869).

265 *Kramer*, IStR 2016, 868 (869).

Anwendungsbereich für die SIIC grundsätzlich eröffnet, an der ein deutscher Gesellschafter beteiligt ist. Auch die SIIC erfüllt die Erfordernisse an das Investmentvermögen und die Ausschüttungsverpflichtung. Dieses Ergebnis wird gestützt durch die französische Textfassung sowie den Vergleich mit der Auslegung anderer DBA Frankreichs, die parallele Vorschriften enthalten. Der französische Abkommenswortlaut erfasst mit „véhicules d'investissements" ebenfalls Gesellschaften, die Investmentvermögen verwalten, damit auch eine SIIC. Weiter ist Art. 9 Abs. 10 DBA Deutschland-Frankreich in seinem Wortlaut nahezu identisch mit dem Wortlaut des Art. 11 Abs. 5 des DBA zwischen Frankreich und Großbritannien, der nach Ansicht der französischen Verwaltung auf Dividendenzahlungen durch SIIC anwendbar ist.[266] Daher ist auch aus Sicht Frankreichs Art. 9 Abs. 10 DBA Deutschland-Frankreich auf Ausschüttungen einer SIIC anwendbar. Aus deutscher wie auch aus französischer Sicht führt somit Art. 9 Abs. 10 DBA Deutschland-Frankreich zur Nichtanwendung der Art. 9 Abs. 2, 3 und 5 DBA Deutschland-Frankreich auf die Dividenden einer SIIC, wenn ihr deutscher Gesellschafter zu mindestens 10 % an dieser beteiligt ist. Die Dividenden unterliegen gem. Art. 9 Abs. 10 S. 2 DBA Deutschland-Frankreich uneingeschränkt durch Abkommensvorschriften dem Steuerabzug des Art. 119 bis 2. CGI.[267] Damit kann die nationale Quellenbesteuerung von 30 % auf die Ausschüttungen einer SIIC durch Frankreich erfolgen.[268] Der deutsche Gesellschafter im Grundfall kann sich somit künftig nicht mehr auf Art. 9 Abs. 2 DBA Deutschland-Frankreich berufen, wenn er zu mehr als 10 % an der SIIC beteiligt ist. Er kann dann nicht die bei Erträgen aus anderen Kapitalgesellschaftsanteilen übliche Reduzierung der Quellensteuer in Frankreich auf 15 % des Bruttobetrags

---

266 Ebenso aber auch auf eine SPPICAV, die von der Körperschaftsteuer befreit ist, BOI-INT-CVB-GBR-10-20 Rn. 100 und als nicht ansässig gilt, ein eindeutiger Rückschluss auf die Ansässigkeit ist angesichts dessen nicht möglich.

267 Das Abkommen hindert *hier*, d.h. bei Anwendung des DBA Deutschland-Frankreich, den Quellensteuerabzug nicht, s. BOI-IS-CHAMP-30-20-40 Rn. 120; ebenso *Gouthière*, Les impôts dans les affaires internationales, Rn. 67970.

268 *Ngatsing/Mallaret*, Revue de Droit fiscal 2015, act. 245, Rn. 6; *Gouthière*, Les impôts dans les affaires internationales, Rn. 67970; *Hellio/Roc'h*, La Semaine juridique Notariale et Immobilière, 2015 Nr. 21, act. 601. Die Vorschrift findet auch Anwendung auf Ausschüttungen durch französische Immobilieninvestmentfonds (Fonds de placement immobilier, FPI), die ihrerseits keine „Kapitalgesellschaften" sind, sondern ein Sondervermögen ohne „personnalité morale", sowie SPPICAV. Diese letzteren sollten aber nach der oben besprochenen Rechtsprechung des Conseil d'Etat aus dem Jahr 2015 nicht als ansässig angesehen werden können. Art. 9 Abs. 10 DBA Deutschland-Frankreich bewirkt hier keine Veränderung.

der Dividende durchsetzen.[269] Stattdessen bleibt es bei der Quellensteuer in Frankreich von in der Regel 30 % des Kapitalertrags.

Deutschland als Ansässigkeitsstaat rechnet die Quellensteuer auf die Dividende nach Art. 20 Abs. 1 c) DBA Deutschland-Frankreich an. Die Anrechnung erfolgt nach § 20 Abs. 4 S. 1 REITG entsprechend den Vorschriften des EStG (§ 36 Abs. 2 EStG). Die Anrechnung der französischen Steuer erfolgt bei einer Beteiligung im Privatvermögen nach § 32 d Abs. 5 S. 2, S. 3 EStG in Höhe von maximal 25 % pro Kapitalertrag.[270] Es bleibt bei einer unbeschränkten Quellensteuer in Frankreich in Höhe von 30 % pro Kapitalertrag somit ein Besteuerungsüberhang zulasten des deutschen Gesellschafters.

e) Ergebnis

Im Grundfall können die Dividenden einer Kapitalgesellschaft mit Sitz in Deutschland an den deutschen Gesellschafter als innerstaatlicher Sachverhalt nur in Deutschland besteuert werden. Auf die Dividende der im Drittstaat ansässigen Gesellschaft an den deutschen Gesellschafter findet das DBA Deutschland-Frankreich keine Anwendung. Der Drittstaat kann die Dividenden besteuern, hier würde ein gegebenenfalls vorhandenes DBA zwischen Deutschland und dem Drittstaat zur Anwendung kommen, wonach dem Drittstaat eine beschränkte Quellenbesteuerung gestattet ist. Insoweit ist Deutschland als Ansässigkeitsstaat an der Besteuerung der Dividenden nicht gehindert. Die Ausschüttungen einer körperschaftsteuerpflichtigen französischen Kapitalgesellschaft sind als Dividenden im Sinne des Art. 9 Abs. 1 DBA Deutschland-Frankreich einzuordnen, die nach Art. 9 Abs. 2 in Frankreich mit maximal 15 % besteuert werden können bei gleichzeitiger Besteuerung in Deutschland als Ansässigkeitsstaat des Gesellschafters. Deutschland gleicht die Doppelbesteuerung durch Anrechnung der französischen Steuer auf die Kapitalerträge aus. Handelt es sich bei der französischen Kapitalgesellschaft um eine transparente französische société de copropriété im Sinne des Art. 1655 ter CGI, gehen Deutschland und Frankreich nicht von Dividenden im Sinne des Art. 9 DBA Deutschland-Frankreich aus. Deutschland wendet auf die Einkünfte Art. 18 DBA Deutschland-Frankreich an und geht von einem ausschließlichen eigenen Besteuerungsrecht aus, während Frankreich

---

269 Bzw. auf 0 % nach Art. 9 Abs. 3 DBA Deutschland-Frankreich durch eine deutsche Muttergesellschaft, die mindestens 10 % der Anteile hält; vorbehaltlich einer Besteuerung nach Art. 216 CGI, wonach 5 % der Dividende als nicht-abziehbare Betriebsausgaben gelten.

270 Bei einer Beteiligung im Betriebsvermögen nach § 34c Abs. 1 EStG.

die Einkünfte als solche aus unbeweglichem Vermögen im Sinne des Art. 3 DBA Deutschland-Frankreich behandelt und seinerseits von einem eigenen Besteuerungsrecht ausgeht. Die Doppelbesteuerung kann durch das DBA nicht vermieden werden. Es bedarf ggf. eines Verständigungsverfahrens. Handelt es sich im Grundfall bei der französischen Kapitalgesellschaft um eine SIIC, gilt bei einem deutschen Gesellschafter, der zu weniger als 10 % beteiligt ist, grundsätzlich das gleiche Ergebnis wie bei den körperschaftsteuerpflichtigen Gesellschaften. Es besteht Rechtsunsicherheit hinsichtlich der abkommensrechtlichen Ansässigkeit einer SIIC angesichts ihrer Steuerbefreiung im französischen Recht. Folgt man allerdings der Ansicht, wonach eine SIIC abkommensrechtlich als ansässig anzusehen ist, liegen Dividenden im Sinne des Art. 9 des DBA Deutschland-Frankreich vor, die nach Art. 9 Abs. 2 des DBA nur zu maximal 15 % besteuert werden können. Ist der deutsche Gesellschafter allerdings zu mindestens 10 % an der SIIC beteiligt, kann Frankreich durch den neu eingeführten Art. 9 Abs. 10 DBA Deutschland-Frankreich seinen nationalen Steuerabzug von 30 % auf die Ausschüttungen einer SIIC erheben. Die Anrechnung in Deutschland ist bei privaten Kapitalerträgen beschränkt auf 25 % der Kapitalerträge, sodass insoweit ein Anrechnungsüberhang besteht zulasten des deutschen Gesellschafters.

III. Besteuerung der Beteiligungsveräußerung

1. Besteuerung in Deutschland

Veräußert der deutsche Gesellschafter im Grundfall die Beteiligungen an den Kapitalgesellschaften, so ist er mit den Einkünften hieraus in Deutschland einkommensteuerpflichtig gem. § 1 Abs. 1 EStG i.V.m. § 8 AO. Gewinne aus der Veräußerung von Beteiligungen an Kapitalgesellschaften im Privatvermögen sind steuerpflichtig entweder nach § 17 EStG oder nach § 20 Abs. 2 EStG.[271] Nach § 20 Abs. 8 EStG ist § 20 gegenüber § 17 subsidiär anzuwenden. § 17 Abs. 1 S. 1 EStG qualifiziert die Gewinne aus der Veräußerung von Anteilen an Kapitalgesellschaften in gewerbliche Einkünfte um, wenn der Veräußerer zu einem Zeitpunkt innerhalb der letzten fünf Jahre vor Veräußerung unmittelbar oder mittelbar zu mindestens einem Prozent an der Gesellschaft beteiligt war. Anteile an einer Kapitalgesellschaft sind nach § 17 Abs. 1 S. 3 EStG Aktien sowie Anteile an einer Gesellschaft mit beschränkter Haftung.[272] § 17 EStG erfasst auch die

271 Handelt es sich um eine Beteiligung im Betriebsvermögen, so ist eine Veräußerung steuerpflichtig nach § 15 EStG.

272 Weiter gehören hierzu Genussscheine oder ähnliche Beteiligungen und Anwartschaften auf solche Beteiligungen.

Veräußerung von Beteiligungen an ausländischen Kapitalgesellschaften[273] sowie die Veräußerung von Aktien an einer REIT-AG oder einer französischen SIIC (§ 19 Abs. 2 EStG).[274] Als Anschaffung und Veräußerung gilt bereits der Erwerb bzw. Verlust des wirtschaftlichen Eigentums.[275] Der Übergang von Todes wegen und Schenkungen sind keine Veräußerungen gegen Entgelt im Sinne des § 17 EStG.[276] Der Veräußerungsgewinn ist nach § 17 Abs. 2 S. 1 EStG der Betrag, um den der Veräußerungspreis nach Abzug der Veräußerungskosten die Anschaffungskosten übersteigt. Es gilt nach § 3 Nr. 40 c) EStG das Teileinkünfteverfahren, steuerpflichtig sind 60 % des Veräußerungsgewinnes. Entsprechend sind nur 60 % der mit der Beteiligung in Zusammenhang stehenden Betriebsausgaben nach § 3 c Abs. 2 EStG abzugsfähig. Die Veräußerung unterliegt keinem Steuerabzug.[277] Es besteht gem. § 17 Abs. 3 EStG ein Freibetrag in Höhe des Anteils von 9600 Euro, der dem veräußerten Anteil an der Kapitalgesellschaft entspricht. Der Freibetrag schmilzt ab in Höhe des Anteils an 36.100 Euro, der dem veräußerten Anteil an der Kapitalgesellschaft entspricht.[278]

Verluste aus der Veräußerung sind nicht zu berücksichtigen, soweit sie auf Anteile entfallen, die der Steuerpflichtige gem. § 17 Abs. 2 S. 6 a) EStG innerhalb der letzten fünf Jahre unentgeltlich erworben hat, soweit nicht der Rechtsvorgänger anstelle des Steuerpflichtigen den Veräußerungsverlust hätte geltend machen können. Weiter sind gem. § 17 Abs. 2 S. 6 b) EStG Verluste aus der Veräußerung einer Beteiligung nicht zu berücksichtigen, soweit sie auf Anteile entfallen, die entgeltlich erworben worden sind und nicht innerhalb der gesamten letzten fünf Jahre zu einer Beteiligung des Steuerpflichtigen im Sinne des § 17 Abs. 1 S. 1 EStG gehört haben. Dies gilt nicht für innerhalb der letzten fünf Jahre erworbene Anteile, deren Erwerb zur Begründung einer Beteiligung im Sinne des § 17 Abs. 1 S. 1 EStG des Steuerpflichtigen geführt hat oder die nach Begründung der Beteiligung im Sinne von § 17 Abs. 1 S. 1 EStG erworben worden sind.

Handelt es sich im Grundfall nicht um eine Veräußerung im Sinne des § 17 EStG, sind die Gewinne aus der Veräußerung der Anteile an der deutschen,

---

273 BFH, Urteil v. 21.10.1999, Az. I R 43/98, BStBl. II 2000, S. 424; v. 22.2.1989, Az. I R 11/85, BStBl. II 1989, S. 794. Auch hier sind die Grundsätze des Rechtstypenvergleichs anzuwenden, Teil 1 B. II. 1.

274 Eine SIIC ist in der Regel eine „andere REIT-Körperschaft" im Sinne des § 19 Abs. 5 REITG, Teil 1 B. II. 1.

275 *Strahl*, in: Korn, EStG, § 17 Rn. 48, 52.

276 *Weber-Grellet*, in: Schmidt, EStG, § 17 Rn. 99; *Strahl*, in: Korn, EStG, § 17 Rn. 52.

277 *Hamacher/Dahm*, in: Korn, EStG, § 20 Rn. 323.

278 *Strahl*, in: Korn, EStG, § 17 Rn. 110.

französischen und drittstaatlichen Gesellschaft als Veräußerung von Anteilen an einer Dividenden vermittelnden Körperschaft im Sinne des § 20 Abs. 1 Nr. 1 EStG nach § 20 Abs. 2 Nr. 1 S. 1 EStG steuerpflichtig.[279] Der Veräußerungsgewinn bemisst sich aus dem Unterschiedsbetrag zwischen den Einnahmen aus der Veräußerung nach Abzug der Aufwendungen, die in unmittelbaren sachlichen Zusammenhang mit dem Veräußerungsgeschäft stehen, und der Anschaffungskosten. Nach § 20 Abs. 6 S. 4 EStG können Verluste aus der Veräußerung von Aktien nur mit entsprechenden Gewinnen ausgeglichen und im Übrigen gem. § 10d Abs. 4 EStG vorgetragen werden, eine künftige Verrechnung erfolgt nur mit Gewinnen aus der Veräußerung von Aktien. Sonstige Verluste aus Kapitalvermögen dürfen nach § 20 Abs. 6 S. 1 EStG nicht mit Einkünften aus anderen Einkunftsarten ausgeglichen werden, sie dürfen auch nicht nach § 10d EStG abgezogen werden. Gem. § 20 Abs. 6 S. 3 EStG ist entsprechend § 10d Abs. 4 EStG der verbleibende Verlust gesondert festzustellen und kann unbegrenzt vorgetragen und mit sonstigen Einkünften aus Kapitalvermögen verrechnet werden.

Auf den Gewinn aus der Veräußerung der Beteiligung an der deutschen Kapitalgesellschaft ist nach § 43 Abs. 1 Nr. 9 EStG ein Steuerabzug vom Kapitalertrag vorzunehmen. Die Kapitalertragsteuer beträgt nach § 43 a Abs. 1 S. 1 Nr. 1 EStG 25 %, Bemessungsgrundlage ist nach § 43 Abs. 2 S. 1 EStG der volle Kapitalertrag. Auch auf ausländische Kapitalerträge im Sinne des § 43 Abs. 1 Nr. 9 EStG ist der Steuerabzug vorzunehmen. Im Fall des § 43 Abs. 1 Nr. 9 EStG sind ausländische Kapitalerträge allerdings nicht definiert. § 43 Abs. 3 S. 4 EStG definiert ausländische Kapitalerträge im Sinne des § 43 Abs. 1 Nr. 6 (ausländische Dividenden) als solche, deren Schuldner weder Wohnsitz noch Geschäftsleitung oder Sitz im Inland hat. Vergleichbar können die Gewinne aus der Veräußerung von Aktien und Anteilen als ausländische Kapitalerträge angesehen werden, wenn deren Ausschüttungen zu ausländischen Kapitalerträgen führen, d.h. insbesondere die Schuldner der Kapitalerträge weder Sitz noch Ort der Geschäftsleitung im Inland haben.[280] Damit ist der Steuerabzug im Grundfall bei Veräußerung der Beteiligung an der Gesellschaft mit Sitz in Frankreich oder im Drittstaat ebenfalls vorzunehmen, die Entrichtung der Kapitalertragsteuer erfolgt ggf. bei ausländischen Kapitalerträgen nach § 44 Abs. 1 S. 3 EStG durch die die Kapitalerträge auszahlende Stelle im Sinne des § 44 Abs. 1 S. 4 Nr. 1 a) EStG. Der Steuerabzug ist grundsätzlich auch dann vorzunehmen, wenn es sich um die Veräußerung von Beteiligungen im Betriebsvermögen und damit um Einkünfte

279 Teil 1 B. II. 1.

280 *Hamacher/Dahm*, in: Korn, EStG, § 43 Rn. 12.

aus Gewerbebetrieb handelt (§ 43 Abs. 4 EStG). Vom Steuerabzug ist allerdings bei den ausländischen Dividenden sowie bei Veräußerungsgewinnen abzusehen, wenn es sich um Einnahmen eines inländischen Betriebs handelt (§ 43 Abs. 2 S. 1 Nr. 2 EStG), da hier ohnehin eine Veranlagung durchgeführt wird.[281]

2. *Besteuerung in Frankreich*

a) *Prüfung des Steuerabzugs nach Art. 244 bis A CGI*

1) Vorliegen inländischer Einkünfte gem. Art. 164 B I. CGI

Die Veräußerung der Beteiligungen durch den Gesellschafter im Grundfall kann aufgrund der französischen Immobilien im Gesellschaftsvermögen jeweils zu inländischen Einkünften in Frankreich führen. In Betracht kommen inländische Einkünfte aufgrund der Artt. 164 B I. e bis), e ter) oder f) CGI. Die Unterscheidung der Tatbestände ist für die Folgefrage relevant, ob entweder der für beschränkt Steuerpflichtige vorgesehene Steuerabzug auf Veräußerungsgewinne aus unbeweglichem Vermögen und Immobiliengesellschaften unter den Voraussetzungen des Art. 244 bis A CGI Anwendung findet (in Verbindung mit inländischen Einkünften nach Art. 164 B I. e bis) und e ter) CGI); oder aber der in Art. 244 bis B CGI normierte Steuerabzug auf wesentliche Beteiligungen (in Verbindung mit inländischen Einkünften nach Art. 164 B I. f) CGI). Ist keiner der beiden vorgenannten Steuerabzüge vorzunehmen, sind ggf. vorliegende inländische Einkünfte durch Art. 244 bis C CGI[282] steuerfrei gestellt. Vorrangig ist der Steuerabzug gem. Art. 244 bis A CGI zu prüfen, nachrangig der Steuerabzug gem. Art. 244 bis B CGI.[283] Das Vorliegen inländischer Einkünfte allein führt noch nicht zu einer tatsächlichen Besteuerung. Die Systematik der inländischen Einkünfte in Art. 164 B I. e bis), e ter) und f) CGI erfordert einen Rückgriff auch auf die Grundsätze der Besteuerung von Gesellschaften und Beteiligungsveräußerungen im Inlandsfall.[284] Art. 164 B I. e bis) CGI erfasst Einkünfte aus privaten

---

281 *Hamacher/Dahm*, in: Korn, EStG, § 43 Rn. 101.

282 Art. 244 bis C Abs. 1 CGI lautet: „Sous réserve des dispositions de l'article 244 bis B, les dispositions de l'article 150-0 A ne s'appliquent pas aux plus-values réalisées à l'occasion de cessions à titre onéreux de valeurs mobilières ou de droits sociaux effectuées par les personnes qui ne sont pas fiscalement domiciliées en France au sens de l'article 4 B, ou dont le siège social est situé hors de France, ainsi qu'aux plus-values réalisées par ces mêmes personnes lors du rachat par une société émettrice de ses propres titres.".

283 BOI-RFPI-PVINR-10-20 Rn. 110.

284 Teil 1 A. II. 2., Teil 1 A. III.

Veräußerungsgeschäften aus Immobilien und Beteiligungen an Immobiliengesellschaften im Sinne der Art. 150 und 150 UB CGI. Erfasst sind unter anderem nach Art. 164 B I. e bis) 3. CGI die Veräußerung von Beteiligungen an Immobilienpersonengesellschaften aufgrund des dortigen Verweises auf Art. 8 und 8 bis CGI.[285] Auch die Beteiligungen an transparenten französischen Gesellschaften i.S.d. Art. 1655 ter CGI sind erfasst. Eine Steuerpflicht wird aber in Frankreich nur begründet, wenn die jeweilige Gesellschaft überwiegend in Frankreich gelegene Immobilien verwaltet. In Art. 164 B I. e ter) Nr. 1–5 CGI sind diejenigen Gesellschaftsformen aufgezählt, deren Anteilsveräußerungen nach dieser Norm im Inland steuerpflichtig sind, ohne folglich die bereits in Art. 164 B I. e bis) 3. CGI genannten Gesellschaften. In Art. 164 B I. e ter) Nr. 1, 2 und 3 CGI sind genannt die SIIC, SPPICAV und deren ausländische Pendants[286], in Nr. 4 börsennotierte Gesellschaften mit Sitz im Inland oder Ausland, in Nr. 5 schließlich alle übrigen inländischen oder ausländischen Gesellschaften. Unter Nr. 5 fallen somit in aller Regel die übrigen Kapitalgesellschaften. Die französischen inländischen Einkünfte werden aufgrund des französischen Immobilienvermögens der jeweiligen Kapitalgesellschaft begründet. Vergleichbare Tatbestände, die an in Deutschland belegene Immobilien einer ausländischen Kapitalgesellschaft anknüpfen, gibt es in Deutschland nicht. Das deutsche Einkommensteuerrecht sieht im umgekehrten Fall keine beschränkte Steuerpflicht ausländischer Gesellschafter vor, wenn diese ihre Beteiligungen an ausländischen Kapitalgesellschaften veräußern, die überwiegend deutsche Immobilien besitzen.[287] Inländische Einkünfte liegen nach § 49 Abs. 1 Nr. 2 e) aa) EStG nur vor bei Veräußerung bestimmter Anteile an Kapitalgesellschaften mit Sitz in Deutschland, ungeachtet der Zusammensetzung ihres Gesellschaftsvermögens. Frankreich erfasst hingegen auch Veräußerungen aus Beteiligungen an Kapitalgesellschaften unabhängig vom Ort ihres Sitzes oder ihrer Geschäftsleitung, bei denen nur durch das Immobilienvermögen der Gesellschaft ein Bezug zu Frankreich besteht.

Gemeinsam ist den Veräußerungstatbeständen des Art. 164 B I. e bis) und e ter) CGI, dass jeweils das maßgebliche Immobilienvermögen zu identifizieren und zu bewerten ist, um die Immobilienquote zu errechnen, damit die in den Tatbeständen festgelegte Quote von mehr als 50 % französischer Immobilien

---

285 Denkbar sind auch Kapitalgesellschaften, die dem Besteuerungsregime der Personengesellschaften unterliegen.

286 Eine beispielhafte Aufzählung solcher ausländischer Gesellschaften enthält BOI-RFPI-PVINR-10-20 Rn. 50.

287 *Wagner/Lievenbrück*, IStR 2012, 593 (595).

im Gesellschaftsvermögen (die „prépondérance immobilière“) ermittelt werden kann. Die Berechnung der Immobilienquote erfolgt nach den Grundsätzen des Art. 150 UB CGI, der die Steuerpflicht bei privaten Veräußerungsgeschäften aus Immobiliengesellschaftsbeteiligungen normiert.[288]

Als Immobilien (immeubles) im Sinne des Art. 164 B I. e bis) und e ter) CGI gelten in Frankreich belegene bebaute und unbebaute Grundstücke (immeubles bâtis ou non bâtis) sowie Rechte an Immobilien (droits relatifs à des immeubles).[289] Letztere werden zumeist als „droits réels immobiliers“ zusammengefasst, z.B. Nießbrauch (usufruit), mit Nießbrauch belastetes Eigentum (nue-propriété), Dienstbarkeiten (servitudes), Überbaurecht (droit de surélévation), Anliegermiteigentum (mitoyenneté), Erbpacht (bail emphytéothique) sowie ausländische vergleichbare Rechte an französischen Immobilien.[290] Ohne Einfluss bleiben Immobilien gewerblich, land- und forstwirtschaftlich oder freiberuflich tätiger Gesellschaften, wenn die Gesellschaft diese Immobilien für ihre Tätigkeit nutzt, dies ergibt sich aus der Anwendung der Grundsätze des Art. 150 UB CGI. Nicht zu berücksichtigen sind danach betrieblich genutzte Immobilien im Anlagevermögen. An Dritte vermietete, wie eine Kapitalanlage fungierende Immobilien sind jedoch bei Ermittlung der Quote einzubeziehen; ebenso einzubeziehen sind vermietete oder verpachtete leere oder ausgestattete Betriebsgrundstücke, Immobilien im Umlaufvermögen von Grundstücksmaklern und bestimmten Bauträgergesellschaften (sociétés de construction-vente) sowie Beteiligungen an Gesellschaften mit ihrerseits überwiegend französischem Immobilienbesitz[291]. Bei originär vermögensverwaltenden Gesellschaften sind, selbst wenn es sich um Handelsgesellschaften handelt, sämtliche Immobilien bei Ermittlung der Quote zu berücksichtigen.[292] Dies führt im Grundfall dazu, dass sämtliche Immobilien in die Quote einfließen.

Art. 164 B I. e bis) und e ter) CGI schweigen zu der Frage, ob die Immobilienquote aus dem Verhältnis der jeweiligen Buchwerte der Immobilien zum gesamten Aktivvermögen zu berechnen sind oder aber aus dem Verhältnis der jeweiligen Verkehrswerte der Immobilien zum gesamten Aktivvermögen. Unter Anwendung der Grundsätze des Art. 150 UB CGI ist der tatsächliche Wert (valeur réelle) anzusetzen, der dem Verkehrswert („valeur vénale“) entspricht[293].

---

288 *Editions Francis Lefèbvre (Hrsg.)*, Memento Fiscal 2017, Rn. 32640; s. Teil 1 A. II. 2.

289 BOI-RFPI-PVINR-10-20- Rn. 10 mit Verweis auf BOI-RFPI-PVI-10-20.

290 BOI-RFPI-PVI-10-20 Rn. 1, 10.

291 BOI-RFPI-SPI-10-20 Rn. 100.

292 *Delabre/Olivé*, La Semaine juridique Notariale et Immobilière, 2012, Heft 49, Nr. 1392 (Rn. 32); BOI-RFPI-SPI-10-20 Rn. 120.

293 *Editions Francis Lefèbvre (Hrsg.)*, Bulletin des conclusions fiscales 2003, Nr. 25.

Zur Vorgängerregelung in Art. 150 A bis CGI a.F., Art. 74 bis Ann. II CGI hat der Conseil d'Etat auch den Ansatz zum Buchwert für vertretbar gehalten.[294] Die Verwaltung hat sich aber mittlerweile deutlich zugunsten des Verkehrswerts positioniert.[295] Bei der Berechnung ist somit im Zähler der Verkehrswert der französischen Immobilien des Aktivvermögens anzusetzen, im Nenner der Verkehrswert des gesamten Aktivvermögens.[296] Können auf Nachfrage der Verwaltung die Werte durch den Steuerpflichtigen nicht gerechtfertigt werden, kann diese immer noch die Buchwerte ansetzen.[297]

Die Immobilienquote ist anhand der Werte des Aktivvermögens zum maßgeblichen Zeitpunkt, d.h. entweder im Veräußerungszeitpunkt oder innerhalb der letzten drei Wirtschaftsjahre vor der Veräußerung, zu ermitteln.[298] Einige Tatbestände sehen eine Ermittlung der Quote zum Veräußerungsstichtag vor (z.B. Art. 164 B I. e ter) 1° CGI), einige sehen eine Durchschnittsquote aus den Werten zum Ende der letzten drei Geschäftsjahre vor Veräußerung vor, z.B. Art. 164 B I. e ter) 5° CGI).

Im Grundfall halten die vermögensverwaltenden Kapitalgesellschaften ausschließlich französische Immobilien. Diese sind in vollem Umfang bei der Ermittlung der Immobilienquote zu berücksichtigen, die Ausnahme für gewerblich genutztes Vermögen greift nicht ein. Da die Gesellschaften im Grundfall jeweils seit mindestens vier Jahren ausschließlich französische Immobilien halten, ergibt sich für alle Gesellschaften im jeweils maßgeblichen Zeitpunkt bzw. Zeitraum eine Quote von annähernd 100 % französischer Immobilien im Verhältnis zum Verkehrswert des gesamten Aktivvermögens.

Konkret ist der jeweils einschlägige Tatbestand unter Berücksichtigung der Gesellschaftsform, einer etwaigen Börsennotierung und ihres Besteuerungsregimes zu ermitteln. Wenn im Grundfall der Gesellschafter seine Beteiligung an der französischen Kapitalgesellschaft veräußert, und diese körperschaftsteuerpflichtig ist, so ist danach zu unterscheiden, ob diese Gesellschaft börsennotiert ist. Ist sie es nicht, so ist der Veräußerungsgewinn aus der Beteiligung nach

294 CE, Entscheidung v. 20.11.2002, Nr. 231088, RJF 2003, Nr. 181.

295 BOI-RFPI-PVINR-10-20 Rn. 120.

296 BOI-RFPI-PVINR-10-20 Rn. 120; *Delabre/Olivé*, La Semaine juridique Notariale et Immobilière 2012, Heft 49, Nr. 1392 (Rn. 29); *Castagnède*, Précis de fiscalité internationale, Rn. 180; *Gouthière*, Les impôts dans les affaires internationales, Rn. 67580.

297 *Delabre/Olivé*, La Semaine juridique Notariale et Immobilière 2012, Heft 49, Nr. 1392 (Rn. 38).

298 *Delabre/Olivé*, La Semaine juridique Notariale et Immobilière 2012, Heft 49, Nr. 1392 (Rn. 26).

Art. 164 B I e ter) 5° CGI in Frankreich steuerpflichtig. Erfasst sind in diesem Tatbestand die Gewinne aus der Veräußerung von Beteiligungen an (sonstigen) nicht börsennotierten Gesellschaften mit Sitz in Frankreich oder im Ausland, deren Aktivvermögen zum Ende der drei der Veräußerung vorausgegangenen Geschäftsjahre mehrheitlich unmittelbar oder mittelbar aus in Frankreich belegenen Immobilien oder Rechten an diesen Immobilien besteht.[299] Hilfsweise, wenn noch nicht drei Wirtschaftsjahre vollendet sind, ist auf die bereits vollendeten Wirtschaftsjahre abzustellen, anderenfalls sind die Verhältnisse im Zeitpunkt der Veräußerung maßgeblich. Bei diesen Gesellschaften wird damit retrospektiv auf einen Drei-Jahreszeitraum abgestellt, während dem eine Quote von mehr als 50 % französischer Immobilien vorgelegen haben muss. Veräußert der Gesellschafter im Grundfall hingegen einen Anteil an einer börsennotierten französischen Gesellschaft (mit Ausnahme einer SIIC), erzielt er inländische französische Einkünfte nach Art. 164 B I. e ter) 4° CGI. Diese Norm erfasst die Einkünfte aus der Veräußerung von Aktien an Gesellschaften mit Sitz in Frankreich oder im Ausland, die in Frankreich oder im Ausland an einer Börse notiert sind, wenn das Aktivvermögen der Gesellschaft zum Ende der drei der Veräußerung vorausgehenden Wirtschaftsjahre mehrheitlich unmittelbar oder mittelbar aus französischen Immobilien oder Rechten an diesen Immobilien bestand. Hilfsweise, wenn noch nicht drei Wirtschaftsjahre vergangen sind, ist auf die Immobilienquote zum Ende der bereits vollendeten Wirtschaftsjahre anzustellen, wenn noch keines vollendet ist, sind die Verhältnisse im Zeitpunkt der Veräußerung maßgeblich. Veräußert der deutsche Gesellschafter im Grundfall Aktien an einer französischen SIIC im Sinne des Art. 208 C CGI, ergibt sich seine Steuerpflicht aus Art. 164 B I. e ter) 1° CGI, der Sondervorschrift für Aktien an SIIC. Danach sind Gewinne aus der Veräußerung von Aktien an einer französischen SIIC steuerpflichtig, wenn das Aktivvermögen der Gesellschaft im Zeitpunkt der Veräußerung mehrheitlich aus in Frankreich belegenen Immobilien oder Rechten an diesen Immobilien besteht.[300] Veräußert der deutsche Gesellschafter im Grundfall eine Beteiligung an einer rein Immobilien verwaltenden transparenten französischen Kapitalgesellschaft in Form einer société de copropriété im

299 BOI-RPPM-PVBMI-10-10-10 Rn. 150, ausgenommen sind die in Art. 164 B I e bis) 3° CGI genannten Gewinne, insbesondere aus der Veräußerung von Anteilen an einer société de copropriéte.

300 Nach Art. 164 B I. 1e ter) 2° CGI sind unter denselben Voraussetzungen auch Aktien an einer französischen SPPICAV steuerpflichtig, einer weiteren französischen Immobilien-Aktiengesellschaft (als „private REIT“ im Unterschied zur SIIC nicht börsennotiert).

Sinne des Art. 1655 ter CGI, ergibt sich die Steuerpflicht aus Art. 164 B I. e bis) 3° CGI, dies ergibt sich aus der dortigen Bezugnahme auf Art. 150 UB CGI, die bei unbeschränkt Steuerpflichtigen in Frankreich die Besteuerung privater Veräußerungsgewinne aus Beteiligungen an Immobiliengesellschaften regelt[301], sowie aus der Bezugnahme auf Art 8 ff. CGI.[302] Art. 164 B I. e bis) 3° CGI stellt ebenfalls auf die Immobilienquote im Veräußerungszeitpunkt ab. Die Gewinne aus der Veräußerung der Beteiligung an der französischen Gesellschaft sind somit in Frankreich steuerpflichtig.

Bei Veräußerung der Anteile an der deutschen Kapitalgesellschaft sowie der drittstaatlichen Kapitalgesellschaft gelten größtenteils dieselben Tatbestände. Es ist zu unterscheiden, ob es sich um eine börsennotierte Kapitalgesellschaft handelt, um eine mit einer SIIC vergleichbare Kapitalgesellschaft oder eine sonstige (nicht börsennotierte) Kapitalgesellschaft. Die Veräußerung von Anteilen an einer nicht-börsennotierten Kapitalgesellschaft führt im Grundfall zu inländischen Einkünften nach Art. 164 B I. e ter) 5° CGI, derselben Norm wie soeben bei Veräußerung der Anteile an einer entsprechenden Kapitalgesellschaft mit Sitz in Frankreich. Veräußert der deutsche Gesellschafter im Grundfall Anteile an einer börsennotierten deutschen Kapitalgesellschaft (ohne G-REIT), ergeben sich für ihn inländische Einkünfte in Frankreich aus Art. 164 B I. e ter) 4° CGI, entsprechend der Veräußerung der Anteile an einer börsennotierten Kapitalgesellschaft mit Sitz in Frankreich. Bei Veräußerung von Aktien an einem G-REIT besteht eine besondere Vorschrift in Art. 164 B I. e ter) 3° CGI, vergleichbar mit der für SIIC geltenden Vorschrift in Art. 164 B I. e ter) 1° CGI. Erfasst sind danach börsennotierte Gesellschaften mit Sitz im Ausland, deren Besteuerungsregime mit dem einer SIIC vergleichbar ist.[303] Zusammenfassend erzielt der deutsche Gesellschafter somit im Grundfall jeweils auch französische Einkünfte aus der Veräußerung der Beteiligungen an der deutschen und drittstaatlichen Kapitalgesellschaft.

Der Veräußerungsgewinn ist wie bei unbeschränkt Steuerpflichtigen nach Art. 150 V ff. CGI zu ermitteln, es ist der Veräußerungspreis abzüglich der

301 S. Teil 1 A. II. 2.; auf Anteile an körperschaftsteuerpflichtigen Gesellschaften findet Art. 150 UB CGI bei einem rein französischen innerstaatlichen Sachverhalt keine Anwendung, BOI-RFPI-SPI-10-20 Rn. 140.

302 Hierunter fallen neben sociétés de copropriété auch Personengesellschaften mit Sitz in Frankreich, BOI-RFPI-SPI-10-20 Rn. 1, zu Veräußerungen von Personengesellschaftsbeteiligungen s. Teil 1 C III. 2. a).

303 Eine beispielhafte Auszählung solcher Gesellschaften enthält die französische Verwaltungsanweisung BOI-RFPI-PVINR-10-20 Rn. 140.

Anschaffungskosten sowie der Erwerbsnebenkosten anzusetzen. Während auf Gewinne aus der Veräußerung von Immobilien einige Verschonungen Anwendung finden, ist auf die Veräußerung von Beteiligungen an Immobiliengesellschaften durch beschränkt steuerpflichtige natürliche Personen nur die Verschonung anhand der Besitzzeit (abattement pour durée de détention) nach Art. 150 VC CGI anwendbar.[304] Die Verschonung beläuft sich auf 6 % des Veräußerungsgewinns jährlich ab dem 6. Jahr Besitzzeit, sowie 4 % im 22. Jahr. Die Veräußerung ist somit erst im 23. Jahr steuerfrei. Die Besitzzeit bemisst sich ab dem Zeitpunkt des Erwerbs der Beteiligung bis zur Veräußerung.[305]

2) Anwendung des Art. 244 bis A CGI

Die nach Art. 164 B I. e bis) und e ter) CGI ermittelten inländischen Einkünfte aus der Veräußerung der Beteiligungen unterliegen gem. Art. 244 bis A CGI einem Steuerabzug zulasten des deutschen Gesellschafters.[306] Der Steuerabzug beträgt gem. Art. 244 bis A I., III. bis CGI für natürliche Personen sowie für in der EU oder dem EWR ansässige juristische Personen 19 %.[307] Er hat Abgeltungswirkung für die Einkommensteuer (Art. 244 bis A V CGI).[308] Grundsätzlich muss zur Entrichtung der Steuer in Frankreich ein Vertreter bestellt werden, Steuerpflichtige mit Wohnsitz oder Sitz in der EU oder im EWR sind hierzu aber nicht verpflichtet. Die Steuer wird nach Art. 244 bis A IV CGI bei notarieller Beurkundung in Frankreich (enregistrement de l'acte) fällig mit der Transaktion, sodass zu diesem Zeitpunkt auch unter Mitwirkung des Notars die Steuer

---

304 *Editions Francis Lefèbvre (Hrsg.)*, Memento Fiscal 2017, Rn. 32650; RBOI-RFPI-PVINR-10-20 Rn. 210.

305 BOI-RFPI-PVI-20-20 Rn. 30 f.

306 Nach Art. 244 bis A I Nr. 2 CGI gilt der Steuerabzug nicht nur für Veräußerungen durch natürliche Personen, sondern auch bei Veräußerungen durch juristische Personen oder sonstige Einrichtungen mit Sitz außerhalb Frankreichs, sowie für Gesellschaften im Sinne der Art. 8-8ter CGI mit Sitz in Frankreich in Bezug auf den auf einen ausländischen Gesellschafter entfallenden Anteil am Veräußerungsgewinn, sowie für FPI in Bezug auf den ausländischen Anteilsinhaber enfallenden Anteil am Veräußerungsgewinn.

307 Für sonstige außerhalb der EU und des EWR ansässige juristische Personen beträgt der Steuerabzug 33 1/3 % (*Editions Francis Lefèbvre (Hrsg.)*, Memento Fiscal 2017, Rn. 32675.

308 Nicht jedoch für die Körperschaftsteuer, auf diese wird die erhobene Steuer angerechnet.

abgeführt wird.[309] In anderen Fällen ist die Steuer innerhalb eines Monats nach der Übertragung zu entrichten.[310]

Der Steuerabzug des Art. 244 bis A CGI ist auf die inländischen Einkünfte nach Art. 164 B I. e bis) und e ter) CGI des deutschen Gesellschafters grundsätzlich vorzunehmen. Allerdings besteht eine Zusatzvoraussetzung für die Anwendbarkeit des Art. 244 bis A CGI auf Veräußerungsgewinne aus Aktien an börsennotierten Kapitalgesellschaften. Gem. Art. 244 bis A I. 3. c), d), f) und g) CGI ist eine Mindestbeteiligung des deutschen Gesellschafters von unmittelbar oder mittelbar mindestens zehn Prozent der Aktien erforderlich bei der Veräußerung von Aktien an börsennotierten Gesellschaften im In- oder Ausland einschließlich der Aktien an einer SIIC sowie der mit einer SIIC vergleichbaren ausländischen Gesellschaften wie dem G-REIT[311].[312] Bei Ermittlung der Mindestbeteiligung ist auf die Höhe der nominellen Beteiligung und die Höhe der Stimmrechte abzustellen.[313] Handelt es sich im Grundfall bei der deutschen Kapitalgesellschaft um einen G-REIT, so ist in diesem Zusammenhang zu berücksichtigen, dass § 11 Abs. 4 REITG Beteiligungen an einem G-REIT von 10 % oder mehr als unzulässig erklärt. Die Anwendung des Art. 244 bis A CGI ist damit in diesem Fall praktisch ausgeschlossen. Bei einer Beteiligung unterhalb der Mindestgrenzen im Grundfall ist der Steuerabzug somit auf die entsprechenden Aktien nicht anwendbar. Gleichzeitig handelt es sich bei den Veräußerungsgewinnen dennoch um inländische Einkünfte nach Art. 164 B I. e ter) 1°, 3° oder 4° CGI, denn die Mindestbeteiligungsschwelle besteht allein für Zwecke des Steuerabzugs nach Art. 244 bis A CGI, nicht aber bei der Frage, ob inländische Einkünfte vorliegen. Nach Ansicht von *Gouthière* bewirkt die eingangs angesprochene Steuerbefreiung des Art. 244 bis C CGI hier eine Sperrwirkung, sodass die inländischen Einkünfte nicht besteuert werden können.[314] Durch Art. 244 bis C CGI sind die Einkünfte aus privaten Veräußerungsgeschäften aus Wertpapieren und Gesellschaftsbeteiligungen im Sinne des Art. 150-0 A CGI grundsätzlich steuerfrei gestellt, soweit auf die Einkünfte nicht ein Steuerabzug nach Art. 244 bis A CGI oder Art. 244 bis B CGI Anwendung findet.[315]

---

309 *Editions Francis Lefèbvre (Hrsg.)*, Memento Fiscal 2017, Rn. 32000.

310 BOI-RFPI-PVINR-30-10 Rn. 10.

311 BOI-RFPI-PVINR-10-20 Rn. 50.

312 Dies gilt gem. Art. 244 bis A I Nr. 3 d) CGI auch für Aktien an einer SPPICAV.

313 BOI-RFPI-PVINR-10-20 Rn. 150, 170.

314 *Gouthière*, Les impôts dans les affaires internationales, Rn. 67570, auch die französische Finanzverwaltung geht offenbar von dieser Sperrwirkung aus.

315 Zu Art. 150-0 A CGI s.Teil 1 A. II. 2.

Art. 244 bis A CGI ist ggf. wegen einer zu geringen Beteiligungshöhe wie soeben dargelegt nicht anwendbar. Der Steuerabzug des Art. 244 bis B CGI ist ebenfalls nicht anwendbar. Er greift ein bei inländischen Einkünften im Sinne des Art. 164 B I. f) CGI. Letztere Vorschrift erfasst nur die Einkünfte aus privaten Veräußerungsgeschäften im Sinne des Art. 150-0 A CGI, d.h. aus der Veräußerung von Aktien und Gesellschaftsanteilen, wenn die Gesellschaft, deren Anteile veräußert werden, ihren Sitz in Frankreich hat und dort der Körperschaftsteuer unterliegt.[316] Art. 244 bis B CGI setzt aber weiter voraus, dass der Veräußerer zu irgendeinem Zeitpunkt innerhalb der letzten fünf Jahre vor der Veräußerung unmittelbar oder mittelbar, allein oder gemeinsam mit nahen Angehörigen, 25 % der Anteile an der Gesellschaft gehalten hat.[317] Der Steuerabzug kommt damit (in der Regel) gerade nicht zur Geltung bei Veräußerung von Beteiligungen unterhalb der Mindestbeteiligung von 10 %.[318] Die Gewinne sind somit in Frankreich zwar als inländische Einkünfte steuerpflichtig, werden aber tatsächlich nicht besteuert, sondern, mangels Anwendbarkeit der Art. 244 bis A und B CGI, steuerfrei nach Art. 244 bis C CGI. Dies gilt jedenfalls, wenn wie hier eine natürliche beschränkt steuerpflichtige Person die Einkünfte erzielt, da der Steuerabzug in diesem Fall Abgeltungswirkung hat.[319]

---

316 Art. 164 B I. f) CGI ist damit vergleichbar mit § 49 Abs. 1 Nr. 2 e) aa) EStG.

317 *Editions Francis Lefèbvre (Hrsg.)*, Memento Fiscal 2017, Rn. 32945; *Gouthière*, Les impôts dans les affaires internationales, Rn. 65880; *Schultze*, IWB 2010, 631 (640).

318 Der Steuerabzug des Art. 244 bis B CGI gilt für Veräußerungen durch im Ausland ansässige natürliche und juristische Personen. Er beträgt 45 % des Bruttobetrags des Kapitalertrags und hat Abgeltungswirkung für die Einkommensteuer. Auf die Veräußerungsgewinne wird abhängig von der vor Veräußerung bestehenden Besitzzeit eine Verschonung gewährt (abattement pour durée de détention) nach Art. 150-0 D Nr. 1 ter CGI. Diese gilt auch für beschränkt Steuerpflichtige (BOI-RPPM-PVBMI-20-20-10 Rn. 10); steuerfrei sind danach 50% der Gewinne bei Veräußerung einer Beteiligung, die der Veräußerer länger als zwei Jahr und weniger als 8 Jahre vor Veräußerung gehalten hat, und 65 % bei einer länger als acht Jahre gehaltenen Beteiligung. Verluste, die im Rahmen der Veräußerung von Anteilen erzielt werden, sind nur mit Gewinnen derselben Einkunftsart verrechenbar, Art. 150-0 D CGI, im Jahr der Veräußerung selbst sowie in den darauffolgenden zehn Jahren (Art. 150-0 D I Nr. 11 CGI). Zuschläge zur Einkommensteuer werden auf den Veräußerungsgewinn nicht mehr erhoben, *Gouthière*, Les impôts dans les affaires internationales, Rn. 65880.

319 Bei juristischen Personen hat der Steuerabzug keine Abgeltungswirkung, hier erfolgt eine Veranlagung, im Rahmen derer die Einkünfte anzugeben sind.

b) *Zuschläge zur Einkommensteuer*

Auf die Gewinne, die dem Steuerabzug nach Art. 244 bis A CGI unterliegen, werden seit 2012 bestimmte Zuschläge zur Einkommensteuer erhoben.[320] Es handelt sich bei den Zuschlägen um Beiträge zur Finanzierung der Sozialversicherung, die durch französische Gerichte aber als sonstige Steuern eingeordnet werden.[321] Die Zuschläge belaufen sich auf insgesamt 15,5 % des Veräußerungsgewinns. Davon entfallen 8,2 % auf die contribution sociale généralisée (CSG), 0,5 % auf die contribution pour le remboursement de la dette sociale (CRDS), weitere 4,5 % auf den prélèvement social, 0,3 % auf die contribution additionnelle und 2 % auf den prélèvement de solidarité.[322] Die europarechtliche Zulässigkeit der Zuschläge war bereits Gegenstand einer Entscheidung des Europäischen Gerichtshofes (im Folgenden: EuGH) im Jahr 2015.[323] Der EuGH entschied, dass die Beiträge angesichts ihres Zwecks in den Geltungsbereich der Verordnung (EWG) Nr. 1408/71 fallen, was zur Folge hat, dass die Zuschläge nicht mehr zulasten derjenigen Steuerpflichtigen erhoben werden dürfen, die dem Sozialversicherungssystem eines anderen Staates in der EU, dem EWR oder der Schweiz unterliegen.[324] Es wurde empfohlen, sich zu Unrecht entrichtete Beiträge erstatten zu lassen.[325] Zum 1.1.2016 hat Frankreich allerdings den Finanzierungsgegenstand der Zuschläge geändert, sodass die oben genannte Rechtsprechung nicht mehr zur Begründung einer Erstattung herangezogen werden kann.[326] Die Zuschläge werden somit weiter erhoben. Sie können durch beschränkt Steuerpflichtige nicht abgezogen werden, sodass hier eine Abgeltungswirkung besteht.[327]

Auch auf die Zuschläge zur Einkommensteuer wird eine Verschonung bei längerer Vorbesitzzeit gewährt, die sich jedoch anders berechnet als diejenige, die auf die einkommensteuerlichen Veräußerungsgewinne gewährt wird.[328] Ab

---

320 *Editions Francis Lefèbvre (Hrsg.)*, Memento Fiscal 2017, Rn. 34610.

321 *Schultze*, IStR-LB 2015, 30 (30).

322 *Editions Francis Lefèbvre (Hrsg.)*, Memento Fiscal 2017, Rn. 34515.

323 EuGH, Urteil v. 26.2.2015, Rs. C-623/13 „de Ruyter", abrufbar unter http://eur-lex.europa.eu.

324 *Rubechi*, IStR-LB 2015, 52.

325 Z.B. Hinweise in *Schultze*, IStR-LB 2015, 30 (31); *Rubechi*, IStR-LB 2015, 52.

326 *Mallaret/Schultze*, IStR-LB 2016, 104 (105); *Editions Francis Lefèbvre (Hrsg.)*, Memento Fiscal 2017, Rn. 34440.

327 In Frankreich unbeschränkt einkommensteuerpflichtige Personen können die CSG in Höhe von 5,1 % teilweise abziehen, beschränkt Steuerpflichtige jedoch nicht, *Editions Francis Lefèbvre (Hrsg.)*, Memento Fiscal 2017, Rn. 34525.

328 Teil 1 B. III. 2. a) 1).

dem 6. Jahr Besitzzeit beträgt der Abschlag 1,65 %, sowie 1,6 % für das vollendete 22. Jahr der Haltedauer, und 9 % für jedes weitere Jahr, eine vollständige Befreiung tritt für Zwecke der Zuschläge erst nach 30 Jahren Besitzzeit ein.[329]

c) *Zusätzliche Steuer nach Art. 1609 nonies G CGI*

Beschränkt einkommensteuerpflichtige Personen müssen auf die dem Steuerabzug unterliegenden Gewinne im Sinne des Art. 244 bis A CGI nach Art. 1609 nonies G CGI seit 2013 eine weitere zusätzliche Steuer entrichten. Die Steuer wird nur auf Veräußerungsgewinne über EUR 50.000 erhoben. Der Veräußerungsgewinn wird für Zwecke dieser Steuer unter Berücksichtigung der Verschonung wegen Vorbesitzzeit (für Einkommensteuerzwecke) ermittelt.[330] Der Steuersatz ergibt sich aus der Tabelle in Art. 1609 nonies G CGI anhand der Höhe des zu versteuernden Veräußerungsgewinns. Er beträgt zwischen einem und maximal sechs Prozent bei Gewinnen über 260.000 Euro.[331]

d) *Ergebnis*

Im Grundfall liegen bei Veräußerung der Beteiligungen an der deutschen, französischen und im Drittstaat ansässigen Kapitalgesellschaft durch den deutschen Gesellschafter französische inländische Einkünfte vor (Art. 164 B I. e bis) und e ter) CGI), die zu einer beschränkten Steuerpflicht in Frankreich führen. Bei den Kapitalgesellschaften mit Sitz in Deutschland und dem Drittstaat bildet deren französisches Immobilienvermögen das einzige Anknüpfungskriterium für die Begründung der beschränkten Steuerpflicht in Frankreich. Bei einer französischen Kapitalgesellschaft, deren Anteile veräußert werden, wird jedoch ebenso an die französischen Immobilien angeknüpft, die die Gesellschaft verwaltet, während nur nachrangig auch an den aus französischer Sicht inländischen Sitz der Kapitalgesellschaft angeknüpft wird.

Auf die inländischen französischen Einkünfte im Sinne des Art. 164 B I. e bis) und e ter) CGI wird ein Steuerabzug in Höhe von 19 % der Gewinne gem. Art. 244 bis A CGI erhoben. Hinzu treten Zuschläge zur Einkommensteuer in Höhe von 15,5 % des Veräußerungsgewinns. Weiter wird nach Art. 1609 nonies G CGI eine zusätzliche Steuer von bis zu sechs Prozent auf Einkünfte im Sinne des Art. 244 bis A CGI erhoben, wenn diese mehr als 50.000 Euro

---

329 BOI-RFPI-PVI-20-20 Rn. 70.

330 BOI-RFPI-TPVIE-20 Rn. 20.

331 BOI-RFPI-TPVIE-20 Rn. 70; *Editions Francis Lefèbvre (Hrsg.)*, Memento Fiscal 2017, Rn. 32710 ff.

betragen. Handelt es sich bei den Kapitalgesellschaften jeweils um börsennotierte Gesellschaften (einschließlich einer französischen SIIC oder einer ausländischen mit einer SIIC vergleichbaren Gesellschaft, z.B. einem G-REIT), so unterliegen die inländischen französischen Einkünfte aus der Veräußerung dem Steuerabzug nur, wenn der deutsche Gesellschafter zu mindestens 10 % an der Gesellschaft beteiligt ist. Gewinne aus der Veräußerung solcher Aktien unterhalb dieser Beteiligungsschwelle durch Privatpersonen werden in Frankreich nicht besteuert.

Die Einkünfte unterliegen auch in Deutschland der Besteuerung aufgrund der dortigen unbeschränkten Einkommensteuerpflicht des deutschen Gesellschafters, sodass eine Doppelbesteuerung entsteht.

3. *Anwendung des DBA*

a) *Persönliche und sachliche Abkommensberechtigung*

Eine persönliche Abkommensberechtigung des deutschen Gesellschafters besteht, da dieser eine im deutschen Vertragsstaat ansässige natürliche Person ist, die von deutsch-französischer Doppelbesteuerung bedroht ist (Art. 1 Abs. 1, 2 Abs. 1 Nr. 3a und 4a DBA Deutschland-Frankreich). Zudem ist zu ermitteln, ob das DBA Deutschland-Frankreich sachlich anwendbar ist. Der sachliche Anwendungsbereich des DBA Deutschland-Frankreich umfasst die Einkommensteuer und damit auch den Steuerabzug nach Art. 244 bis A CGI. Auch die CRSG und die weiteren Zuschläge zur Einkommensteuer sind vom sachlichen Anwendungsbereich des DBA Deutschland-Frankreich erfasst.[332] Hieran sollte auch die Änderung des Finanzierungsgegenstandes der Zuschläge nichts geändert haben.[333] Das DBA ist auch sachlich anwendbar auf die neu eingeführte Steuer gem. Art. 1609 nonies G CGI.[334] Es handelt sich um eine nachträglich eingeführte Steuer im Sinne des Art. 1 Abs. 4 DBA Deutschland-Frankreich. Systematisch befindet sich Art. 1609 nonies G CGI im zweiten Teil des ersten Buches bei den Steuern zugunsten lokaler Gebietskörperschaften (Deuxième Partie: Impositions perçus au profit des collectivités locales et de divers organismes). Für die Anwendung des Abkommens kommt es jedoch nicht darauf an, ob die jeweilige Steuer zugunsten des Vertragsstaates oder einer anderen

332 Teil 1 B. II. 3. a).
333 Teil 1 B. III. 2. b).
334 Teil 1 B. III. 2. c).

Gebietskörperschaft erhoben wird (Art. 1 Abs. 2 DBA Deutschland-Frankreich).[335] Der deutsche Gesellschafter ist somit persönlich und sachlich abkommensberechtigt.

b) Rechtslage vor Inkrafttreten des Zusatzabkommens 2015

Gewinne aus der Veräußerung der Beteiligung an einer Kapitalgesellschaft konnten nach Art. 7 Abs. 1 DBA Deutschland-Frankreich a. F. vor Inkrafttreten des Zusatzabkommens 2015 nur im Ansässigkeitsstaat des Veräußerers besteuert werden. Erfasst waren nach dem Wortlaut des Art. 7 Abs. 1 DBA Deutschland-Frankreich Beteiligungen an „Kapitalgesellschaften". Dies umfasste die Gesellschaften im Sinne des § 1 Abs. 1 Nr. 1 KStG, wie z.B. die deutsche GmbH und AG sowie auf französischer Seite SARL, SA und SAS und SICAV.[336] Die Ansässigkeit der Gesellschaft in einem Vertragsstaat war nicht erforderlich.[337] Der Gewinn aus der Veräußerung der Beteiligung konnte unabhängig vom Sitzort und der Tätigkeit der Gesellschaft sowie der Zusammensetzung ihres Gesellschaftsvermögens ausschließlich im Ansässigkeitsstaat des Veräußerers besteuert werden. Dadurch wurde die Doppelbesteuerung beseitigt. An den Gewinnen aus der Veräußerung einer Beteiligung an einer société de copropriété im Sinne des Art. 1655 ter CGI in der Rechtsform einer Kapitalgesellschaft hatte aus deutscher Sicht ebenfalls nach Art. 7 Abs. 1 DBA Deutschland-Frankreich der Ansässigkeitsstaat des Veräußerers das ausschließliche Besteuerungsrecht.[338] Frankreich hingegen, das die Beteiligung unabhängig von der Rechtsform der Gesellschaft als unbewegliches Vermögen im Sinne des DBA wertet, soweit ein DBA keine Sondervorschrift zu Gewinnen aus der Veräußerung einer Beteiligung an solchen Gesellschaften enthält[339], nahm seinerseits ein Besteuerungsrecht nach Art. 3 Abs. 4 S. 2 DBA

---

335 *Kramer*, in: Wassermeyer, DBA (Frankreich), Art. 1 Rn. 43.

336 *Kramer*, in: Wassermeyer, DBA (Frankreich), Stand: 136. EL, Art. 7 Rn. 8.

337 Die Beteiligung an einer SARL oder EURL, deren Gesellschafter der Einkommensteuer unterliegen (z.B. wegen Option), unterlagen damit Art. 7 Abs. 1 DBA Deutschland-Frankreich a. F.; nicht erfasst waren hingegen Beteiligungen an Personengesellschaften, auch nicht, wenn diese in Frankreich zur Körperschaftsteuer optiert hatten, *Kramer*, in: Wassermeyer, DBA (Frankreich), Stand: 136. EL, Art. 7 Rn. 8 f.

338 *Kramer*, in: Wassermeyer, DBA (Frankreich), Stand: 136. EL, Art. 7 Rn. 10; *Kessler/Sinz/Achilles-Pujol*, DBA-Kommentar Deutschland/Frankreich, S. 72 f; *Wassermeyer*, in: Wassermeyer, DBA (OECD-MA), Art. 13 Rn. 23.

339 *Gouthière*, Les impôts dans les affaires internationales, Rn. 67845, 67860: nicht im DBA Deutschland-Frankreich.

Deutschland-Frankreich a.F. an.[340] Danach konnten Gewinne aus der Veräußerung von unbeweglichem Vermögen im Belegenheitsstaat des unbeweglichen Vermögens, also Frankreich, besteuert werden. Im Ergebnis kam es dadurch zu einer nicht ausgleichbaren Doppelbesteuerung. Hier war bisher ggf. ein Verständigungsverfahren notwendig.

c) Neueinführung des Art. 7 Abs. 4 DBA Deutschland-Frankreich

1) Veräußerung

Mit dem Zusatzabkommen vom 31.3.2015 wurde der bisherige Art. 7 aufgehoben und durch einen neuen Artikel 7 ersetzt, der die Gewinne aus der Veräußerung von Vermögen zusammenfasst. Hierbei wurde Art. 7 Abs. 4 DBA Deutschland-Frankreich in das Abkommen eingefügt. Danach können Gewinne, die eine in einem Vertragsstaat ansässige Person aus der Veräußerung von Aktien und vergleichbaren Anteilen bezieht, deren Wert zu mehr als 50 % unmittelbar oder mittelbar auf unbeweglichem Vermögen beruht, das im anderen Vertragsstaat liegt, auch im anderen Staat (Belegenheitsstaat) besteuert werden. Im Grundfall liegt eine Beteiligungsveräußerung vor. Der weit auszulegende abkommensrechtliche Veräußerungsbegriff[341] umfasst neben entgeltlichen Veräußerungen z.B. auch Tausch, Enteignung, Einbringung in eine Gesellschaft, unentgeltliche Übertragung und Übergang von Todes wegen.[342] Weiter erfasst er auch Entnahmen, Betriebsaufgaben und Entstrickungen.[343]

2) Betroffene Anteile

Nach dem Wortlaut des Art. 7 Abs. 4 DBA Deutschland-Frankreich ist die Veräußerung von „Aktien oder vergleichbaren Anteilen" erfasst. Die Begriffe sind im Abkommen nicht definiert. Ihre Bedeutung ermittelt sich unter Rückgriff auf das nationale Recht des Anwendestaates (Art. 2 Abs. 2 DBA Deutschland-Frankreich). Unter Zugrundelegung des Begriffs „Aktien" sind vergleichbare

---

340 Durch das Zusatzabkommen 2015 befindet sich diese Regelung nun in Art. 7 Abs. 1 DBA Deutschland-Frankreich.

341 *Wassermeyer*, in: Wassermeyer, DBA (OECD-MA), Art. 13 Rn. 27 f.

342 *Kessler/Sinz/Achilles-Pujol*, DBA-Kommentar Deutschland-Frankreich, S. 70; *Wassermeyer*, in: Wassermeyer DBA (OECD-MA), Art. 13 MK 5.

343 *Kramer*, in: Wassermeyer, DBA (Frankreich), Stand: 136. EL, Art. 7 Rn. 11, zu Entstrickungsfällen im Rahmen des bisherigen Art. 7 Abs. 1 DBA Deutschland-Frankreich a.F.: *Kessler/Sinz/Achilles-Pujol*, DBA-Kommentar Deutschland/Frankreich, S. 73.

Anteile nur solche an Gesellschaften, die mit Aktiengesellschaften vergleichbar sind, oder deren Beteiligungsrechte mit denen an einer Aktie vergleichbar sind, also einem Mitgliedsrecht. Aus Sicht Deutschlands ist damit eine Beteiligung an einer Kapitalgesellschaft naheliegend, bei der eine Beteiligung ein Mitgliedschaftsrecht vermittelt und eine Trennung zwischen dem Vermögen der Gesellschaft und dem Vermögen des Gesellschafters besteht. Diese Auslegung entspricht auch systematisch der in Deutschland üblichen Einordnung von Gewinnen aus der Veräußerung von Anteilen an Kapitalgesellschaften zu einem einzelnen Abkommensartikel anstatt der Einordnung (je nach veräußertem Vermögen) in verschiedene Abkommensartikel, was einer Transparenzbetrachtung entsprechen würde. Im DBA Deutschland-Frankreich bestand zuvor mit Art. 7 Abs. 1 eine Spezialvorschrift für Anteilsveräußerungen. In anderen DBA unterfallen solche Anteilsveräußerungen oft der Auffangvorschrift für die Veräußerung von „sonstigem Vermögen" entsprechend Art. 13 Abs. 5 OECD-MA. Eine solche Regelung enthält nunmehr auch Art. 7 Abs. 5 DBA Deutschland-Frankreich. Als lex specialis zu Art. 13 Abs. 5 OECD-MA dient die Immobilienklausel des Art. 13 Abs. 4 OECD-MA.[344] Diese letztere Vorschrift ist Vorbildregelung für den neu eingeführten Art. 7 Abs. 4 DBA Deutschland-Frankreich, der auch als Spezialregelung gegenüber Art. 7 Abs. 5 DBA Deutschland-Frankreich fungiert. Da Art. 7 Abs. 1 DBA Deutschland-Frankreich a.F. abgeschafft wurde, kann nunmehr die Auslegungssystematik zu Art. 13 Abs. 4 und 5 der Literatur herangezogen werden. Art. 13 Abs. 4 OECD-MA erfasst Gewinne aus der Veräußerung von „Anteilen" an einer Person im Sinne der einleitenden Bestimmung des DBA, d.h. juristische Personen im Sinne der Art. 3 Abs. 1 a) und b) des OECD-MA. Nicht erfasst sind hingegen Beteiligungen an Gesellschaften, die keine Gesellschaftsanteile ausgeben wie Personengesellschaften oder Treuhandvermögen.[345] Auch Art. 13 Abs. 4 der deutschen Verhandlungsgrundlage für Doppelbesteuerungsabkommen (DE-VG) erfasst Veräußerungen von „Gesellschaftsanteilen" und betrifft nur Anteile an Gesellschaften im Sinne des Art. 3 Abs. 1 Nr. 3 DE-VG, also ebenfalls an juristischen Personen oder Rechtsträgern, die für Zwecke der Besteuerung wie juristische Personen behandelt werden, nicht aber Personengesellschaften und Treuhandvermögen.[346] Art. 7 Abs. 4 DBA

---

344 *Rotter/Welz/Lammers*, Kommentar zur Verhandlungsgrundlage für DBA, S. 182.

345 *Gradel/Klaeren*, in: Strunk/Kaminski/Köhler, AStG/DBA, Art. 13 Rn. 39; *Kraft/Hohage*, IStR 2014, 605 (608).

346 *Rotter/Welz/Lammers*, Kommentar zur Verhandlungsgrundlage für DBA, S. 197 f.; *Wagner/Lievenbrück*, IStR 2012, 593 (597); zur Übertragung von Beteiligungen an Personengesellschaften Teil 1 C. III. 3.

Deutschland-Frankreich erfasst somit (aus Sicht Deutschlands) ebenfalls nur Anteile an Gesellschaften, die „juristische Personen" im Sinne des Art. 2 Abs. 1 Nr. 3 b) DBA Deutschland-Frankreich sind. Bei ausländischen Gesellschaften ist entsprechend zu ermitteln, ob es sich um eine mit einer inländischen juristischen Person vergleichbare Gesellschaft handelt.[347]

Eine Ansässigkeit der Gesellschaft in einem Vertragsstaat setzt Art. 7 Abs. 4 DBA Deutschland-Frankreich (wie Art. 7 Abs. 1 a.F.) nicht voraus. Beschränkungen auf bestimmte Beteiligungen sieht Art. 7 Abs. 4 DBA Deutschland-Frankreich ebenfalls nicht vor, während der Kommentar der OECD zum Musterabkommen mögliche Ausnahmen und Beschränkungen für bestimmte Anteile nennt, beispielsweise die Beschränkung auf Anteile an Gesellschaften, die nicht an einer Börse notiert sind[348] sowie eine Ausnahme für Anteile an REIT-AGs[349]. Demnach sind sowohl Anteile an börsennotierten Kapitalgesellschaften als auch an REIT-AGs ebenso wie die société de copropriété in der Rechtsform einer Kapitalgesellschaft ungeachtet der Höhe der jeweiligen Beteiligung grundsätzlich erfasst.

Die Gewinne aus den Beteiligungen an der deutschen, französischen und drittstaatlichen Kapitalgesellschaft im Grundfall können somit potenziell unter Art. 7 Abs. 4 DBA Deutschland-Frankreich fallen, wenn die weiteren Voraussetzungen gegeben sind. Diese Einordnung trifft grundsätzlich auch Frankreich[350], mit Ausnahme der Anteile an französischen transparenten Kapitalgesellschaften im Sinne des Art. 1655 ter CGI. Diese gelten aus französischer Sicht als unmittelbarer Anteil am unbeweglichen Vermögen im Sinne der DBA.[351] Frankreich behandelt diese Veräußerungsgewinne als solche aus unbeweglichem Vermögen nach Art. 7 Abs. 1 DBA Deutschland-Frankreich n.F. und gelangt zu einem eigenen Besteuerungsrecht.

---

347 *Wassermeyer*, in: Wassermeyer, DBA (Frankreich) Art. 13 Rn. 123 c.

348 Wassermeyer, DBA (OECD-MA), MK. 28.7.

349 Wassermeyer, DBA (OECD-MA), MK. 28.9 f.

350 Zu diskutieren ist, ob Frankreich darüber hinaus auch Personengesellschaftsbeteiligungen unter die Vorschrift subsumiert, hierzu Teil 1 C. III. 3. b).

351 *Gouthière*, Les impôts dans les affaires internationales, Rn. 67845; *Kramer*, in: Wassermeyer, DBA (Frankreich), Art. 7 Rn. 25.

3) Berechnung der Immobilienquote

(a) Unbewegliches Vermögen

Art. 7 Abs. 4 DBA Deutschland-Frankreich setzt voraus, dass der Wert der Gesellschaft zu mehr als 50 % unmittelbar oder mittelbar auf unbeweglichem Vermögen im anderen Vertragsstaat (nicht im Ansässigkeitsstaat) beruht. Dabei handelt es sich nicht zwingend um unbewegliches Vermögen im Sitzstaat der Gesellschaft, lediglich die Belegenheit des unbeweglichen Vermögens in einem Drittstaat schließt eine Anwendung des Art. 7 Abs. 4 aus.[352] Da im Grundfall das unbewegliche Vermögen in Frankreich (nicht im Ansässigkeitsstaat oder Drittstaat) belegen ist, ist es bei Ermittlung der Immobilienquote zu berücksichtigen. Unter Rückgriff auf Art. 3 Abs. 2 DBA Deutschland-Frankreich bestimmt sich der Begriff „unbewegliches Vermögen" nach den Gesetzen des Vertragsstaates, in dem das Vermögen belegen ist. Frankreich als Belegenheitsstaat behandelt die Vorschrift als Verweis sowohl auf sein Zivil- als auch Steuerrecht.[353] Unterschiede zwischen zivilrechtlichem und steuerrechtlichem Begriffsumfang sind gering. Im französischen Code Civil sind bewegliche und unbewegliche Gegenstände definiert in Artt. 517 ff. CC. Unbeweglichen Gegenständen „kraft Natur" (biens immeubles par nature) nach Artt. 518 ff. CC sind vor allem Erdboden und Gebäude. Als unbewegliches Vermögen im Abkommenssinn sind nur die „immeubles par nature" anzusehen; nicht hingegen das unbewegliche Vermögen kraft Bestimmung (immeubles par destination).[354] Jenes bezeichnet bewegliche Gegenstände, die durch Zweckwidmung oder dauerhaft körperliches Anbringen mit einem unbeweglichen Vermögensgegenstand verbunden sind (Artt. 522 ff. CC)[355], hierzu gehört das Zubehör zu land- und forstwirtschaftlichen Betrieben. Als zivilrechtlich unbeweglich gelten nach Art. 526 CC auch die sog. „biens immeubles par objet auxquels ils s'appliquent", wegen des unbeweglichen Gegenstands, auf den sie sich beziehen, gemeint sind der Nießbrauch an unbeweglichen Gegenständen (usufruit des choses immobilières), Grunddienstbarkeiten (servitudes) und auf Immobilien gerichtete Vindikationsansprüche.[356] Zu den zivilrechtlich beweglichen Sachen gehören im Gegenzug alle sonstigen

---

352 Zur vergleichbaren Vorschrift Art. 13 Abs. 4 OECD-MA: *Wassermeyer*, in: Wassermeyer, DBA (OECD-MA), Art. 13 Rn. 123 e; a.A. *Wagner/Lievenbrück*, IStR 2012, 593 (599).

353 *Gouthière*, Les impôts dans les affaires internationales, Rn. 66930.

354 *Gouthière*, Les impôts dans les affaires internationales, Rn. 66930.

355 *Hechler*, Die Besteuerung deutsch-französischer Erbfälle, Rn. 17.

356 *Kramer*, in: Wassermeyer, DBA (Frankreich), Art. 3 Rn. 13.

Gegenstände, die der Code Civil nicht nach obenstehenden Vorschriften als unbeweglich qualifiziert. Nach Art. 527 CC gehören zu den beweglichen Gegenständen z.B. Beteiligungen an Personen- und Kapitalgesellschaften.[357] So sind Beteiligungen z.B. an einer société civile weder zivilrechtlich noch steuerlich als unbewegliches Vermögen anzusehen.[358] Lediglich Beteiligungen an transparenten Gesellschaften im Sinne des Art. 1655 ter CGI gelten als unbewegliches Vermögen nach Abkommensrecht. Im Steuerrecht verweist Art. 29 CGI hinsichtlich der Einkünfte aus Vermietung und Verpachtung auf den Begriff Immobilien („immeuble"), definiert ihn jedoch nicht.[359] Nach Art. 150 U CGI sind die privaten Veräußerungsgewinne aus den dort genannten Immobilien („biens immeubles") steuerpflichtig. Erfasst sind darunter nach Ansicht der Verwaltung bebaute oder unbebaute Grundstücke (immeubles bâtis ou non bâtis) sowie die dinglichen Rechte an Immobilien (droits réels), wie z.B. Nießbrauch an Grundstücken (usufruit sur les choses immobilières), mit Nießbrauch belastetes Eigentum (nue-propriété), Grunddienstbarkeiten (servitudes), Überbaurecht (droit de surélévation), Anliegermiteigentum (mitoyenneté) und Erbpacht (bail emphythéotique).[360] Beteiligungen an Immobiliengesellschaften gehören nicht dazu. Nach Art. 150 UB sind die Vorschriften des Art. 150 U CGI zwar auf Veräußerungen von Immobiliengesellschaftsbeteiligungen anwendbar, was aber gerade keine Einordnung einer solchen Beteiligung als „bien immeuble" zur Folge hat. Eine abweichende Bewertung ergibt sich hieraus für die Anwendung des Art. 3 Abs. 2 DBA Deutschland-Frankreich nicht. Als unbewegliches Vermögen gelten weiter nach Art. 3 Abs. 3 DBA Deutschland-Frankreich insbesondere Rechte, auf die die bürgerlich-rechtlichen Vorschriften über Grundstücke Anwendung finden, Nutzungsrechte an unbeweglichem Vermögen und Rechte auf veränderliche oder feste Lizenzgebühren für die Ausbeutung von Mineralvorkommen, Quellen und anderen Bodenschätzen; Schiffe gelten nicht als unbewegliches Vermögen. Aus französischer Sicht gehört hierzu insbesondere der Nießbrauch an unbeweglichen Sachen (usufruit), der aber bereits zuvor unter Anwendung des französischen Rechts nach Art. 3 Abs. 2 DBA Deutschland-Frankreich als unbewegliches Vermögen qualifiziert wird.[361] Der Wert des Gesellschaftsvermögens muss gem. Art. 7 Abs. 4 S. 1 des DBA unmittelbar oder mittelbar auf

357 *Courbe/Latina*, Droit Civil-Les biens, S. 14 f.

358 *Gouthière*, Les impôts dans les affaires internationales, Rn. 67170.

359 *Kramer*, in: Wassermeyer, DBA (Frankreich), Art. 3 Rn. 10.

360 BOI-RFPI-PVI-10-20 Rn. 1 ff.

361 *Kramer*, in: Wassermeyer, DBA (Frankreich), Art. 3 Rn. 14.

dem unbeweglichen Vermögen beruhen. Beteiligungen, deren Wert ihrerseits unmittelbar oder mittelbar auf unbeweglichem Vermögen beruht, müssen kraft Abkommensrecht als unbewegliches Vermögen im Sinne der Quote berücksichtigt werden, was eine Umgehung des Art. 7 Abs. 4 DBA Deutschland-Frankreich durch Zwischenschaltung weiterer Gesellschaften verhindert. Nicht zu berücksichtigen ist nach Art. 7 Abs. 4 S. 2 DBA Deutschland-Frankreich unbewegliches Vermögen, das von einem Rechtsträger unmittelbar zur Ausübung seiner Geschäftstätigkeit (zum Beispiel bei einem Bergwerk oder Hotel) verwendet wird. Die Beispiele verweisen auf einen erforderlichen engen Bezug zur eigenen Geschäftstätigkeit sowie eine ausschließlich der eigenen Geschäftstätigkeit der Gesellschaft dienende Funktion.[362] Erfasst ist danach das einem Gewerbebetrieb dienende Vermögen, der als Gegenstand keine Immobilieninvestitionen betreibt:[363] das unbewegliche Vermögen muss zur dauerhaften Nutzung im Unternehmen verbleiben und der Kerntätigkeit des Unternehmens dienen, vergleichbar wäre dies mit notwendigem Betriebsvermögen in Form von Anlagevermögen im Sinne des § 247 Abs. 2 HGB. Die Ausnahme des betrieblich genutzten Vermögens ist auch auf jeder weiteren zwischengeschalteten Beteiligungsebene zu berücksichtigen, da Art. 7 Abs. 4 DBA Deutschland-Frankreich darauf abstellt, ob der (jeweilige) „Rechtsträger" das Vermögen zur Ausübung seiner Geschäftstätigkeit nutzt.

Die Kapitalgesellschaften im Grundfall halten französische Grundstücke und Gebäude und damit unbewegliches Vermögen im Sinne des Art. 3 Abs. 2 DBA Deutschland-Frankreich. Die Ausnahme für zur Ausübung einer Geschäftstätigkeit genutztes Vermögen ist im Grundfall nicht einschlägig. Damit sind im Grundfall alle französischen Immobilien der deutschen, französischen und drittstaatlichen Kapitalgesellschaft bei der Quotenermittlung zu berücksichtigen.

(b) Berechnungszeitpunkt

Im Abkommen ist nicht geregelt, zu welchem Zeitpunkt die Immobilienquote zu ermitteln ist. Sie bestimmt sich daher anhand der Verhältnisse am Veräußerungsstichtag. Die Stichtagsbetrachtung steht unter Missbrauchsgesichtspunkten in der Kritik, da die kurzfristige Änderung der Quote vor Veräußerung zu einer Änderung der Zuordnung des Besteuerungsrechts an den Einkünften aus der Veräußerung nach Abkommensrecht führen könnte. Vorgeschlagen wird

362 Deutschland und Frankreich folgen insoweit dem Vorschlag im Kommentar zum OECD-MA, Wassermeyer, DBA (OECD-MA), Art. 13 MK 28.7.

363 *Kramer*, in: Wassermeyer, DBA (Frankreich), Art. 7 Rn. 26.

eine Änderung dahin, dass die Immobilienquote innerhalb der letzten 365 Tage vor Veräußerung überschritten gewesen sein kann.[364] Im Kontext des DBA Deutschland-Frankreich ist zu beachten, dass nach französischem Steuerrecht bereits (in einigen Fällen) auf die Immobilienquote der letzten drei Abschlüsse vor Veräußerung abzustellen ist.[365] Frankreich legt damit nach nationalem Recht bereits einen strengeren Maßstab an. Eine solch retrospektive Betrachtungsweise ist jedoch, anders als z.B. im DBA Deutschland-USA zugunsten der USA[366], im Wortlaut des Art. 7 Abs. 4 DBA Deutschland-Frankreich nicht niedergelegt.

Läge anders als im Grundfall die Quote an französischen Immobilien einer der Kapitalgesellschaften zwar im Veräußerungszeitpunkt bei über 50 %, aber nicht seit mehr als drei Jahren, wie erforderlich nach dem inländischen französischen Tatbestand des Art. 164 B I. e bis) CGI, so dürfte Frankreich die Einkünfte aus der Veräußerung zwar nach Abkommensrecht besteuern, nach französischem Steuerrecht lägen aber keine inländischen Einkünfte vor.[367] In diesem Fall wäre zu prüfen, ob Frankreich ein Besteuerungsrecht aus Art. 7 Abs. 4 DBA Deutschland-Frankreich herleiten kann. DBA können angesichts ihrer höheren Position in der französischen Normenhierarchie nach französischem Recht nach Art. 4 bis 2° CGI, Art. 165 bis CGI[368] eine mittelbar steuerbegründende Wirkung entfalten, wenn Frankreich nach einem DBA ein Besteuerungsrecht zugeordnet ist und Frankreich dieses Besteuerungsrecht deswegen nicht wahrnimmt, weil nach nationalem Recht kein Besteuerungstatbestand besteht.[369] Art. 7 Abs. 4 DBA Deutschland-Frankreich ergibt eine weitere Konstellation, in der diese steuerbegründende Eigenschaft zur Geltung kommen könnte: Betroffen sind die Beteiligungen unterhalb von zehn Prozent an einer börsennotierten Gesellschaft mit

---

364 *OECD (Hrsg.)*, Preventing the Granting of Treaty Benefits in Inapropriate Circumstances, Action 6 – 2015, Final Report, OECD/G20 Base Erosion an Profit Shifting Project, S. 71 f., hiergegen *Fischer*, in: Wassermeyer, DBA (Festgabe zum 75. Geburtstag von Prof. Dr. Dr. h.c. Wassermeyer), S. 232 („OECD-Aktionismus"). Die Maßnahme ist nunmehr einbezogen in das am 7.6.2017 durch Deutschland und Frankreich sowie insgesamt 66 weitere Staaten unterzeichnete Multilaterale Instrument, der Vertragstext ist abrufbar unter http://www.oecd.org/tax/treaties/beps-mli-signatories-and-parties.pdf.

365 Teil 1 B. III. 2. a) 1).

366 *Plewka/Beck*, IStR 2007, 125 (130).

367 Vorbehaltlich der Einkünfte, bei denen wie nach Abkommensrecht nur die Verhältnisse am Stichtag maßgeblich sind, und der Besteuerung als wesentliche Beteiligungen im Sinne des Art. 244 bis B CGI, Teil 1 B. III. 2. a).

368 Oder, bei körperschaftsteuerpflichtigen Gesellschaften, nach Art. 209 I. CGI

369 Teil 1 A. I.

Sitz im Inland oder Ausland (einschließlich einer SIIC oder einer mit einer SIIC vergleichbaren Gesellschaft mit Sitz im Ausland), die im Fall ihrer Veräußerung weder den Steuerabzug nach Art. 244 bis A CGI oder Art. 244 bis B CGI auslösen.[370] Es stellt sich die Frage, ob Frankreich in diesen Fällen grundsätzlich aufgrund Art. 7 Abs. 4 DBA Deutschland-Frankreich einen Besteuerungsanspruch aus Art. 4 bis 2°/165 bis CGI herleiten kann. Diese Tatbestände generieren ein Besteuerungsrecht Frankreichs aufgrund der Zuordnung eines Besteuerungsrechts aus einem DBA an Frankreich, das sich aus einem Anwendungsbefehl durch das DBA herleitet.[371]

Gegen die steuerbegründende Wirkung des DBA entfaltet jedoch das nationale Recht in Form des Art. 244 bis C CGI nach Ansicht des Tribunal administratif (im Folgenden: TA) Montreuil vorliegend eine Sperrwirkung.[372] Der französische Gesetzgeber hat die Einkünfte aus bestimmten Veräußerungen durch Art. 244 bis C CGI steuerfrei gestellt, die Begründung einer Steuerpflicht durch das DBA würde dieser Entscheidung widersprechen. Die Begründung eines Besteuerungsrechts über diese Sperrwirkung hinweg ist mit der Wertung des TA Montreuil abzulehnen. Der französische Gesetzgeber hat das Stufensystem zur Besteuerung von Gewinnen aus der Veräußerung von Beteiligungen errichtet und sich in Art. 244 bis C CGI bewusst für eine Steuerbefreiung entschieden, soweit nicht Art. 244 bis A und Art. 244 bis B CGI eine Besteuerung ermöglichen. Die Wiedereinführung eines Besteuerungstatbestandes über ein DBA hebelt anderenfalls das französische System zur Besteuerung von Beteiligungen aus.

(c) Berechnungsgrößen und Bewertungsmaßstab

Der Wert der Anteile muss gemäß Art. 7 Abs. 4 DBA Deutschland-Frankreich „zu mehr als 50 vom Hundert auf unbeweglichem Vermögen beruhen". Die Ermittlung des auf den Anteil entfallenden Werts des unbeweglichen Vermögens bemisst sich nach dem Verhältnis des unbeweglichen Vermögens der Gesellschaft zum gesamten Gesellschaftsvermögen. Im Zähler ist das unbewegliche Vermögen der Gesellschaft anzusetzen, im Nenner ist das Gesellschaftsvermögen „ohne Berücksichtigung von Schuldkonten oder anderen Verbindlichkeiten der Gesellschaft (auch wenn sie durch Pfandrechte an dem betreffenden

370 Teil 1 B. III. 2. a) 2).

371 Teil 1 A. I.

372 TA Montreuil, Entscheidung v. 18.11.2011, Nr. 1005653, RJF 2012 Nr. 552 zum DBA zwischen Frankreich und China, zur Sperrwirkung nach nationalem Recht Teil 1 B. III. 2. a) 2).

Grundvermögen gesichert sind)“[373] anzusetzen. Maßgeblich ist also nur das Aktivvermögen.[374]

Das DBA trifft keine Aussage dazu, ob die Immobilien anhand der Buchwerte oder anhand der Verkehrswerte ins Verhältnis zum gesamten Aktivvermögen zu setzen sind. Auch das OECD-MA (2014) enthält hierzu keinen Hinweis. In der deutschen Literatur zum Musterabkommen sowie zu sonstigen deutschen DBA finden sich sowohl Befürworter des Buchwerts als auch des Verkehrswerts. Überwiegend wird in der Literatur das Ansetzen des Verkehrswerts befürwortet.[375] Einige Autoren halten die Zugrundelegung des Verkehrswerts für sinnvoll, allerdings auch für unpraktikabel, und schlagen daher den Ansatz zum Buchwert vor, es soll aber ein abweichender Wertansatz geltend gemacht werden können.[376] Nach Ansicht von *Reimer* soll es zunächst auf das Recht des Belegenheitsstaats ankommen, und soweit dieser keine Sondervorschrift vorsieht, auf die Buchwerte.[377] Nach Ansicht von *Plewka/Beck* soll der Teilwert nach § 10 des Bewertungsgesetzes (BewG) Anwendung finden, wenn es sich um Wirtschaftsgüter eines Unternehmens handelt.[378] Da die Ermittlung der Grundbesitzquote keinen tatsächlichen Bewertungstatbestand im deutschen Recht zum Vorbild hat, muss auch keine Wertung des Einkommensteuerrechts Anwendung finden.[379] Stattdessen ist im Wege der autonomen Auslegung im DBA Deutschland-Frankreich der Verkehrswert zugrunde zu legen. Mit dem Verkehrswert bildet die Verhältnisrechnung die tatsächlichen Wertverhältnisse ab. Bei Ansatz des Buchwerts werden Immobilien hingegen tendenziell zu niedrig bewertet, da stille Reserven nicht auszuweisen sind. Der Verkehrswertansatz allein entspricht dem Zweck des Art. 7 Abs. 4 DBA Deutschland-Frankreich, dem Belegenheitsstaat des unbeweglichen Vermögens die Gelegenheit zur Abschöpfung

373 Wassermeyer, DBA (OECD-MA), Art. 13 MK 28.4.

374 *Wagner/Lievenbrück*, IStR 2012, 593 (599); *Plewka/Beck*, IStR 2007, 125 (130); *Kessler/Arnold*, IWB 2014, 60 (65).

375 *Gradel/Klaeren*, in: Strunk/Kaminski/Köhler, AStG/DBA, Art. 13 Rn. 37; *Rotter/Welz/Lammers*, Kommentar zur Verhandlungsgrundlage für DBA, S. 199; *Wassermeyer*, in: DBA (OECD-MA), Art. 13 Rn. 123 d; *Chuchra/Dorn/Schwarz*, IWB 2016, 745 (747).

376 *Wagner/Lievenbrück*, IStR 2012, S. 599, zust. *Fischer*, in: Wassermeyer, DBA (Festgabe zum 75. Geburtstag von Prof. Dr. Dr. h.c. Wassermeyer), S. 232.

377 *Reimer*, in: Vogel/Lehner, DBA, Art. 13 Rn. 135.

378 *Plewka/Beck*, IStR 2007, 125 (130): für das DBA Deutschland-USA, dort insbesondere auch aufgrund des Prinzips der Gegenseitigkeit.

379 *Plewka/Beck*, IStR 2007, 125 (130).

der tatsächliche Wertsteigerung der Immobilien zu geben, die in enger räumlicher und wirtschaftlicher Verbindung zum Belegenheitsstaat entstanden ist. Nur der Verkehrswertansatz erfasst zudem die tatsächliche wertmäßige Zusammensetzung des Gesellschaftsvermögens, die sich konkret im Veräußerungsgewinn niederschlägt. Im Verhältnis zu Frankreich bietet der Verkehrswertansatz darüber hinaus den entscheidenden Vorteil, dass auch Frankreich den Verkehrswert ansetzt.[380] Dadurch können die beiden Vertragsstaaten die unterschiedliche Einordnung von Aktien und Anteilen in Art. 7 Abs. 4 DBA Deutschland-Frankreich vermeiden.[381]

4) Zwischenergebnis

Frankreich hat im Grundfall das Besteuerungsrecht an den Gewinnen aus der Veräußerung der Beteiligung an der deutschen, französischen und drittstaatlichen Gesellschaft nach Art. 7 Abs. 4 DBA Deutschland-Frankreich. Handelt es sich bei der französischen Gesellschaft um eine société de copropriété nach Art. 1655 ter CGI, behandelt Frankreich diese allerdings als unbewegliches Vermögen nach Art. 7 Abs. 1 DBA Deutschland-Frankreich, geht aber dadurch im Ergebnis auch von einem eigenen Besteuerungsrecht aus. Art. 7 Abs. 4 DBA Deutschland-Frankreich erfasst wie Art. 13 Abs. 4 OECD-MA den gesamten Gewinn aus der Veräußerung der Beteiligung, auch wenn Teile des Gesellschaftsvermögens nicht im Quellenstaat liegen.[382] Damit kann Frankreich die Veräußerungsgewinne besteuern. Es handelt sich dabei jedoch nicht um eine ausschließliche Zuordnung des Besteuerungsrechts, Deutschland als Ansässigkeitsstaat darf ebenfalls besteuern und rechnet die französische Steuer nach Art. 20 Abs. 1 c) DBA Deutschland-Frankreich an.

Die Anrechnung erfolgt nach Maßgabe des § 34c EStG, sofern keine Einkünfte im Sinne des § 20 EStG vorliegen (diese unterliegen einer eigenen

380 Der Verkehrswert („valeur vénale") ist nach nationalem Recht maßgeblich, s. hierzu Teil 1 B. III. 2. a) 1).

381 *Hahn*, in: Wassermeyer, DBA (Frankreich E), Art. 5 Rn. 78 spricht bei der vergleichbaren Vorschrift in Art. 5 Abs. 3 DBA Deutschland-Frankreich (E) von einer evident erforderlichen abkommensautonomen Auslegung, um eine unterschiedliche Qualifikation als Immobiliengesellschaft durch die beiden Vertragsstaaten zu verhindern, hierzu Teil 2 C. IV. 2.

382 *Fischer*, in: Wassermeyer, DBA (Festgabe zum 75. Geburtstag von Prof. Dr. Dr. h.c. Wassermeyer), S. 233; Wassermeyer, DBA (OECD-MA), Art. 13 MK 28.4; *Chuchra/Dorn/Schwarz*, IWB 2016, 745 (748).

Anrechnungsregel[383]). Nach § 34c Abs. 1 S. 1 EStG ist die festgesetzte und gezahlte und um einen entstandenen Ermäßigungsanspruch gekürzte ausländische Steuer auf die deutsche Einkommensteuer anzurechnen, die auf diese Einkünfte entfällt. Anrechenbar ist damit die ausländische Steuer nur bis zur Höhe der Steuer auf die ausländischen Einkünfte, die dem durchschnittlichen Steuersatz auf diese Einkünfte entspricht, der sich bei Ermittlung des Steuersatzes auf die deutschen Einkünfte mitsamt der ausländischen Einkünften ergibt (§ 34c Abs. 1 S. 2 EStG). Diese Berechnung erfolgt jedoch ohne die Einkünfte aus Kapitalvermögen, die einer eigenen Anrechnungsregel unterliegen[384] (§ 34c Abs. 1 S. 3 EStG).

d) Ergebnis

Nach früherer Abkommenslage hätte Frankreich im Grundfall die Gewinne aus der Veräußerung der Beteiligungen an der französischen, deutschen und drittstaatlichen Kapitalgesellschaft nicht besteuern können. Zur Besteuerung befugt war nach Art. 7 Abs. 1 DBA Deutschland-Frankreich a.F. nur der Ansässigkeitsstaat des Veräußerers. Im Grundfall läge nach dieser Rechtslage das ausschließliche Besteuerungsrecht bei Deutschland. Nach Art. 7 Abs. 4 DBA Deutschland-Frankreich hat stattdessen nunmehr Frankreich als Belegenheitsstaat der Immobilien ebenfalls ein Besteuerungsrecht. Art. 7 Abs. 4 DBA Deutschland-Frankreich setzt eine Quote an unmittelbar oder mittelbar gehaltenen Immobilien von mehr als 50 % im anderen Vertragsstaat (d.h. nicht im Ansässigkeitsstaat des Gesellschafters) voraus, die am Veräußerungsstichtag zu bestimmen ist. Anzusetzen ist der Verkehrswert der Immobilien des Aktivvermögens im Verhältnis zum gesamten Aktivvermögen der Gesellschaft. Hierdurch verlagert sich im Grundfall das Besteuerungsrecht nach neuer Abkommenslage jeweils nach Frankreich. Frankreich nimmt das Besteuerungsrecht auch grundsätzlich tatsächlich wahr. Deutschland als Ansässigkeitsstaat ist gleichermaßen zur Besteuerung berechtigt und rechnet nach Art. 20 Abs. 1 c) DBA Deutschland-Frankreich die französische Steuer auf die deutsche Steuer an. Die Anrechnung erfolgt auch hinsichtlich der Steuer auf den Veräußerungsgewinn aus einem Anteil an einer Immobilien verwaltenden transparenten Gesellschaft i.S.d. Art. 1655 ter CGI, sodass die Doppelbesteuerung für den deutschen Gesellschafter ungeachtet der unterschiedlichen Einordnung in die Verteilungsartikel des DBA folgenlos bleibt.

---

383 Teil 1 B. II. 3. d) 1).

384 Teil 1 B. II. 3. d) 1).

4. *Entstrickung aufgrund § 6 AStG*

In der Literatur wird diskutiert, ob die Einführung oder Änderung einer Art. 13 Abs. 4 OECD-MA entsprechenden Abkommensvorschrift eine Entstrickungsbesteuerung nach § 6 Abs. 1 S. 2 Nr. 4 AStG auslösen kann, sofern sich hierdurch die Zuordnung eines Besteuerungsrechts zum Nachteil Deutschlands ändert.[385] § 6 Abs. 1 S. 2 Nr. 4 AStG erweitert den Wegzugstatbestand des § 6 Abs. 1 S. 1 AStG, der beim Wegzug einer unbeschränkt steuerpflichtigen Person ins Ausland eine abschließende Besteuerung der Anteile im Sinne des § 17 Abs. 1 EStG vorsieht (Kapitalgesellschaftsanteile über 1 % innerhalb der letzten 5 Jahre). Deren Veräußerung wird fingiert, sodass auch ohne tatsächliche Veräußerung eine Abschlussbesteuerung und damit eine Realisierung stiller Reserven stattfinden.[386]

Neben dem Wegzug löst auch der Tatbestand des § 6 Abs. 1 S. 2 Nr. 4 AStG diese abschließende Besteuerung aus, wenn das Besteuerungsrecht der Bundesrepublik Deutschland hinsichtlich des Gewinns aus der Veräußerung der Anteile „auf Grund anderer (…) Ereignisse" ausgeschlossen oder beschränkt wird. Es ist umstritten, ob der Neuabschluss oder die Änderung eines DBA den Tatbestand auslösen, mithin als „Ereignis" im Sinne der Vorschrift ausgelegt werden können. Der Wortlaut „Ereignis" erfasst jedenfalls beliebige, vom Steuerpflichtigen beeinflussbare eigene Handlungen, aber auch unbeeinflussbare Geschehnisse oder Handlungen anderer, und damit grundsätzlich auch der Neuabschluss oder die Änderung eines DBA. Derart weit verstanden stößt die Vorschrift angesichts des Rechtsstaatsprinzips auf Bedenken, da der Steuerpflichtige, der ohne Einfluss auf Änderung oder Neuabschluss eines DBA ist, besteuert wird, ohne dass der Tatbestand durch dessen Handlung oder Mitwirkung erfüllt wird.[387] Außerdem bedeute der Neuabschluss oder die Änderung eines DBA bei einem in der Folge nicht mehr bestehenden oder eingeschränkten Besteuerungsrecht

---

385 *Chuchra/Dorn/Schwarz*, IWB 2016, 745; *Bron*, IStR 2012, 904; *Español/Kaminski/Strunk/Pallast*, IStR 2016, 653.

386 Zur Wegzugsbesteuerung ist seit dem Zusatzabkommen 2015 in Art. 7 Abs. 6 DBA Deutschland-Frankreich eine Regelung getroffen. Danach darf der verlassene Staat seine Wegzugsbesteuerung erheben, was durch den späteren Ansässigkeitsstaat im Gegenzug zu berücksichtigen ist. Die Regelung erfasst jedoch nur Wegzugsfälle im wörtlichen Sinn, nicht auch den hier thematisierten Ersatztatbestand.

387 *Häck*, in: Haase, AStG/DBA, § 6 AStG, Rn. 110; *Bron*, IStR 2012, 904 (906), *Chuchra/Dorn/Schwarz*, IWB 2016, 745 (750).

für Deutschland eher einen Verzicht auf Besteuerungsrechte durch den Gesetzgeber, dieser Verzicht werde durch die abschließende Besteuerung aber konterkariert.[388]

Nimmt man an, dass der Neuabschluss oder die Änderung eines DBA den Tatbestand des § 6 Abs. 1 S. 2 Nr. 4 AStG auslösen können, muss hierin in einem weiteren Schritt ein Ausschluss oder eine Beschränkung des Besteuerungsrechts der Bundesrepublik Deutschland liegen. Eine solche Beschränkung ist hier gegeben. Während bisher nach Art. 7 Abs. 1 DBA Deutschland-Frankreich a.F. nur der Ansässigkeitsstaat des veräußernden Gesellschafters den Veräußerungsgewinn besteuern konnte[389], hat durch Einführung des Art. 7 Abs. 4 nunmehr auch der Staat des unbeweglichen Vermögens ein Besteuerungsrecht an den Gewinnen aus der Veräußerung der Beteiligung[390]. Deutschland als Ansässigkeitsstaat verliert damit zwar nicht das Besteuerungsrecht schlechthin, muss aber ggf. die französische Steuer anrechnen. In diesem Wechsel zur Anrechnung liegt bereits eine Beschränkung des Besteuerungsrechts der Bundesrepublik.[391] Der Tatbestand des § 6 Abs. 1 S. 2 Nr. 4 AStG wäre somit durch Einführung des Art. 7 Abs. 4 DBA Deutschland-Frankreich erfüllt. Die danach geschuldete Steuer würde aber nach § 6 Abs. 5 S. 3 Nr. 4 AStG zeitlich unbefristet zinslos und ohne Sicherheit gestundet, wenn der Steuerpflichtige in einem Land der EU oder des EWR steuerpflichtig bleibt und es sich um Anteile an einer Gesellschaft mit Sitz in der EU oder einem EWR-Staat handelt.[392]

Mit Blick auf Immobiliengesellschaften im Abkommensrecht stellt sich eine solche Entstrickungsbesteuerung nach § 6 Abs. 1 S. 2 Nr. 4 AStG als problematisch dar und geht mit ungeklärten Fragen einher. Nicht nur könnte der Neuabschluss oder die Änderung eines DBA eine Abschlussbesteuerung bewirken. Es ist weiter denkbar, dass Wertverschiebungen im Gesellschaftsvermögen Entstrickungsfälle produzieren, wenn dadurch die Immobilienquote des

---

388 *Bron*, IStR 2012, 904 (906).

389 Teil 1 B. III. 3. b).

390 Teil 1 B. III. 3. c).

391 *Strunk/Kaminski*, in: Strunk/Kaminski/Köhler, AStG, DBA, § 6 AStG Rn. 114; *Español/Kaminski/Strunk/Pallast*, IStR 2016, 653 (655); *Bron*, IStR 2012, 904 (905);

392 Diese Stundungsregelung geht zurück auf ein Gerichtsverfahren zur französischen Exit Tax in Art. 167 bis CGI a. F., die nach Ansicht des EuGH in ihrer damaligen Fassung gegen die Niederlassungsfreiheit verstieß, EuGH, Urteil v. 11.3.2004, Rs. C-9/02 („Lasteyrie du Saillant"), DStR 2004, 551 (556). Bei Beteiligung an einer Gesellschaft mit Sitz in einem Drittstaat außerhalb der EU oder des EWR gilt diese Stundungsregelung ohne Sicherheitsleistung nicht.

entsprechenden Abkommensartikels über- oder unterschritten wird. Dem kann eine bewusste Wertverschiebung des Steuerpflichtigen zugrunde liegen, z.B. durch den Kauf oder Verkauf von Immobilien oder beweglichem Vermögen durch die Gesellschaft, aber auch vom Steuerpflichtigen unbeeinflussbare Wertschwankungen innerhalb des bestehenden Vermögens könnten eine oder mehrere solcher Wertverschiebungen und damit Entstrickungen bewirken.[393] Es stellt sich zudem die Frage nach der praktischen Umsetzung und Durchführung der Besteuerung, wenn Wertschwankungen nicht dauerhaft sind oder sich kaum nachweisen lassen.

Durch die mögliche Anwendung des § 6 Abs. 1 S. 2 Nr. 4 AStG bei Neuabschluss oder Änderung von DBA und der damit einhergehenden Entstrickungsszenarien bei Immobiliengesellschaften im Rahmen der mit Art. 13 Abs. 4 OECD-MA vergleichbaren Immobilienklauseln besteht an dieser Stelle Rechtsunsicherheit, eine höchstrichterliche Klärung steht derzeit aus.

IV. Französische Vermögensteuerpflicht

1. Besteuerung in Frankreich

In Deutschland wird die Vermögensteuer derzeit nicht erhoben, wenngleich das Vermögensteuergesetz noch in Kraft ist. Das Bundesverfassungsgericht[394] stellte eine Ungleichbehandlung in der Vermögensbesteuerung fest und erklärte Teile des Vermögensteuergesetzes für verfassungswidrig, da es die Bewertung des Grundvermögens zu Einheitswerten gegenüber dem am Gegenwartswert orientierten sonstigen Vermögen bei gleichzeitiger Besteuerung mit demselben Steuersatz als Verstoß gegen Art. 3 Abs. 1 des Grundgesetzes ansah. Der deutsche Gesellschafter unterliegt damit in Deutschland nicht der Vermögensteuer.

Frankreich erhebt eine Vermögensteuer auf das Vermögen natürlicher Personen.[395] Der deutsche Gesellschafter unterliegt im Grundfall jedoch nur der beschränkten Vermögensteuerpflicht in Frankreich, da er in Ermangelung eines französischen Wohnsitzes oder eines anderen Anknüpfungsmerkmals in Frankreich nicht unbeschränkt steuerpflichtig ist.[396] Der beschränkten Steuerpflicht unterliegt gem. Art. 750 ter 2° CGI das inländische Vermögen, dessen Umfang aufgrund der Verweisung in Art. 885 D CGI nach den Vorschriften zur

393 *Chuchra/Dorn/Schwarz*, IWB 2016, 745 (751).

394 BVerfG, Beschluss v. 22.06.1995, Az. 2 BvL 37/91, BStBl II 1995, 655.

395 Teil 1 A. IV.

396 Teil 1 A. IV.

Erbschaftsteuer zu ermitteln ist.[397] Zum inländischen Vermögen gehören nach Art. 750 ter 2° Abs. 3 CGI Beteiligungen an Gesellschaften mit Sitz oder Ort der tatsächlichen Geschäftsleitung in Frankreich.[398] Nicht vermögensteuerpflichtig sind allerdings nach Art. 885 L Abs. 1 CGI sog. „placements financiers", d.h. Beteiligungen an Gesellschaften mit Sitz in Frankreich, die Einkünfte aus Kapitalvermögen vermitteln.[399] Danach wäre die Beteiligung an der französischen Kapitalgesellschaft im Grundfall (vorbehaltlich einer société de copropriété, da diese keine Einkünfte aus Kapitalvermögen vermittelt[400]) von der Vermögensteuerpflicht ausgenommen. Als Rückausnahme gilt diese Befreiung nach Art. 885 L Abs. 2 S. 1 CGI aber nicht für Beteiligungen an französischen Gesellschaften, deren Aktivvermögen mehrheitlich aus französischen Immobilien oder Rechten an diesen Immobilien besteht.[401] Diese Gesellschaften sind somit nicht ausgenommen von der Vermögensteuerpflicht. Rückausnahmen gelten allerdings wiederum für börsennotierte Gesellschaften mit Sitz in Frankreich, diese bleiben in Frankreich als „placement financier" steuerbefreit.[402]

Die Beteiligungen an der deutschen und drittstaatlichen Gesellschaft im Grundfall sind ungeachtet ihres außerhalb Frankreichs bestehenden Sitzes Inlandsvermögen nach Art. 750 ter 2° Abs. 4 CGI, da sie überwiegend französische Immobilien verwalten, erfasst sind jedoch ebenfalls nur die nicht börsennotierten Gesellschaften mit Sitz im Ausland; handelt es sich um börsennotierte Kapitalgesellschaften mit Sitz im Ausland, sind die Anteile daran in Frankreich ebenfalls nicht der Vermögensteuer unterworfen.[403]

Die Ermittlung der Immobilienquote richtet sich bei französischen wie ausländischen Gesellschaften nach denselben Grundsätzen.[404] Sie berechnet sich aus dem Verhältnis des Werts der in Frankreich belegenen Immobilien und Rechten

397 BOI-PAT-ISF-20 Rn. 50.

398 *Gouthière*, Les impôts dans les affaires internationales, Rn. 48080.

399 BOI-PAT-ISF-30-40-50 Rn. 40.

400 Teil 1 B. II. 2. b).

401 Eine weitere Ausnahme besteht für bestimmte Titel über Beteiligungen (titres représentatifs d'une participation), BOI-PAT-30-40-50 Rn. 60 ff. sowie indirekt gehaltene Immobilien nach Art. 885 L Abs. 2 S. 2 CGI.

402 BOI-PAT-ISF-30-40-50 Rn. 130.

403 BOI-PAT-ISF-20-10-30 Rn. 60; Zu beachten ist aber, dass dann nach Art. 750 ter 2° Abs. 2 CGI indirekt gehaltene Immobilien vorliegen können, die Inlandsvermögen begründen, allerdings nur, wenn der Steuerpflichtige zu mehr als 50 % an einer Gesellschaft beteiligt ist, die französische Immobilien hält, hierzu Teil 1 A. IV.

404 Verweis in BOI-PAT-ISF-30-40-50 Rn. 120 auf BOI-PAT-ISF-20-10-30, der die Fälle des Art. 750 ter 2° Abs. 4 CGI regelt.

an solchen Immobilien zum Wert des in Frankreich belegenen Aktivvermögens (nicht hingegen zum Wert des gesamten Aktivvermögens).[405] Dieser Ansatz, die französischen Immobilien nur im Verhältnis zum gesamten französischen (nicht aber weltweiten) Vermögen der Gesellschaft zur Ermittlung der Immobilienquote heranzuziehen, stößt auf Kritik, da der Wortlaut des Art. 750 ter 2° Abs. 4 CGI nur von „Aktivvermögen" („actif"), nicht aber von „französischem Aktivvermögen" („actif français") spricht.[406] Diese Verwaltungsansicht wurde allerdings bereits durch eine Entscheidung des Cour d'Appel (im Folgenden: CA) Paris bestätigt.[407]

Weder in Art. 750 ter 2° Abs. 4 CGI noch in Art. 885 L Abs. 2 S. 1 CGI ist normiert, ob bei Berechnung der Quote die Gegenstände des Gesellschaftsvermögens mit dem Verkehrswert oder einem anderen Wert angesetzt werden sollen. Die Verwaltung verweist hier nicht ausdrücklich auf den Verkehrswert, sondern lässt die Frage offen, welcher Wert anzusetzen ist.[408] Auch scheint diese Frage von der Rechtsprechung ausdrücklich nicht behandelt zu sein. In dem soeben erwähnten Verfahren des CA Paris[409] hat sich das Gericht mit der Qualifikation als société à prépondérance immobilière beschäftigt, dazu aber lediglich die Feststellung getroffen, dass die Finanzverwaltung anhand der Erklärungen des Steuerpflichtigen in Formular 2746 ihrerseits die betroffene Gesellschaft als société à prépondérance immobilière qualifiziert hat. Dieses Formular dient der jährlichen Erklärung über die Höhe des Verkehrswerts (valeur vénale) der französischen Immobilien für Zwecke der Steuer in Art. 990 D CGI.[410] Damit dürfte der Verkehrswert akzeptiert sein. Können auf Nachfrage der Verwaltung

405 BOI-PAT-ISF-30-40-50 Rn. 120 (zu Art. 885 L Abs. 2 S. 1 CGI); BOI-PAT-ISF-20-10-30 Rn. 100 (zu Art. 750 ter 2° Abs. 4 CGI).

406 *Gouthière*, Les impôts dans les affaires internationales, Rn. 48090; dieselbe Kritik lässt sich auch in Bezug auf Art. 885 L Abs. 2 S. 1 CGI anbringen.

407 CA Paris, Entscheidung v. 17.3.2006, Nr. 04-10556, RJF 2006, Nr. 1120.

408 BOI-PAT-ISF-30-40-50 Rn. 120 (zu Art. 885 L Abs. 2 S. 1 CGI); BOI-PAT-ISF-20-10-30 Rn. 100 (zu Art. 750 ter 2° Abs. 4 CGI).

409 CA Paris, Entscheidung v. 17.3.2006, Nr. 04-10556, RJF 2006, Nr. 1120.

410 Es handelt sich dabei um eine Steuer von 3 % jährlich auf den Verkehrswert der französischen Immobilien, die eine französische oder ausländische Gesellschaft oder sonstige Vereinigung mit oder ohne Rechtspersönlichkeit direkt oder über eine Kette von Beteiligungen halten, hierzu *Editions Francis Lefèbvre (Hrsg.)*, Memento Fiscal 2017, Rn. 75970.

die Verkehrswerte durch den Steuerpflichtigen nicht gerechtfertigt werden, kann diese die Buchwerte ansetzen.[411]

Das in Frankreich belegene Aktivvermögen der Gesellschaft ist ebenso zu ermitteln wie in Art. 150 UB CGI und Art. 164 B I. e bis) und e ter) CGI. Das Gesellschaftsvermögen muss zu mehr als 50 % aus Immobilien (immeubles bâtis ou on bâtis) oder Rechten an Immobilien (droits réels) bestehen, Letztere sind Nießbrauch (usufruit), mit Nießbrauch belastetes Eigentum (nue-propriété), Nutzungsrechte (droit d'usage), Dienstbarkeiten (servitudes), Überbaurecht (droit de surélévation), Miteigentum der Anlieger/Grenzgemeinschaft (mitoyenneté), Erbpacht (bail emphytéothique) an französischen Immobilien, weiter Beteiligungen an einer Gesellschaft, die ihrerseits französische Immobilien in entsprechendem Umfang hält.[412]

Unberücksichtigt bleiben gem. Art. 750 ter 2° Abs. 5 CGI Immobilien, die durch die Gesellschaft zu ihrer eigenen gewerblichen, freiberuflichen oder land- und forstwirtschaftlichen Tätigkeit genutzt werden.[413] Die Vermietung und Verpachtung leerer oder möblierter Immobilien oder leerer oder ausgestatteter Betriebsgrundstücke sind jedoch bei Ermittlung der Quote zu berücksichtigen, ebenso wie Gebäude im Umlaufvermögen bestimmter Bauträgergesellschaften (société de construction-vente) sowie Beteiligungen an Gesellschaften, die ihrerseits überwiegend in französische Immobilien investieren.[414] Im Grundfall ergibt sich durch das Verhältnis französischer Immobilien zum gesamten französischen Aktivvermögen der Gesellschaften eine Immobilienquote von nahezu 100 %.

Die beschränkte Vermögensteuerpflicht an Gesellschaften mit vorwiegendem Immobiliencharakter ist begrenzt auf den anteiligen Wert der Beteiligung entsprechend dem Verhältnis der französischen Immobilien zum gesamten Aktivvermögen der Kapitalgesellschaft.[415] Im Unterschied zur Ermittlung der Immobilienquote, die sich nach dem französischen Grundvermögen im

---

411 So zur Wertermittlung zu Art. 150 UB CGI *Delabre/Olivé*, La Semaine juridique Notariale et Immobilière 2012, Heft 49, Nr. 1392 (Rn. 38), s. Teil 1 B. III. 2. a. 1).

412 BOI-PAT-ISF-30-40-50 Rn. 120 (zu Art. 885 L Abs. 2 S. 1 CGI); BOI-PAT-ISF-20-10-30 Rn. 70 (zu Art. 750 ter 2° Abs. 4 CGI).

413 BOI-PAT-ISF-30-40-50 Rn. 120 zu Art. 885 L Abs. 2 S. 1 CGI, sowie BOI-PAT-ISF-20-10-30 Rn. 80 zu Art. 750 ter 2° Abs. 4 CGI.

414 BOI-PAT-ISF-20-10-30 Rn. 90.

415 *Gouthière*, Les impôts dans les affaires internationales, Rn. 48090; BOI-PAT-ISF-20-10-30 Rn. 110 f mit einem Berechnungsbeispiel zu Art. 750 ter 2° Abs. 4 CGI; BOI-PAT-ISF-30-40-50 Rn. 150 f. mit einem Berechnungsbeispiel zu Art. 885 L Abs. 2 S. 1 CGI.

Verhältnis zum französischen Aktivvermögen richtet, ist also der tatsächlich steuerpflichtige Anteil der Beteiligung nach der Quote des französischen Grundvermögens im Verhältnis zum weltweiten (nicht: französischen) Aktivvermögen zu ermitteln. Die Beteiligungen im Grundfall unterliegen der Vermögensteuer somit im Grundsatz nicht mit ihrem ganzen Wert, allerdings ergibt sich im Grundfall anhand des Verhältnisses französischer Immobilien zum gesamten Aktivvermögen der Gesellschaften jeweils eine zu versteuernde Quote von nahezu 100 % des Werts der Beteiligungen.

2. Anwendung des DBA

Der deutsche Gesellschafter ist als natürliche Person persönlich abkommensberechtigt (Art. 1 Abs. 1, Art. 2 Abs. 1 Nr. 3 a) und Abs. 4a) DBA Deutschland-Frankreich). Der sachliche Anwendungsbereich umfasst nach Art. 1 Abs. 3 Nr. 1 g) DBA Deutschland-Frankreich auch die Vermögensteuer. Damit richtet sich das Recht Frankreichs zur Besteuerung des Vermögens nach Art. 19 DBA Deutschland-Frankreich.
Nach Art. 19 Abs. 2 können Aktien oder Anteile an einer Gesellschaft oder einer juristischen Person, deren Betriebsvermögen im Wesentlichen aus unbeweglichem Vermögen, das in einem der Vertragsstaaten liegt, oder aus Rechten an diesem Vermögen besteht, in dem Vertragsstaat besteuert werden, in dem das unbewegliche Vermögen liegt. Anteile an Kapitalgesellschaften fallen unter Art. 19 Abs. 2 DBA Deutschland-Frankreich.[416] Es kommt weder darauf an, ob die Gesellschaft steuerlich ansässig ist, noch in welchem Staat die Gesellschaft ihren Sitz hat.[417] Auch börsennotierte Gesellschaften sind nicht ausgenommen. Des Weiteren erfasst Art. 19 Abs. 2 DBA Deutschland-Frankreich (ebenso wie Art. 7 Abs. 4[418]) Beteiligungen ungeachtet der Beteiligungsquote. Im Grundfall sind somit die Beteiligungen an allen Kapitalgesellschaften taugliche Anteile im Sinne des Art. 19 Abs. 2 DBA Deutschland-Frankreich.

Frankreich besteuert allerdings nach nationalem Recht die Anteile an börsennotierten Gesellschaften aufgrund der Ausnahmeregelung für „placements financiers" im französischen Recht nicht, hat aber nach dem DBA ein Recht zur Besteuerung. Hier könnte man an eine Besteuerung nach Artt. 4 bis 2°/165 bis CGI denken, die Auffangtatbestände Frankreichs, die eine Besteuerung

---

416 *Kramer*, in: Wassermeyer, DBA (Frankreich), Art. 19 Rn. 20.
417 *Kramer*, in: Wassermeyer, DBA (Frankreich), Art. 19 Rn. 21.
418 Teil 1 B. III. 3. c) 2).

vorsehen, wenn ein DBA Frankreich ein Besteuerungsrecht zuordnet, Frankreich aber für diese Einkünfte keinen innerstaatlichen Besteuerungstatbestand vorhält.[419] Die Anwendung der Auffangtatbestände ist jedoch auf Einkommen- und Körperschaftsteuer beschränkt („sont passibles de l'impôt sur le revenu")[420], eine Anwendung auf die Vermögensteuer scheidet aus. Es bleibt lediglich beim grundsätzlichen Recht Frankreichs zur Besteuerung der Einkünfte.

Was im Abkommen als unbewegliches Vermögen anzusetzen ist, ergibt sich aus Art. 3 DBA Deutschland-Frankreich. Es gelten hier dieselben Grundsätze wie bei Art. 7 Abs. 4, wenn Frankreich Belegenheitsstaat ist.[421] Es kommt dabei nach dem Wortlaut des Art. 19 Abs. 2 DBA Deutschland-Frankreich sowohl dasjenige unbewegliche Vermögen in Betracht, das nicht im Ansässigkeitsstaat des Anteilsinhabers liegt, als auch Vermögen im Ansässigkeitsstaat. Hier zeigt sich ein Unterschied zu Art. 7 Abs. 4, der nur auf unbewegliches Vermögen im anderen Vertragsstaat (Belegenheitsstaat) abstellt, nicht aber im Ansässigkeitsstaat. Außer Betracht bleibt hingegen wie bei Veräußerungen nach Art. 7 Abs. 4[422] dasjenige unbewegliche Vermögen, das von der Gesellschaft oder juristischen Person für ihren eigenen gewerblichen oder landwirtschaftlichen Betrieb oder zur Ausübung einer nichtgewerblichen Tätigkeit eingesetzt wird (Art. 19 Abs. 2 S. 2 DBA Deutschland-Frankreich). Diese Ausnahme deckt sich mit Art. 750 ter 2° Abs. 5 CGI[423] im französischen Erbschaftsteuerrecht, wonach produktives Vermögen ebenfalls außer Ansatz bleibt.

Das ermittelte unbewegliche Aktivvermögen der Gesellschaft ist ins Verhältnis zu setzen zum weltweiten Aktivvermögen der Gesellschaft. Die Immobilienquote nach französischem nationalem Recht ermittelt sich stattdessen nach dem Verhältnis der französischen Immobilien zum französischen Aktivvermögen (nicht: weltweiten Aktivvermögen).[424]

Das Abkommen bestimmt nicht, ob die Immobilienquote anhand der Buchwerte oder Verkehrswerte des Vermögens zu ermitteln ist. Hier ist entsprechend der Argumentation zu Art. 7 Abs. 4 DBA Deutschland-Frankreich[425] im Wege der autonomen Auslegung der Verkehrswert anzusetzen. Dadurch ist

419 Hierzu Teil 1 B. III. 3. c) 3) (b).
420 Le Lamy Fiscal 2017, Band I Rn. 4442.
421 Hierzu bereits Teil 1 B. III. 3. c) 3) (a).
422 Teil 1 B. III. 3. c) 3) (a).
423 BOI-PAT-ISF-30-40-50 Rn. 120 zu Art. 885 L Abs. 2 S. 1 CGI, sowie BOI-PAT-ISF-20-10-30 Rn. 80 zu Art. 750 ter 2° Abs. 4 CGI.
424 Teil 1 B. IV. 1.
425 Teil 1 B. III. 3. c) 3) (c).

gewährleistet, dass Deutschland und Frankreich zu einer übereinstimmenden Einordnung einer Beteiligung im Abkommen gelangen, da Frankreich in der Regel den Verkehrswert ansetzt. Sollte Deutschland wieder die Vermögensteuer erheben, könnte dies eine Doppelbesteuerung vermeiden.

Im Ergebnis können sämtliche Beteiligungen nach Art. 19 Abs. 2 DBA Deutschland-Frankreich in Frankreich, dem Belegenheitsstaat des unbeweglichen Vermögens, sowie im Wohnsitzstaat Deutschland besteuert werden unter Freistellung des französischen Vermögens (Art. 20 Abs. 1 a) DBA Deutschland-Frankreich). Deutschland erhebt jedoch derzeit keine Vermögensteuer.[426]

3. *Ergebnis*

Zur Begründung der beschränkten Vermögensteuerpflicht greift Frankreich jeweils sowohl bei der Kapitalgesellschaft mit Sitz in Frankreich als auch bei den Kapitalgesellschaften mit Sitz in Deutschland und dem Drittstaat auf das französische Immobilienvermögen der Gesellschaft zurück, um daran die Vermögensteuerpflicht zu knüpfen. Im Ergebnis sind die Anteile im Grundfall in Frankreich vermögensteuerpflichtig mit Ausnahme der Anteile an börsennotierten Gesellschaften. Deutschland besteuert die Anteile nicht, da keine Vermögensteuer erhoben wird. Nach dem deutsch-französischen DBA hat Frankreich jeweils das Besteuerungsrecht.

C. Beteiligung des deutschen Gesellschafters an einer Personengesellschaft

I. Grundfall

Eine natürliche Person mit Wohnsitz in Deutschland (deutscher Gesellschafter) ist neben anderen Gesellschaftern an vermögensverwaltenden Personengesellschaften beteiligt. Die erste Personengesellschaft ist eine Gesellschaft bürgerlichen Rechts (GbR) mit Sitz und Ort der Geschäftsleitung in Deutschland (deutsche Gesellschaft). Die zweite Personengesellschaft ist eine société civile mit Sitz und Ort der Geschäftsleitung in Frankreich (französische Gesellschaft). Es kann sich dabei alternativ auch um eine société de copropriété handeln. Die dritte Gesellschaft ist

---

426 *Kramer*, in: Wassermeyer, DBA (Frankreich), Art. 19 Rn. 24 führt an, dass bei Gesellschaften mit Sitz außerhalb Frankreichs die Beteiligung im Sinne des Art. 19 Abs. 2 DBA Deutschland-Frankreich als in Frankreich gelegenes Vermögen gelten müsse, da anderenfalls eine Freistellung nach Art. 20 Abs. 1 a) DBA Deutschland-Frankreich durch Deutschland ins Leere ginge. Dem ist zuzustimmen.

eine Personengesellschaft mit Sitz und Ort der Geschäftsleitung in einem Drittstaat, dessen Besteuerung von Personengesellschaften mit der in Deutschland übereinstimmt. Der Gesellschafter hält die Beteiligung im Privatvermögen. Die Personengesellschaften verwalten seit mehr als vier Jahren nahezu ausschließlich eigene französische Immobilien (Leervermietung von Gebäuden, Grundstücken) und betreiben keinen gewerblichen Grundstückshandel.

II. Besteuerung laufender Einkünfte beim Gesellschafter

1. Besteuerung in Deutschland

a) Vermietung und Verpachtung

Der deutsche Gesellschafter ist nach § 1 Abs. 1 S. 1 EStG i.V.m. § 8 AO unbeschränkt einkommensteuerpflichtig, nicht einkommensteuerpflichtig ist hingegen die GbR. Letztere ist nur insoweit partiell steuerrechtsfähig, als sie aufgrund ihrer Tätigkeit ihren Gesellschaftern Einkünfte vermittelt, d.h. für Zwecke der Einkommenserwirtschaftung und -ermittlung.[427] Die Gesellschaft vermietet französische Immobilien. Der Gesellschafter erzielt somit durch die Gesellschaft Einkünfte aus Vermietung und Verpachtung gem. § 21 Abs. 1 Nr. 1 EStG. Auf Ebene der Gesellschaft wird gem. § 2 Abs. 2 S. 1 Nr. 2 EStG der Überschuss der Einnahmen im Sinne des § 8 EStG über die Werbungskosten nach § 9 EStG unter Beachtung des Zu- und Abflussprinzips gem. § 11 EStG ermittelt und den Gesellschaftern anschließend nach ihrer Beteiligung an der Gesellschaft zugerechnet.[428] Die Zurechnung ergibt sich aus § 39 Abs. 2 Nr. 2 AO. Gleiches gilt für die Zurechnung der Wirtschaftsgüter der Personengesellschaft, die steuerlich nicht ihr selbst, sondern ihren Gesellschaftern zugerechnet werden.[429] Die Einkünfte aus einer ausländischen vermögensverwaltenden Personengesellschaft sind nach denselben Grundsätzen zu ermitteln. Unter Heranziehung der Grundsätze des Rechtstypenvergleichs ist zu bestimmen, ob die Gesellschaft nach deutschem Steuerrecht als Personengesellschaft oder Kapitalgesellschaft zu beurteilen ist.[430] Die zivilrechtliche und steuerliche Einordnung im anderen

---

427 BFH, Urteil v. 6.10.2004, Az. IX R 68/01, BStBl. II 2005, S. 324.

428 BFH, Urteil v. 13.7.1999, Az. VIII R 72/98, BStBl. 1999, S. 820; *Ratschow*, in: Klein, Abgabenordnung, § 39 Rn. 78.

429 *Birk/Desens/Tappe*, Steuerrecht, Rn. 1120.

430 BMF, Schreiben v. 26.9.2014, BStBl. I 2014, S. 1258 (Rn. 1.2), zum Rechtstypenvergleich Teil 1 B. II. 1.

Land ist nicht maßgebend.[431] Hiernach entspricht eine société civile einer GbR.[432] Die französische Gesellschaft im Grundfall wird damit steuerlich wie eine GbR behandelt. Auch die Personengesellschaft mit Sitz im Drittstaat entspricht im Grundfall einer deutschen GbR und unterliegt denselben Besteuerungsvorschriften. Damit erzielt der Gesellschafter insoweit ebenfalls Einkünfte nach § 21 EStG. Erfasst sind die Vermietung und Verpachtung von „unbeweglichem Vermögen", insbesondere von Grundstücken, Gebäuden, Gebäudeteilen, Schiffen, die in ein Schiffsregister eingetragen sind, und Rechten, die den Vorschriften des bürgerlichen Rechts über Grundstücke unterliegen (z.B. Erbbaurecht, Mineralgewinnungsrecht). Das Gesetz nennt damit die Hauptanwendungsfälle des unbeweglichen Vermögens.[433] Auch die Vermietung ausländischen unbeweglichen Vermögens ist erfasst. Nach § 21 Abs. 3 EStG sind Einkünfte aus Vermietung und Verpachtung subsidiär gegenüber anderen Einkünften.

Handelt es sich abweichend vom Grundfall bei der Vermietung um eine gewerbliche Tätigkeit, so ist die Zuordnung zu den gewerblichen Einkünften im Sinne des § 15 Abs. 2 EStG vorrangig. Zur Abgrenzung zwischen gewerblichen Einkünften und Vermietung und Verpachtung muss ermittelt werden, ob es sich bei der Tätigkeit noch um Vermögensverwaltung im Sinne des § 14 S. 3 AO handelt.[434] Die Vermietung von Grundstücken und Gebäuden gehört, anders als nach französischem Steuerrecht, unabhängig von der Möblierung und Ausstattung zu den Einkünften aus Vermietung und Verpachtung.[435] Unbeachtlich ist vor allem die Anzahl der vermieteten Objekte, auch wenn zu deren Verwaltung ein in kaufmännischer Weise eingerichteter Geschäftsbetrieb erforderlich ist.[436] Wenn allerdings unternehmerischer Aufwand betrieben wird, eine mit einem gewerblichen Beherbergungsunternehmen vergleichbare unternehmerische

---

431 BMF, Schreiben v. 26.9.2014, BStBl. I 2014, S. 1258 (Rn. 1.2); Deutschland berücksichtigt auch nicht die Option einer französischen Personengesellschaft zur Körperschaftsteuer, noch die zwangsweise Besteuerung einer gewerblich tätigen société civile als Körperschaftsteuersubjekt.

432 BMF, Schreiben v. 24.12.1999, BStBl. I 2000, S. 1076 (Tabelle 1, Stichwort: Frankreich); befindet sich die Gesellschaft in einem Drittstaat, so ist zu ermitteln, ob es sich dabei um eine mit einer deutschen Personengesellschaft vergleichbare Gesellschaft handelt.

433 *Schallmoser,* in: Blümich, EStG, § 21 Rn. 401.

434 „Eine Vermögensverwaltung liegt in der Regel vor, wenn Vermögen genutzt, zum Beispiel Kapitalvermögen verzinslich angelegt oder unbewegliches Vermögen vermietet oder verpachtet wird".

435 Zur Rechtslage in Frankreich Teil 1 A. II. 2.

436 *Wacker,* in: Schmidt, EStG, § 15 Rn. 81.

Organisation erforderlich ist oder zu den Vermietungsleistungen andere Leistungen hinzutreten, wie z.B. Restaurationsleistungen bei einem Hotelbetrieb, ist von einer gewerblichen Tätigkeit auszugehen.[437] Die Vermietung von möblierten Zimmern ist grundsätzlich keine gewerbliche Tätigkeit.[438] Die Vermietung einzelner möblierter Zimmer an Dauergäste ist sogar dann noch Vermögensverwaltung, wenn Leistungen wie Frühstück und Reinigung erbracht werden.[439] Die kurzfristige Vermietung einer Ferienwohnung an laufend wechselnde Mieter in einer Anlage mit vielen gleichartigen Ferienwohnungen unter Inanspruchnahme eines Vermietungsdienstes begründet hingegen einen Gewerbebetrieb.[440]

b) Veräußerung der Immobilien

Die nur gelegentliche Veräußerung von Immobilien durch eine in- oder ausländische vermögensverwaltende Personengesellschaft ist beim Gesellschafter grundsätzlich steuerpflichtig als privates Veräußerungsgeschäft nach §§ 22 Nr. 2, 23 EStG. Erfasst sind nach § 23 Abs. 1 S. 1 Nr. 1 EStG Gewinne aus der Veräußerung von Grundstücken und Rechten, die den Vorschriften des bürgerlichen Rechts über Grundstücke unterliegen (z.B. Erbbaurecht, Mineralgewinnungsrecht). Gewinne aus der Veräußerung ausländischen Vermögens sind ebenfalls steuerpflichtig.[441] Die Steuerpflicht besteht nur, wenn der Zeitraum zwischen Anschaffung und Veräußerung nicht mehr als zehn Jahre beträgt, § 23 Abs. 1 S. 1 Nr. 1 EStG. Für Beginn und Ende der Veräußerungsfrist sind bereits das schuldrechtliche Geschäft maßgebend, während der Besteuerungstatbestand erst bei Vollzug auch des dinglichen Geschäfts erfüllt ist.[442] Erfasst sind ebenfalls sog. Mischfälle, d.h. die Anschaffung der Beteiligung durch den Gesellschafter und die anschließende Veräußerung von Wirtschaftsgütern durch die Gesellschaft oder umgekehrt die Anschaffung eines Wirtschaftsguts durch die Gesellschaft und die anschließende Veräußerung der Beteiligung durch den Gesellschafter.[443]

---

437 BFH, Urteil v. 21.12.1976, VIII R 27/72, BStBl. II 1977, S. 244; *Birk/Desens/Tappe*, Steuerrecht, Rn. 784.

438 *Wacker*, in: Schmidt, EStG, § 15 Rn. 83.

439 BFH, Urteil v. 14.2.1989, Az. IX R 109/84, BStBl. II 1989, S. 922.

440 BFH, Urteil v. 19.1.1990, Az. III R 31/87, BStBl. II 1990, S. 383; Beschluss v. 17.3.2009, Az. IV B 52/09, BFH NV 2009, S. 114.

441 FG Düsseldorf, Urteil v. 6.12.1989, Az. 15 K 568/85, EFG 1990, 430.

442 BFH, Urteil v. 15.12.1993, Az. X R 49/91, BStBl. II 1994, S. 687.

443 *Weber-Grellet*, in: Schmidt, EStG, § 23 Rn. 47; *Glenk*, in: Blümich, EStG, § 23 Rn. 82; BFH, Urteil v. 21.1.2014, Az. IX R 9/13, BStBl. II 2016, S. 515 (obiter dictum), Verweis hierauf FG Düsseldorf, Urteil v. 14.1.2015, Az. 15 K 2051/12 F, EFG 2015, 522.

Bei Ermittlung der jeweiligen Veräußerungsfrist sind sowohl der Zeitraum zwischen Anschaffung der Beteiligung durch den Gesellschafter und Veräußerung der Grundstücke durch die Gesellschaft zu beachten, als auch der Zeitraum zwischen Anschaffung der Grundstücke durch die Gesellschaft und Veräußerung der Beteiligung durch den Gesellschafter.

Private Veräußerungsgeschäfte sind abzugrenzen von gewerblichem Grundstückshandel, der zu gewerblichen Einkünften führt (§ 23 Abs. 2 EStG). Der BFH hat hierzu die sog. Drei-Objekte-Rechtsprechung entwickelt, die indizielle Bedeutung für diese Abgrenzung entfaltet.[444] Es kommt darauf an, ob nach dem Gesamtbild der Betätigung die Umschichtung von Grundstücken gegenüber der Nutzung entscheidend in den Vordergrund tritt.[445] Grundsätzlich liegt danach gewerblicher Grundstückhandel vor, wenn mindestens vier Objekte in engem zeitlichem Zusammenhang veräußert werden. Ein veräußertes Objekt ist zur Ermittlung heranzuziehen, wenn es innerhalb von fünf Jahren angeschafft und wieder veräußert wurde, zu einem gewerblichen Grundstückshandel führt es, wenn innerhalb der letzten fünf Jahre mehr als drei solcher Objekte veräußert wurden. Im Einzelfall kann aber auch anders zu entscheiden sein, z.B. bei geringfügigem Überschreiten der Fünf-Jahres-Grenze.[446] Für Beteiligungen an vermögensverwaltenden Immobiliengesellschaften gilt, dass sowohl die Veräußerungen von Immobilien der Gesellschaft als auch von Anteilen an der Gesellschaft als „Objekte" im Sinne der Rechtsprechung gelten. Veräußerungen solcher Beteiligungen sowie Veräußerungen durch die Gesellschaft sind als Objekt nur mitzuzählen, wenn der Gesellschafter zu mindestens 10 % beteiligt ist oder bei einer geringeren Beteiligung der Verkehrswert des Anteils bzw. der anteilige Wert des veräußerten Objekts mehr als 250.000 Euro beträgt.[447]

Im Grundfall wird für Zwecke der Bearbeitung unterstellt, dass die Drei-Objekt-Rechtsprechung hier nicht zur Anwendung gelangt und die Grenze zur Gewerblichkeit nicht überschritten wird. Die Einkünfte aus privaten Veräußerungsgeschäften im Sinne des § 23 EStG werden zum individuellen Einkommensteuertarif veranlagt und unterliegen keinem Steuerabzug. Verluste aus dieser Tätigkeit dürfen nach § 23 Abs. 3 S. 7, 8 EStG nur mit Gewinnen aus privaten Veräußerungsgeschäften ausgeglichen werden.

444 BFH, Beschluss v. 10.12.2001, GrS 1/98, BStBl. II 2002, S. 291; Beschluss v. 3.7.1995, GrS 1/93, BStBl. II 1995, S. 617.

445 BFH, Urteil v. 18.9.1991, Az. XI R 23/90, BStBl. II 1992, S. 135.

446 BFH, Urteil v. 9.5.2001, Az. XI R 34/99, BFH/NV 2001, S. 797.

447 BMF, Schreiben v. 26.3.2004, DStR 2004, 632 (635).

2. *Besteuerung in Frankreich*

a) *Vermietung und Verpachtung*

Der deutsche Gesellschafter ist im Grundfall in Frankreich nur beschränkt einkommensteuerpflichtig. Einkünfte aus der Vermietung von Immobilien, die durch eine französische Personengesellschaft vermittelt werden, gehören zu den Einkünften aus Vermietung und Verpachtung (revenus fonciers).[448] Steuerpflichtig sind danach Einkünfte nach Art. 14 CGI aus der Vermietung und Verpachtung bebauter und unbebauter Grundstücke des Privatvermögens, aus Rechten an unbeweglichem Vermögen, wie Nießbrauch (usufruit) an Immobilien und mit Nießbrauch belastetem unbeweglichem Vermögen (nue-propriété).[449] Der Anteil am Gewinn der französischen Personengesellschaft im Grundfall ist nach Art. 164 B I. a) CGI („revenus d'immeubles sis en France ou de droits relatifs à ces immeubles") in Frankreich steuerpflichtig. Diese Vorschrift erfasst die Einkünfte der in Frankreich erzielten Einkünfte aus einer französischen SCI[450] ebenso wie diejenigen aus einer société de copropriété im Sinne des Art. 1655 ter CGI.[451]

Die Einkünfte aus Vermietung und Verpachtung aus der deutschen GbR und der drittstaatlichen Personengesellschaft sind ebenfalls gem. Art. 164 B I. a) CGI in Frankreich steuerpflichtig. Ausländische Gesellschaften ordnet Frankreich für steuerliche Zwecke durch einen Vergleich mit inländischen Rechtsformen für eigene Besteuerungszwecke ein. Entspricht die ausländische Gesellschaft einer französischen Personengesellschaft, erfolgt eine Besteuerung nach Art. 8 CGI. Ausschlaggebendes Kriterium ist dabei die unbeschränkte Haftung aller Gesellschafter.[452] Dieses Kriterium dürfte bei einer GbR bejaht werden. Auch die deutsche Finanzverwaltung hält die société civile ebenfalls für vergleichbar mit einer GbR.[453] Auch die Gesellschaft im Drittstaat im Grundfall ist mit einer société civile vergleichbar. Die Gesellschaften sind demnach in Frankreich ebenfalls dem Besteuerungsregime des Art. 8 CGI unterworfen.

Zu beachten ist, dass eine mit einer société civile vergleichbare ausländische Personengesellschaft, die in Frankreich einer gewerblichen Tätigkeit nachgeht,

---

448 *Editions Francis Lefèbvre (Hrsg.)*, Memento Fiscal 2017, Rn. 30715.

449 *Gouthière*, Les impôts dans les affaires internationales, Rn. 67040.

450 *Gouthière*, Les impôts dans les affaires internationales, Rn. 67085.

451 BOI-RFPI-CHAMP-30-20 Rn. 60; weiter gehören dazu Einkünfte aus einem FPI, BOI-RFPI Rn. 10.

452 *Gouthière*, Les impôts dans les affaires internationales, Rn. 31327.

453 Teil 1 C. II. 1. a), zum Rechtstypenvergleich Teil 1 B. II. 1.

z.B. die Vermietung möblierter Häuser[454], in Frankreich automatisch der Körperschaftsteuer unterliegt.[455] Hier sind die Grundsätze der Körperschaftsteuer zu beachten, d.h. die Frage inländischer Einkünfte stellt sich im Rahmen des Art. 209 I CGI (unter Beachtung des Territorialitätsgrundsatzes[456]).

Verluste aus der Vermietungstätigkeit unterliegen einer strengen Verrechnungsregelung. Sie können nach Art. 156 I 3° Abs. 1 CGI grundsätzlich nur mit entsprechenden positiven Einkünften innerhalb der nächsten 10 Jahre verrechnet und vorgetragen werden.[457] Dies gilt nur für Verluste bis 10.700 Euro jährlich. Ein darüber hinausgehendes Defizit kann aber nach den allgemeinen Vorschriften für die Geltendmachung von Verlusten innerhalb der nächsten sechs Jahre durch Verrechnung mit den übrigen Einkünften geltend gemacht werden.[458] Die Verrechnung mit den übrigen Einkünften wird jedoch rückwirkend versagt, wenn die Immobilie nicht noch mindestens drei Jahre nach der Verrechnung vermietet wird.[459] Bei Beteiligung an einer Immobiliengesellschaft kommt hinzu, dass sich die Gesellschafter für den gleichen Zeitraum verpflichten müssen, ihre Beteiligungen nicht zu veräußern.[460]

b) Veräußerung der Immobilien

Die nur gelegentliche Veräußerung von Immobilien durch eine vermögensverwaltende Personengesellschaft wird in Frankreich nach den Vorschriften über private Veräußerungsgewinne besteuert.[461] Nach Art. 164 B I. e bis) 1° CGI sind die Gewinne aus der Veräußerung französischer Grundstücke und Gebäude sowie von Rechten an französischen Immobilien als inländische Einkünfte steuerpflichtig („les plus-values… relatives à des biens immobiliers situés en France ou à des droits relatifs à ces biens"). Art. 164 B I. e bis) CGI verweist hierzu auf Art. 150 U und 150 UB CGI, d.h. auf die Vorschriften zu den privaten Veräußerungsgewinnen im Inlandsfall.[462] Die Veräußerung französischer

454 Teil 1 A. II. 2.

455 *Gouthière*, Les impôts dans les affaires internationales, Rn. 31327.

456 Teil 1 A. III 1. a).

457 Besondere Reglungen gelten z.B. für die Verluste aus der Vermietung von Wohnraum („locaux d'habitation") nach Art. 156 I 3° Abs. 2 ff. CGI.

458 *Editions Francis Lefèbvre (Hrsg.)*, Memento Fiscal 2017, Rn. 27540.

459 BOI-RFPI-BASE-30-20-10 Rn. 40.

460 BOI-RFPI-BASE-30-20-10 Rn. 40.

461 *Editions Francis Lefèbvre (Hrsg.)*, Memento Fiscal 2017, Rn. 30725.

462 Ferner sind auch Gewinne aus der Veräußerung von Vermögen im Sinne des Art. 164 B I. e ter) CGI in Frankreich steuerpflichtig. Es handelt sich dabei um die als inländische Einkünfte steuerpflichtigen Veräußerungsgeschäfte, die bereits bei der Veräußerung

Immobilien durch die Personengesellschaften im Grundfall ist steuerpflichtig nach Art. 164 B I. e bis) 1° CGI.

Die Steuer wird bei Veräußerung durch Gesellschaften im Sinne des Art. 8–8 ter CGI mit Sitz in Frankreich nach Art. 244 bis I. 2. c) CGI und bei Veräußerung durch Gesellschaften jeder Rechtsform mit Sitz im Ausland mit oder ohne Rechtspersönlichkeit nach Art. 244 bis A I. 2. b) CGI durch Steuerabzug vom Veräußerungsgewinn erhoben.[463] Bei Veräußerung durch eine französische Personengesellschaft entrichtet die Gesellschaft die Steuer für den Gesellschafter.[464] Die Gesellschafter einer Personengesellschaft mit Sitz im Ausland unterliegen hingegen persönlich dem Steuerabzug des Art. 244 bis A CGI.[465]

Daneben sind auf den Veräußerungsgewinn die Zuschläge auf die Einkommensteuer in Höhe von 15,5 % zu entrichten.[466] Weiter wird auf diejenigen Gewinne, die zu einem Steuerabzug nach Art. 244 bis A CGI führen, die zusätzliche Steuer nach Art. 1609 nonies G CGI erhoben.[467]

c) Ergebnis

Im Grundfall ist der deutsche Gesellschafter mit den durch die französische, deutsche und drittstaatliche Personengesellschaft vermittelten Einkünften aus der Vermietung und gelegentlichen Veräußerung französischer Immobilien in Frankreich beschränkt einkommensteuerpflichtig. Die Steuerpflicht hinsichtlich der Vermietungseinkünfte ergibt sich aus Art. 164 B I. a) CGI. Die Einkünfte aus der gelegentlichen Veräußerung der französischen Immobilien sind steuerpflichtig nach Art. 164 B I. e bis) 1° CGI. Es wird hierauf ein Steuerabzug nach Art. 244 bis A CGI erhoben in Höhe von 19 %. Hinzu treten Zuschläge zur Einkommensteuer, die nicht (mehr) abgesetzt werden können, sie betragen derzeit 15,5 % des steuerpflichtigen Gewinns im Sinne des Art. 244 bis A CGI. Nach Art. 1609 nonies G CGI wird auf Veräußerungsgewinne von mehr als 50.000

---

von Beteiligungen an Kapitalgesellschaften besprochen worden sind, hierzu Teil 1 B. III. 2. a) 1).

463 BOI-RFPI-PVINR-10-10 Rn. 1, 30; der Steuerabzug ist zudem nach Art. 244 bis A I 2. d) CGI auf Immobilieninvestmentfonds in Bezug auf den auf einen ausländischen Anteilsinhaber entfallenden Anteil am Gewinn aus der Veräußerung anzuwenden.

464 *Gouthière*, Les impôts dans les affaires internationales, Rn. 67710; *Castagnède*, Précis de fiscalité internationale, Rn. 184.

465 *Castagnède*, Précis de fiscalité internationale, Rn. 184.

466 Hierzu Teil 1 B. III. 2. b).

467 Hierzu Teil 1 B. III. 2. c).

Euro im Sinne des Art. 244 bis A CGI eine zusätzlich Steuer in Höhe von bis zu 6 % erhoben.

Die Einkünfte unterliegen auch in Deutschland der Besteuerung aufgrund der unbeschränkten Einkommensteuerpflicht des deutschen Gesellschafters (Welteinkommensprinzip), sodass eine Doppelbesteuerung entsteht.

3. Anwendung des DBA

a) Anwendung aus deutscher Sicht

Der deutsche Gesellschafter ist als natürliche, in Deutschland ansässige Person persönlich abkommensberechtigt gem. Art. 2 Abs. 1 Nr. 3 a), Nr. 4 a) DBA Deutschland-Frankreich. Personengesellschaften kommen grundsätzlich ebenfalls als ansässige Personen in Betracht. Als Personen im Sinne des DBA gelten neben den natürlichen Personen nach Art. 2 Abs. 1 Nr. 3 b) DBA Deutschland-Frankreich juristische Personen sowie Personenvereinigungen und Vermögensmassen, die als solche der Besteuerung wie eine juristische Person unterliegen. Die Bedeutung des Begriffs „juristische Person" ermittelt sich nach dem Recht des Anwendestaates (Art. 2 Abs. 2 DBA Deutschland-Frankreich). Personengesellschaften sind allerdings keine juristischen Personen, sondern Gesamthandsgesellschaften.[468] Die Personenhandelsgesellschaften Kommanditgesellschaft (KG) und offene Handelsgesellschaft (OHG) sind zwar rechtsfähig nach §§ 124 Abs. 1, 161 Abs. 2 HGB, ebenso wie die Gesellschaft bürgerlichen Rechts, wenn Letztere als Außengesellschaft auftritt[469]. Die Rechtsfähigkeit als juristische Person im Gegensatz zur Rechtsfähigkeit einer Gesamthand muss einer Gesellschaft durch den Staat aber (gesetzlich) zuerkannt werden.[470] Personengesellschaften sind damit keine juristischen Personen, stellen aber „Personenvereinigungen" im Sinne des Abkommens dar.[471] Sie gelten als juristische Person für Abkommenszwecke nach Art. 2 Abs. 1 Nr. 3 b) DBA Deutschland-Frankreich, wenn sie selbst einer Steuerpflicht wie eine juristische Person unterliegen, also einer der Körperschaftsteuer vergleichbaren Steuer unterworfen sind. Die

---

468 Die Gesamthandsgesellschaften zeichnen sich dadurch aus, dass alle Gesellschafter zur gleichen Hand am Gesellschaftsvermögen beteiligt sind. Für die GbR ist dies geregelt in § 719 BGB. Für die OHG und die KG gilt dies aufgrund der Verweise in § 105 Abs. 3 HGB und §§ 161 Abs. 2, 105 Abs. 3 HGB auf das Recht der GbR.

469 BGH, Urteil v. 29.1.2001, Az. II ZR 331/00, NJW 2001, S. 1056.

470 *Reuter*, in: Münchner Kommentar zum BGB, Band 1, Vor § 21, Rn. 52.

471 *Jacobs*, Internationale Unternehmensbesteuerung, S. 489; *Wassermeyer*, in: Wassermeyer, DBA (OECD-MA), Art. 1 Rn. 16.

Körperschaftsteuerpflicht ergibt sich in Deutschland aus § 1 KStG. Bestimmte Personenvereinigungen, namentlich nichtrechtsfähigen Vereine, Anstalten, Stiftungen und andere Zweckvermögen des privaten Rechts sind in § 1 Abs. 1 Nr. 5 KStG selbst körperschaftsteuerpflichtig, Personengesellschaften hingegen nicht. Sie sind aus deutscher Sicht daher auch endgültig nicht abkommensberechtigt.[472] Bei ausländischen Personengesellschaften wird durch Rechtstypenvergleich ermittelt, ob diese mit einer deutschen Personengesellschaft vergleichbar sind.[473] Sodann ist nach dem Besteuerungsregime im Sitzstaat der Gesellschaft zu ermitteln, ob die Gesellschaft dort selbst der Besteuerung unterliegt. Die (vermögensverwaltende) französische Gesellschaft unterliegt in Frankreich jedoch nicht selbst der Körperschaftsteuerpflicht. Eine französische société civile ist damit ebenfalls grundsätzlich nicht abkommensberechtigt.[474] Auf die Personengesellschaft mit Sitz im Drittstaat ist das DBA Deutschland-Frankreich ebenfalls nicht anwendbar.[475]

Anwendbar ist das deutsch-französische DBA somit nur zugunsten des deutschen Gesellschafters, dessen Einkünfte aus den Beteiligungen in die Abkommensartikel einzuordnen sind. Ist eine Gesellschaft vermögensverwaltend tätig, so vermittelt diese nach Ansicht der Finanzverwaltung[476] sowie der Rechtsprechung[477] keine unternehmerischen Einkünfte im Sinne des Art. 7 OECD-MA. Im Grundfall vermitteln die Beteiligungen an den Gesellschaften jeweils Vermietungseinkünfte aus unbeweglichem französischem Vermögen im Sinne des Art. 3 Abs. 1 DBA Deutschland-Frankreich. Diese Einkünfte können nach Art. 3 Abs. 1 DBA Deutschland-Frankreich nur in dem Staat besteuert werden, in

---

472 Deutsche Personengesellschaften sind aber zumindest dann als abkommensberechtigte Person im Sinne des DBA Deutschland-Frankreich anzusehen, wenn sie ausnahmsweise selbst als Steuerpflichtige der betreffenden Steuer unterliegen, z.B. bei Grundsteuer oder Gewerbesteuer, diese Ausnahme ist aber wenig bedeutsam, *Kramer*, in: Wassermeyer, DBA (Frankreich), Art. 2 Rn. 15; *Kessler/Sinz/Achilles-Pujol*, DBA-Kommentar Deutschland/Frankreich, S. 19.

473 Zum Rechtstypenvergleich Teil 1 B. II. 1.

474 Anderes gilt, wenn diese in Frankreich zur Besteuerung nach der Körperschaftsteuer optiert hat, *Kramer*, in: Wassermeyer, DBA (Frankreich), Art. 2 Rn. 15; a. A. *Kessler/Sinz/Achilles-Pujol*, DBA-Kommentar Deutschland/Frankreich, S. 19.

475 Bestünde ein DBA zwischen Deutschland und dem Drittstaat, wäre dieses aber, wenn es dem OECD-MA entspricht, ebenfalls nicht auf die Personengesellschaft anzuwenden, wenn der Drittstaat die Personengesellschaft als transparent behandelt.

476 BMF, Schreiben v. 26.9.2014, BStBl. I 2014, S. 1258 (Rn. 2.3.1).

477 BFH, Urteil v. 9.12.2010, Az. I R 49/09, BStBl. II 2010, S. 482; BFH, Urteil v. 28.4.2010, Az. I R 81/09, DStR 2010, 1220.

dem das unbewegliche Vermögen belegen ist. Da Deutschland die deutsche und drittstaatliche Personengesellschaften als transparent ansieht, stammen die Einkünfte aus der Vermietung und Verpachtung französischer Immobilien aus Sicht Deutschlands direkt aus Frankreich, dem Belegenheitsstaat der Immobilien, nicht hingegen aus dem jeweiligen Sitzstaat der Personengesellschaft (sofern abweichend).

Der deutsche Gesellschafter könnte sich auch – sofern vorhanden – auf das DBA mit dem Drittstaat berufen. Entspricht dieses dem OECD-MA, liegen in diesem Verhältnis im Drittstaat aber keine Einkünfte aus unbeweglichem Vermögen vor, da sich das unbewegliche Vermögen nicht in einem der Vertragsstaaten, sondern in Frankreich befindet. Stattdessen handelt es sich dabei um „andere Einkünfte" im Sinne des Art. 21 OECD-MA, die im Verhältnis Deutschlands zum Drittstaat nur in Deutschland besteuert werden können. Da sich im Ergebnis der deutsche Gesellschafter hinsichtlich der Vermietungseinkünfte aus den französischen Immobilien auf Art. 3 Abs. 1 DBA Deutschland-Frankreich berufen kann, hat Deutschland als Ansässigkeitsstaat des Gesellschafters kein Besteuerungsrecht an den Einkünften, sodass ein Doppelbesteuerungsausgleich nicht erforderlich ist; die Freistellungsvorschrift Art. 20 Abs. 1 a) DBA Deutschland-Frankreich verweist nur auf das Recht Deutschlands zur Anwendung des Progressionsvorbehalts gemäß § 32b Abs. 1 Nr. 3 EStG.

Die Gewinne aus der Veräußerung französischer Immobilien können jeweils nach Art. 7 Abs. 1 DBA Deutschland-Frankreich in Frankreich besteuert werden, da es sich dabei um Gewinne aus der Veräußerung von im anderen Vertragsstaat gelegenen Vermögen, nämlich Frankreich, handelt.[478] Dies gilt für die Gewinne aus der Veräußerung von Immobilien durch alle Personengesellschaften im Grundfall. Aufgrund der Transparenzbetrachtung stammen die Einkünfte aus französischer Quelle. Da das DBA keine ausschließliche Zuordnung des Besteuerungsrechts zum Belegenheitsstaat des Vermögens trifft, ist Deutschland gleichermaßen zur Besteuerung berechtigt. Als Ansässigkeitsstaat des Gesellschafters stellt Deutschland die Einkünfte frei nach Art. 20 Abs. 1 a) DBA Deutschland-Frankreich. Die Freistellung erfolgt unter Wahrung des Progressionsvorbehalts nach Maßgabe des § 32b Abs. 1 Nr. 3 EStG.

478 Die entsprechende Regelung fand sich bis zur Änderung durch das Zusatzabkommen 2015 in Art. 3 Abs. 4 S. 2 DBA Deutschland-Frankreich a.F.

b) Anwendung aus französischer Sicht

1) Personengesellschaft mit Sitz in Frankreich

Für die Anwendbarkeit des DBA aus französischer Sicht ist zu prüfen, ob vorliegend der Gesellschafter oder die Gesellschaft als abkommensberechtigte Person hinsichtlich der Einkünfte aus der Vermietungstätigkeit und der Veräußerungen anzusehen ist. Frankreich behandelt, anders als Deutschland, Personengesellschaften als ansässige Personen im Sinne der DBA, differenziert dabei aber zwischen der Ansässigkeit französischer und ausländischer Personengesellschaften. Aus Sicht Frankreichs sind französische Personengesellschaften, mit Ausnahme der société de copropriété, als juristische Personen (personnes morales) abkommensberechtigt.[479] Die Personengesellschaften unterliegen zwar nicht selbst der Körperschaftsteuer in Frankreich, dies ist aber aus französischer Sicht für eine Ansässigkeit der Personengesellschaft auch gar nicht erforderlich. Frankreich betrachtet Personengesellschaften als ansässig im Sinne des Abkommensrechts aufgrund ihrer Steuersubjekt-Eigenschaft.[480] Die Transparenz von Personengesellschaften zeichnet sich nach dem Musterkommentar der OECD hingegen dadurch aus, dass die Personengesellschaft selbst nicht steuerpflichtig ist, sondern die Einkünfte durch die Gesellschaft „hindurchfließen" und beim Gesellschafter besteuert werden.[481] Deutschland, diesem Transparenzprinzip folgend, behandelt daher Personengesellschaften auch nicht als ansässig und stellt auf die fehlende Körperschaftsteuerpflicht ab. In Frankreich unterliegen Personengesellschaften selbst keiner Körperschaftsteuerpflicht, das französische Besteuerungskonzept in Art. 8 CGI sieht vor, dass die Einkünfte beim Gesellschafter besteuert werden und ist mit dem deutschen Besteuerungskonzept vergleichbar.[482] Wegen ihrer Eigenschaft als Steuersubjekt im französischen Steuerrecht fließen aber die Einkünfte, die eine Personengesellschaft erzielt, aus französischer Sicht nicht einfach durch die Personengesellschaft hindurch, sondern werden durch diese erzielt und als Steuersubjekt vereinnahmt. Die Personengesellschaften sind aus französischer Sicht somit selbst als ansässige Personen zu

479 *Walter*, Fiches de droit fiscal international, S. 33; *Gouthière*, Les impôts dans les affaires internationales, Rn. 31555; *Castagnède*, Précis de fiscalité internationale, Rn. 264.

480 *Gouthière*, Les impôts dans les affaires internationales, Rn. 31555; z.B. CE., Entscheidung v. 11.7.2011, Nr. 317024 („Quality Invest"), RJF 2011 Nr. 1063; CE, Entscheidung v. 13.2.2013, Nr. 34085, RJF 2013 Nr. 506.

481 Wassermeyer, DBA (OECD-MA), Art. 4 MK 8.8.

482 Teil 1 A. III. 2.

behandeln, was Frankreich als Vorbehalt zum OECD-MK auch geltend macht.[483] Damit sind französische Personengesellschaften abkommensrechtlich ansässig, während nicht ausschlaggebend ist, ob und in welchem Staat ihre Gesellschafter ansässig sind oder ob die Gesellschafter z.B. eine Betriebsstätte in Frankreich haben.[484] Maßgeblich ist aus französischer Sicht, welche Einkünfte die französische Personengesellschaft selbst bezieht. Frankreich wendet das Abkommen zwischen dem Ansässigkeitsstaat einer französischen Personengesellschaft und dem Quellenstaat an, aus dem die französische Personengesellschaft Einkünfte bezieht.[485] Dies gilt auch, wenn sie Einkünfte aus der Vermietung und Verpachtung erzielt, sie ist abkommensrechtlich ansässig.[486] Sondervorschriften in den DBA sind zu beachten.[487]

Hierdurch besteht zwischen Deutschland und Frankreich ein Konflikt bei der Auslegung des DBA. Frankreich behandelt Personengesellschaften als ansässige Personen, während in Deutschland nur die Gesellschafter als ansässig angesehen werden. Es besteht damit zunächst ein sog. subjektiver Qualifikationskonflikt hinsichtlich des Besteuerungssubjekts. Hieraus resultiert in aller Regel auch ein objektiver Qualifikationskonflikt, der eine unterschiedliche Einordnung der Einkünfte des Gesellschafters in die Verteilungsartikel durch die Vertragsstaaten zur Folge hat, z.B. die Einordnung durch Staat A als Dividende einerseits (intransparente Betrachtung) und durch Staat B als unternehmerische Einkünfte oder Einkünfte aus unbeweglichem Vermögen andererseits (transparente Betrachtung). Gerade der objektive Qualifikationskonflikt besteht angesichts der Besonderheiten des französischen Steuerrechts nicht, denn die Personengesellschaften entfalten auch nach französischem nationalem Steuerrecht keine Abschirm- bzw. Thesaurierungswirkung. Im Grundfall ordnet Frankreich die Einkünfte stattdessen im Ergebnis übereinstimmend mit Deutschland in das DBA ein: Frankreich wendet das DBA auf die französische Personengesellschaft an, die (selbst) Einkünfte aus der Vermietung französischer Immobilien bezieht, welche nach Art. 3 Abs. 1 DBA Deutschland-Frankreich nur in Frankreich und nicht vom

---

483 Wassermeyer, DBA (OECD-MA), Art. 4 MK 29.

484 *Castagnède*, Précis de fiscalité internationale, Rn. 263 f.; *Gouthière*, Les impôts dans les affaires internationales, Rn. 31570.

485 *Gouthière*, Les impôts dans les affaires internationales, Rn. 31346.

486 *Gouthière*, Les impôts dans les affaires internationales, Rn. 67170.

487 *Castagnède*, Précis de fiscalité internationale, Rn. 264; eine solche Sondervorschrift gilt z. B für unternehmerische Einkünfte in Art. 4 Abs. 3 DBA Deutschland-Frankreich, die Ansässigkeit von Personengesellschaften ist aber nicht Gegenstand einer ausdrücklichen Regelung im DBA Deutschland-Frankreich.

deutschen Gesellschafterstaat besteuert werden können. Übereinstimmend gelangen Deutschland und Frankreich somit hier zu einem Besteuerungsrecht für Frankreich. Die Einkünfte aus der Veräußerung der französischen Immobilien ordnet Frankreich in Art. 7 Abs. 5 DBA Deutschland-Frankreich ein, wonach die Gewinne aus der Veräußerung des in Art. 7 Abs. 1–4 nicht genannten Vermögens nur im Ansässigkeitsstaat des Veräußerers besteuert werden können. Art. 7 Abs. 1 DBA Deutschland-Frankreich erfasst nur Einkünfte aus der Veräußerung von unbeweglichem Vermögen im anderen Vertragsstaat und ist nicht einschlägig, denn aus Sicht Frankreichs liegt das veräußerte Vermögen im Ansässigkeitsstaat der Gesellschaft, und gerade nicht im „anderen Staat". Frankreich besteuert somit die Veräußerungseinkünfte der französischen société civile nach Art. 7 Abs. 5 DBA Deutschland-Frankreich als Ansässigkeitsstaat der Gesellschaft, während Deutschland diese nach eigener Wertung gemäß Artt. 7 Abs. 1, 20 Abs. 1 a) DBA Deutschland-Frankreich jeweils freistellt. Im Ergebnis wird so eine Doppelbesteuerung vermieden.

Die Einordnung erfolgt auch bei einer société de copropriété im Grundfall übereinstimmend mit Deutschland, da Frankreich diese Gesellschaft nicht als ansässig behandelt. Der deutsche Gesellschafter, auf dessen Ansässigkeit es hier auch aus französischer Sicht mangels eigener Abkommensberechtigung der Gesellschaft ankommt, erzielt Einkünfte aus der Vermietung unbeweglichen französischen Vermögens, die nach Art. 3 Abs. 1 DBA Deutschland-Frankreich nur in Frankreich besteuert werden können. Frankreich hat danach ebenfalls ein ausschließliches Besteuerungsrecht, während Deutschland die Einkünfte freistellt. Im Ergebnis wird die Doppelbesteuerung bei der Vermietung vermieden. Bei der Veräußerung ist Art. 7 Abs. 1 DBA Deutschland-Frankreich anwendbar, wonach Frankreich das Recht zur Besteuerung der Gewinne aus der Veräußerung der französischen Immobilien hat, Deutschland stellt die Einkünfte nach Art. 20 Abs. 1 a) DBA Deutschland-Frankreich frei. Im Ergebnis wird auch hier die Doppelbesteuerung vermieden, da Deutschland die Gewinne aus der Veräußerung der französischen Immobilien freistellt.

2) Personengesellschaft mit Sitz in Deutschland

Ausländische Personengesellschaften in Staaten, die bei der Besteuerung von Personengesellschaften das Transparenzprinzip im Sinne der OECD verfolgen (zu denen auch Deutschland gehört), sind aus Sicht Frankreichs nicht abkommensberechtigt.[488] Zwar erkennt Frankreich auch ausländischen Gesellschaften

488 *Castagnède*, Précis de fiscalité internationale, Rn. 265.

Steuersubjekt-Eigenschaft zu und unterstellt sie bei Vergleichbarkeit mit einer französischen Personengesellschaft ebenfalls dem Besteuerungsregime des Art. 8 CGI, dies begründet jedoch nicht die Ansässigkeit einer ausländischen Gesellschaft nach Abkommensrecht. Stattdessen berücksichtigt Frankreich, dass die Gesellschaft in ihrem Sitzstaat nach ausländischem Steuerrecht nicht selbst der Steuer unterliegt, d.h. (aus Sicht Frankreichs) dort nicht als Steuersubjekt anerkannt wird. Dies hat zur Folge, dass das DBA zwischen Frankreich als Quellenstaat, aus dem eine Personengesellschaft mit Sitz außerhalb Frankreichs Einkünfte bezieht, und dem Sitzstaat dieser transparenten Personengesellschaft keine Anwendung findet, ebenso wenig aber das jeweilige DBA zwischen Frankreich und dem Ansässigkeitsstaat der Gesellschafter der Personengesellschaft.[489] Frankreich erkennt die Transparenz ausländischer Personengesellschaften nur in Ausnahmefällen an mit der Folge, dass sich die im Ausland ansässigen Gesellschafter einer ausländischen Personengesellschaft auf das DBA zwischen ihrem Ansässigkeitsstaat und Frankreich berufen können. Die Anerkennung ist jedoch beschränkt auf Dividenden, Lizenzgebühren und Zinsen, die ein ausländischer Gesellschafter über eine ausländische Personengesellschaft aus französischer Quelle bezieht.[490] Bei anderen Einkünften aus französischer Quelle, z.B. Einkünften aus unbeweglichem Vermögen sowie Veräußerungsgewinnen, erkennt Frankreich die Transparenz ausländischer Personengesellschaften nicht an.[491] Dies hat zur Folge, dass in einem solchen Fall in Bezug auf die durch die Personengesellschaft erzielten Einkünfte weder die Gesellschaft abkommensrechtlich ansässig ist, noch ihre Gesellschafter.

Im Grundfall erkennt Frankreich die Transparenz der deutschen GbR nicht an, da es um Einkünfte aus unbeweglichem Vermögen und Veräußerungsgewinne

---

489 *Castagnède*, Précis de fiscalité internationale, Rn. 265.

490 Voraussetzungen für die Anerkennung der Transparenz im Einzelnen: BOI-INT-DG-20-20-20-10 Rn. 80 f. (Dividenden); BOI-INT-DG-20-20-30 Rn. 120 f (Lizenzgebühren und Zinsen): Die ausländische Gesellschaft muss in einem Staat ansässig sein, mit dem Frankreich ein DBA abgeschlossen hat, das eine Klausel zur gegenseitigen Amtshilfe gegen Steuerhinterziehung und Steuerflucht enthält. Weiter müssen auch die Gesellschafter in Frankreich oder einem Staat ansässig sein, mit dem Frankreich ein DBA mit einer Klausel zur gegenseitigen Amtshilfe gegen Steuerhinterziehung und Steuerflucht abgeschlossen hat. Die Einkünfte aus französischer Quelle, die durch die ausländische Gesellschaft an die Gesellschafter fließen, müssen sowohl im Staat der Gesellschaft als auch im Staat der Gesellschafter als Einkünfte der Gesellschafter gelten. Weiter dürfen die Gesellschafter ihrerseits keine Personengesellschaften sein.

491 *Gouthière*, Les impôts dans les affaires internationales, Rn. 31605.

geht. Die GbR selbst ist ebenfalls nicht abkommensberechtigt aus französischer Sicht. Abkommensberechtigt sind demnach weder die GbR noch der deutsche Gesellschafter, d.h. das DBA Deutschland-Frankreich ist gar nicht anwendbar, da hier aus Sicht Frankreichs keine ansässige Person besteht, die sich hinsichtlich der durch die Personengesellschaft erzielten Einkünfte auf das Abkommen berufen könnte. In der Folge besteuert Frankreich nach seinem nationalen Recht die Einkünfte, ohne durch das DBA Deutschland-Frankreich eingeschränkt zu werden. Es ergibt sich somit aus dem DBA Deutschland-Frankreich keine Beschränkung des französischen Steuerrechts, weder in Bezug auf die Einkünfte aus der Vermietung und Verpachtung noch aus der Veräußerung des französischen Grundbesitzes. Im Ergebnis wird die Doppelbesteuerung aber vermieden, da Deutschland für die Einkünfte aus der Vermietung und Verpachtung nach eigener Wertung gemäß Art. 3 Abs. 1 DBA Deutschland-Frankreich kein Besteuerungsrecht hat und aus der Veräußerung erzielte Gewinne freistellt (Artt. 7 Abs. 1, 20 Abs. 1 Nr. 1a) DBA Deutschland-Frankreich).

3) Personengesellschaft mit Sitz im Drittstaat

Das DBA Deutschland-Frankreich ist zugunsten der Personengesellschaft aus Sicht Frankreichs nicht anwendbar.[492] Der deutsche Gesellschafter ist nach den soeben dargestellten Grundsätzen ebenfalls nicht abkommensberechtigt. Frankreich sieht sich mithin durch das DBA Deutschland-Frankreich nicht gehindert an der Besteuerung der Einkünfte aus der Personengesellschaft mit Sitz im Drittstaat. Es wird im Ergebnis aber eine Doppelbesteuerung vermieden, da Deutschland nach eigener Wertung die Einkünfte nach dem DBA Deutschland-Frankreich aus der Vermietung und Verpachtung nicht besteuern darf und Veräußerungsgewinne freistellt.

c) Ergebnis

Es entsteht bei der Besteuerung der Einkünfte aus den Beteiligungen an der deutschen, französischen und drittstaatlichen Gesellschaften im Grundfall ein subjektiver Qualifikationskonflikt. Ungeachtet der unterschiedlichen sowie teils nur einseitigen Abkommensanwendung des deutsch-französischen DBA auf die Personengesellschaften und ihre Gesellschafter durch Deutschland und Frankreich bleibt dies für den deutschen Gesellschafter folgenlos. Deutschland behandelt

---

492 Auch das DBA zwischen Frankreich und dem Drittstaat findet keine Anwendung, sofern es dem OECD-MA entspricht. Frankreich erkennt die ausländische Personengesellschaft nicht als ansässig an.

im Grundfall nur den deutschen Gesellschafter als abkommensberechtigte Person, nicht aber die Personengesellschaften. Dadurch besteht zugunsten Frankreichs aus Sicht Deutschlands hinsichtlich der durch die Personengesellschaften erzielten Vermietungseinkünfte aus den französischen Immobilien ein Besteuerungsrecht nach Art. 3 Abs. 1 DBA Deutschland-Frankreich, sodass Frankreich als Belegenheitsstaat diese Einkünfte ausschließlich selbst besteuern kann. An den Einkünften aus der Veräußerung der französischen Immobilien durch die Personengesellschaften hat Frankreich nach Art. 7 Abs. 1 DBA Deutschland-Frankreich ebenfalls ein Besteuerungsrecht. Deutschland als Ansässigkeitsstaat des deutschen Gesellschafters hat für die Einkünfte aus der Vermietung kein Besteuerungsrecht und stellt diese Einkünfte frei. An den Einkünften aus der Veräußerung der französischen Immobilien hat Deutschland ebenfalls ein Besteuerungsrecht, stellt diese Einkünfte aber ebenfalls frei.

Frankreich wendet hingegen das DBA Deutschland-Frankreich nur auf die Personengesellschaft mit Sitz in Frankreich an, nicht hingegen auf den deutschen Gesellschafter oder auf die Personengesellschaften mit Sitz in Deutschland und dem Drittstaat. In der Folge sieht sich Frankreich berechtigt, die durch die französische Personengesellschaft erzielten Einkünfte aus der Vermietung und Verpachtung der französischen Immobilien gem. Art. 3 Abs. 1 DBA Deutschland-Frankreich zu besteuern, ebenso die Gewinne aus der Veräußerung der französischen Immobilien, für die es gem. Art. 7 Abs. 5 DBA Deutschland-Frankreich ein Besteuerungsrecht als Ansässigkeitsstaat (der Personengesellschaft) annimmt. Auf die deutsche Personengesellschaft sowie die Gesellschaft mit Sitz im Drittstaat wendet Frankreich das DBA Deutschland-Frankreich hingegen mangels Abkommensberechtigung dieser Personengesellschaften nicht an und sieht sich folglich durch Vorschriften des DBA Deutschland-Frankreich nicht in der Besteuerung eingeschränkt. Frankreich versagt die Abkommensberechtigung wegen der transparenten Besteuerung der ausländischen Personengesellschaften in ihrem jeweiligen Sitzstaat. Jedoch erkennt Frankreich die Transparenz der ausländischen Personengesellschaften ebenfalls nicht an, da die Personengesellschaft Einkünfte aus Vermietung erzielt. Dies hat zur Folge, dass auch der deutsche Gesellschafter nicht abkommensberechtigt ist. Im Ergebnis sieht sich Frankreich also zur Besteuerung berechtigt, was aus deutscher Sicht ebenfalls zutrifft. Kraft eigener Abkommenswertung wird so wegen des fehlenden Besteuerungsrechts Deutschlands an den Einkünften aus der Vermietung und Verpachtung sowie im Übrigen durch Freistellung der Veräußerungsgewinne eine Doppelbesteuerung im Verhältnis Deutschland-Frankreich durch Deutschland vermieden.

Besteuert der Drittstaat die Einkünfte aus der dort ansässigen Personengesellschaft, kann dies zu einer Doppelbesteuerung im Verhältnis zu Deutschland und Frankreich führen, die im bilateralen Verhältnis zwischen dem Drittstaat und Deutschland bzw. Frankreich geklärt werden muss, unter Berücksichtigung bestehender DBA zwischen den beteiligten Staaten.

III. Besteuerung der Beteiligungsveräußerung

1. Besteuerung in Deutschland

Die Veräußerung der Beteiligungen im Grundfall ist steuerpflichtig nach §§ 22 Nr. 2, 23 EStG (Einkünfte aus privaten Veräußerungsgeschäften).[493] Nach § 23 Abs. 1 S. 4 EStG gilt die Anschaffung oder Veräußerung einer unmittelbaren oder mittelbaren Beteiligung an einer Personengesellschaft als Anschaffung oder Veräußerung der anteiligen Wirtschaftsgüter. Für die Ermittlung der Steuerpflicht ist jeweils die Zusammensetzung des Gesellschaftsvermögens entscheidend. Der Gewinn aus der Veräußerung der Beteiligung an einer in- oder ausländischen Personengesellschaft ist nur innerhalb der für das jeweilige Wirtschaftsgut maßgeblichen Veräußerungsfristen steuerpflichtig, wobei die Frist für jedes Wirtschaftsgut einzeln zu prüfen ist. Die Veräußerungsfrist beträgt bei Grundstücken gem. § 23 Abs. 1 S. 1 Nr. 2 EStG zehn Jahre. Veräußert der Gesellschafter die Beteiligungen der grundstücksverwaltenden Gesellschaften im Grundfall, so führt die Veräußerung zu steuerpflichtigen Gewinnen, wenn zwischen Erwerb und Veräußerung der Beteiligung weniger als zehn Jahre liegen, zu berücksichtigen sind auch gegebenenfalls abweichende Fristen für die in der Zwischenzeit erworbenen und bis zur Veräußerung der Beteiligung gehaltenen Grundstücke.[494] Die Rechtsprechung zum gewerblichen Grundstückshandel ist zu beachten.[495] Verluste aus privaten Veräußerungsgeschäften dürfen nach § 23 Abs. 3 S. 7, 8 EStG nur mit entsprechenden Gewinnen verrechnet werden.

2. Besteuerung in Frankreich

a) Steuerabzug nach Art. 244 bis A CGI

Der deutsche Gesellschafter ist beschränkt steuerpflichtig in Frankreich gem. Art. 164 B I. CGI. Die Veräußerung der Beteiligung an einer Personengesellschaft ist in Frankreich als Veräußerung eines Gesellschaftsrechts als solche

493 Teil 1 C. II. 1. b).
494 Mischfälle, Teil 1 C. II. 1. b).
495 Teil 1 C. II. 1. b).

steuerpflichtig, sie wird nicht wie in Deutschland als anteilige Veräußerung des Gesellschaftsvermögens behandelt.[496] Vorrangig ist zu prüfen, ob inländische Einkünfte gem. Art. 164 B I. e bis) und e ter) CGI vorliegen, von denen ein Steuerabzug nach Art. 244 bis A CGI erhoben werden kann.[497] Die Vorrangigkeit begründet sich aus der französischen Gesetzessystematik der Art. 244 bis A-C CGI. Nach Art. 244 bis C CGI sind bestimmte Veräußerungsgewinne steuerfrei, soweit nicht Art. 244 bis B (in Verbindung mit inländischen Einkünften nach Art. 164 B I. f) CGI) einen Steuerabzug erlaubt, der seinerseits die Vorrangigkeit des Art. 244 bis A CGI (in Verbindung mit inländischen Einkünften nach Art. 164 B I. e bis) und e ter) CGI) anordnet. Es handelt sich dabei um dieselben Tatbestände, die bereits bei der Veräußerung von Beteiligungen an Kapitalgesellschaften zu berücksichtigen waren, auf die dortige Darstellung der Systematik dieser Besteuerungsvorschriften in Frankreich wird verwiesen.[498] In Betracht kommen bei Veräußerung der Beteiligungen im Grundfall inländische Einkünfte nach Art. 164 B I. e bis) 3° CGI oder Art. 164 B I. e ter) 5° CGI.

Die Steuerpflicht für Gewinne aus der Veräußerung von Beteiligungen an Personengesellschaften mit Sitz in Frankreich ergibt sich aus Art. 164 B I. e bis) 3° CGI. Danach sind Gewinne aus der Veräußerung von Anteilen an Gesellschaften im Sinne des Art. 8, 8 bis und 8 ter CGI mit Sitz in Frankreich steuerpflichtig, deren Aktivvermögen im Zeitpunkt der Veräußerung mehrheitlich unmittelbar oder mittelbar aus französischen Immobilien und Rechten an diesen Immobilien besteht. Hierunter fallen Personengesellschaften mit Sitz in Frankreich sowie Gesellschaften im Sinne des Art. 1655 ter CGI unabhängig von deren Rechtsform.[499]

Der Gewinn aus der Veräußerung der Beteiligung an einer Personengesellschaft mit Sitz außerhalb Frankreichs, die überwiegend französische Immobilien verwaltet, ist in Frankreich steuerpflichtig nach Art. 164 B I. e ter) 5° CGI. Voraussetzung ist, dass das Aktivvermögen der Personengesellschaft zum Ende der drei der Veräußerung vorausgegangenen Geschäftsjahre mehrheitlich unmittelbar oder mittelbar aus in Frankreich belegenen Immobilien oder Rechten an diesen Immobilien besteht.[500] Hat die Gesellschaft, deren Beteiligung veräußert wird, noch keine drei vollen Geschäftsjahre vollendet, so sind nur bereits

496 *Viegener*, in: Wassermeyer, DBA (Frankreich), Anhang, Rn. 84.
497 BOI-RFPI-PVINR-10-20 Rn. 110.
498 Teil 1 B. III. 2. a).
499 BOI-RFPI-SPI-10-20 Rn. 1.
500 BOI-RPPM-PVBMI-10-10-10 Rn. 150.

abgeschlossene Wirtschaftsjahre vor Veräußerung maßgeblich, in Ermangelung eines abgeschlossenen Wirtschaftsjahres hilfsweise die Verhältnisse am Tag der Veräußerung.

Die Quote berechnet sich im Grundfall somit bei der französischen Personengesellschaft im Zeitpunkt der Veräußerung (Art. 164 B I. e bis) 3° CGI), bei den Personengesellschaften in Deutschland und im Drittstaat hingegen retrospektiv über einen Zeitraum von drei Jahren (Art. 164 B I. e ter) 5° CGI). Die Berechnung der Quote richtet sich nach denselben Grundsätzen wie bereits bei Kapitalgesellschaften, d.h. nach den Grundsätzen des Art. 150 UB CGI.[501] Die Quote ist anhand der Verkehrswerte des Aktivvermögens zum maßgeblichen Zeitpunkt, d.h. entweder im Veräußerungszeitpunkt oder innerhalb der letzten drei Wirtschaftsjahre vor der Veräußerung, zu ermitteln.[502]

Als Immobilien (immeubles) gelten in Frankreich belegene bebaute und unbebaute Grundstücke sowie Rechte an Immobilien. Ohne Einfluss bleiben Immobilien gewerblich, land- und forstwirtschaftlich oder freiberuflich tätiger Gesellschaften, wenn die Gesellschaft diese Immobilien für ihre Tätigkeit nutzt, dies ergibt sich aus der Anwendung der Grundsätze des Art. 150 UB CGI. Nicht zu berücksichtigen sind danach betrieblich genutzte Immobilien im Anlagevermögen. An Dritte vermietete, wie eine Kapitalanlage fungierende Immobilien sind jedoch bei Ermittlung der Quote einzubeziehen; ebenso einzubeziehen sind vermietete oder verpachtete leere oder ausgestattete Betriebsgrundstücke, Immobilien im Umlaufvermögen von Grundstücksmaklern und bestimmten Bauträgergesellschaften (sociétés de construction-vente) sowie Beteiligungen an Gesellschaften mit ihrerseits überwiegend französischem Immobilienbesitz.[503] Bei originär vermögensverwaltenden Gesellschaften sind, selbst wenn es sich um Handelsgesellschaften handelt, sämtliche Immobilien bei Ermittlung der Quote zu berücksichtigen.[504] Im Grundfall beträgt die Quote jeweils über 50 %, sodass die Veräußerung in Frankreich steuerpflichtig ist. Zusammenfassend führen die Gewinne aus der Veräußerung aus allen Beteiligungen im Grundfall zu inländischen französischen Einkünften gem. Art. 164 B I. e bis) oder e ter) CGI.

---

501 Teil 1 B. III. 2. a) 1).

502 *Delabre/Olivé*, La Semaine juridique Notariale et Immobilière 2012, Heft 49, Nr. 1392 (Rn. 26).

503 BOI-RFPI-SPI-10-20 Rn. 100.

504 *Delabre/Olivé*, La Semaine juridique Notariale et Immobilière, 2012, Heft 49, Nr. 1392 (Rn. 32); BOI-RFPI-SPI-10-20 Rn. 120.

Die so ermittelten inländischen Einkünfte unterliegen einem Steuerabzug gem. Art. 244 bis A CGI in Höhe von 19 % nach Art. 200 B CGI.[505] Der Steuerabzug hat Abgeltungswirkung für die Einkommensteuer (Art. 244 bis A V CGI).

Weist eine ausländische Personengesellschaft – anders als im Grundfall – innerhalb der letzten drei Jahre vor Veräußerung eine Immobilienquote von 50 % oder weniger auf, besteht keine beschränkte Einkommensteuerpflicht in Frankreich, da die Gewinne aus der Veräußerung allenfalls nach Art. 164 B I. f) CGI in Frankreich steuerpflichtig sein können, der aber nur Beteiligungen an körperschaftsteuerpflichtigen Gesellschaften mit Sitz in Frankreich behandelt. Ein Steuerabzug nach Art. 244 bis B CGI auf wesentliche Beteiligungen ist dann nicht mehr zu prüfen. Die Gewinne aus der Veräußerung der privaten Beteiligungen wären nach Art. 244 bis C CGI in Frankreich steuerfrei.

b) Zuschläge zur Einkommensteuer und zusätzliche Steuer nach Art. 1609 nonies CGI

Auf die Gewinne mit Steuerabzug gem. Art. 244 bis A CGI werden die bereits besprochenen Zuschläge zur Einkommensteuer erhoben (8,2 % CSG, 0,5 % CRDS, 4,5 % prélèvement social, 0,3 % contribution additionnelle, 2 % prélèvement de solidarité) in Höhe von 15,5 %.[506] Auch auf diese letzteren Zuschläge erfolgt eine Verschonung bei längerer Vorbesitzzeit. Ab 6 Jahren Vorbesitzzeit beträgt der Abschlag 1,65 %, sowie 1,6 % für das vollendete 22. Jahr der Vorbesitzzeit, und 9 % für jedes weitere Jahr, eine vollständige Befreiung tritt für Zwecke der Zuschläge erst nach 30 Jahren Besitzzeit ein.[507]

Weiter wird die zusätzliche Steuer nach Art. 1609 nonies G CGI erhoben auf Veräußerungsgewinne von mehr als 50.000 Euro, die Steuer beträgt zwischen 1 und 6 % bei Gewinnen über 260.000 Euro.[508]

c) Ergebnis

Bei Veräußerung der Beteiligungen an der deutschen, französischen und drittstaatlichen Personengesellschaft durch den deutschen Gesellschafter besteuert Frankreich im Grundfall die hieraus resultierenden Gewinne. Die Gewinne sind in Frankreich jeweils als inländische Einkünfte im Sinne des Art. 164 B I. e bis) oder ter) CGI steuerpflichtig unter Anknüpfung an das französische

505 Teil 1 B. III. 2. a) 2).
506 Teil 1 B. III. 2. b).
507 BOI-RFPI-PVI-20-20 Rn. 70.
508 Teil 1 B. III. 2. c).

Immobilienvermögen der Gesellschaften. Auf die Gewinne ist jeweils ein Steuerabzug nach Art. 244 bis A CGI in Höhe von 19 % vorzunehmen. Hinzu treten die Zuschläge zur Einkommensteuer in Höhe von 15,5 % des Veräußerungsgewinns. Zudem wird nach Art. 1609 nonies G CGI eine Steuer von zusätzlich bis zu 6 % auf die Einkünfte im Sinne des Art. 244 bis A CGI erhoben, soweit diese mehr als 50.000 Euro betragen.

Die Einkünfte des deutschen Gesellschafters aus der Veräußerung unterliegen auch im Wohnsitzstaat Deutschland der Besteuerung (Welteinkommensprinzip), sodass eine Doppelbesteuerung entsteht.

3. Anwendung des DBA

a) Anwendung aus deutscher Sicht

Der deutsche Gesellschafter ist abkommensberechtigt nach Art. 2 Abs. 1 Nr. 3 a), 4 a) DBA Deutschland-Frankreich. Die Veräußerung einer Beteiligung an einer Personengesellschaft ist steuerlich als anteilige Veräußerung der Wirtschaftsgüter der Gesamthand durch den Gesellschafter zu beurteilen.[509] Dies gilt für inländische wie ausländische Personengesellschaften unabhängig davon, welchem Besteuerungsregime sie in ihrem Sitzstaat unterliegen. Maßgeblich sind allein die Kriterien des deutschen Steuerrechts.[510] Der Veräußerungsgewinn ist damit dem Artikel über die Veräußerung des jeweils betroffenen Vermögens zuzuordnen, bei Immobilien verwaltenden Personengesellschaften in der Regel Art. 13 Abs. 1 MA (Veräußerung unbeweglichen Vermögens).[511] Vorliegend ist somit Art. 7 Abs. 1 DBA Deutschland-Frankreich einschlägig (Veräußerung des im anderen Vertragstaat gelegenen unbeweglichen Vermögens). Die neu eingeführte Regelung in Art. 7 Abs. 4 DBA Deutschland-Frankreich

509 FG Hamburg, Urteil v. 22.8.2006, Az. 7 K 139/03, EFG 2007, 101; *Wassermeyer*, in: Wassermeyer, DBA (OECD-MA), Art. 13 Rn. 21; *Rotter/Welz/Lammers*, Kommentar zur Verhandlungsgrundlage für DBA, S. 182; *Mensching*, in: Wassermeyer/Richter/Schnittker, Personengesellschaften im Internationalen Steuerrecht, Rn. 8.146; s. aber zivilrechtliche Sichtweise des FG München, Urteil v. 29.7.2013, Az. 7 K 190/11/, IStR 2013, 963 (rkr.); der Gesetzgeber hat allerdings durch Einführung des § 49 Abs. 1 Nr. 2 f) S. 2 EStG die Veräußerung an einer Beteiligung an einer gewerblich tätigen Gesellschaft steuerlich der anteiligen Veräußerung der Wirtschaftsgüter gleichgesetzt (mit Wirkung zum Veranlagungszeitraum 2017).

510 FG Hamburg, Urteil v. 22.8.2006, Az. 7 K 139/03, EFG 2007, 101.

511 *Rotter/Welz/Lammers*, Kommentar zur Verhandlungsgrundlage für DBA, S. 182; *Wassermeyer*, in: Wassermeyer, DBA (OECD-MA), Art. 13 Rn. 21; *Gradel/Klaeren*, in: Strunk/Kaminski/Köhler, AStG/DBA, Art. 13 Rn. 12.

ist nicht einschlägig, dieser erfasst nur Beteiligungen an Kapitalgesellschaften.[512] Für den Fall, dass Beteiligungen an Personengesellschaften einbezogen werden sollen, wird die erweiterte Formulierung „Gesellschaftsanteile und vergleichbare Beteiligungen" im jeweiligen DBA vorgeschlagen.[513] Eine solche Ausweitung ist in Art. 7 Abs. 4 DBA Deutschland-Frankreich gerade nicht aufgenommen worden.[514]

Deutschland ordnet den Gewinn aus der Veräußerung aller drei Gesellschaften im Grundfall in Art. 7 Abs. 1 DBA Deutschland-Frankreich ein, wonach die Gewinne, die eine in einem Vertragsstaat ansässige Person aus der Veräußerung unbeweglichen Vermögens bezieht, das im anderen Vertragstaat liegt, auch im Belegenheitsstaat des unbeweglichen Vermögens besteuert werden können. Im Grundfall ist aus deutscher Sicht Frankreich somit gem. Art. 7 Abs. 1 DBA Deutschland-Frankreich Frankreich zur Besteuerung berechtigt. Als gleichermaßen zur Besteuerung berechtigter Ansässigkeitsstaat hat Deutschland die Einkünfte nach Art. 20 Abs. 1 a) DBA Deutschland-Frankreich freizustellen. Die Freistellung erfolgt unter Wahrung des Progressionsvorbehalts nach § 32b Abs. 1 Nr. 3 EStG.

b) Anwendung aus französischer Sicht

Der deutsche Gesellschafter ist aus Sicht Frankreichs abkommensberechtigte ansässige Person, da er bei der Veräußerung der Beteiligung die Einkünfte erzielende Person ist, auf die Ansässigkeit der Personengesellschaft ist nicht abzustellen. Frankreich ordnet die Gewinne aus der Veräußerung der Beteiligung insgesamt einem Verteilungsartikel zu, und stellt anders als Deutschland nicht auf eine anteilige Veräußerung der dem Gesellschafter zuzurechnenden Wirtschaftsgüter der Personengesellschaft ab. Anders als Deutschland behandelt Frankreich Personengesellschaften nach seinem nationalen Recht als juristische Personen und rechnet das Gesellschaftsvermögen einer Personengesellschaft – mit Ausnahme des Vermögens einer Gesellschaft im Sinne des Art. 1655 ter CGI – dem Gesellschafter weder zivilrechtlich noch steuerlich zu.[515] Gewinne aus der Veräußerung der Beteiligungen an Personengesellschaften unterliegen in

---

512 Teil 1 B. III. 3. c) 2).

513 Wassermeyer, DBA (OECD-MA), Art. 13 MK 28.5.

514 Eine entsprechende Formulierung liegt z.B. vor im DBA zwischen Deutschland und den USA. Art. 13 Abs. 2 b) erfasst im Rahmen der dortigen Immobilienklausel „Anteile oder vergleichbare Beteiligungen an einer Gesellschaft", sowie daneben ausdrücklich „Beteiligungen an einer Personengesellschaft".

515 Teil 1 A. III. 2.

Frankreich nach innerstaatlichem Recht den Vorschriften über die Veräußerung von Wertpapieren und Gesellschaftsanteilen oder von Anteilen an Immobiliengesellschaften.[516] Aus Sicht Frankreichs sind, vorbehaltlich etwaiger Sondervorschriften in einem DBA, Gewinne aus der Veräußerung von Aktien, Anteilen und sonstige Beteiligungen an Kapital- und Personengesellschaften gleichermaßen als „Gains en Capital“ nach Art. 13 Abs. 5 OECD-MA (Veräußerung sonstigen Vermögens) oder, in Ermangelung einer solchen Vorschrift, als „andere Einkünfte“ nach Art. 21 OECD-MA jeweils nur im Ansässigkeitsstaat des Veräußerers zu versteuern.[517] Nach bisheriger deutsch-französischer Abkommenslage war aus Sicht Frankreichs auf die Gewinne aus der Veräußerung einer Beteiligung an einer vermögensverwaltenden Personengesellschaft Art. 18 DBA Deutschland-Frankreich als „sonstige Einkünfte“ anzuwenden, in der Folge hatte der Ansässigkeitsstaat des Gesellschafters das ausschließliche Besteuerungsrecht. Insoweit bestand nach alter Rechtslage bereits eine unterschiedliche abkommensrechtliche Einordnung, da Deutschland das Besteuerungsrecht auch beim Belegenheitsstaat des unbeweglichen Vermögens sah, Frankreich hingegen ausschließlich beim Ansässigkeitsstaat des Veräußerers. Stattdessen wendet Frankreich künftig den gegenüber Art. 7 Abs. 5 spezielleren[518] Art. 7 Abs. 4 DBA Deutschland-Frankreich nicht nur auf Kapitalgesellschaftsbeteiligungen, sondern auch auf Personengesellschaftsbeteiligungen an. Dies findet eine Stütze in der französischen Abkommensfassung, die nach ihrem Wortlaut „actions, parts ou droits“ erfasst, dies entspricht derselben Formulierung im nationalen Steuerrecht Frankreichs (z.B. in Art. 750 ter CGI), die Beteiligungen an Personengesellschaften umfasst.[519] Es ist daher anzunehmen, dass Frankreich sich bei innerstaatlicher Auslegung dieser Begriffe (Art. 2 Abs. 2 DBA Deutschland-Frankreich) darin bestätigt sieht, den Artikel auch auf Beteiligungen an Personengesellschaften anzuwenden, und somit das Besteuerungsrecht beim Belegenheitsstaat sieht. Ausgenommen sind hiervon allerdings Beteiligungen an sociétés de copropriété im Sinne des Art. 1655 ter CGI, da die Beteiligung an einer solchen Gesellschaft abkommensrechtlich bereits als unbewegliches Vermögen behandelt wird[520], hier ergibt sich das Besteuerungsrecht Frankreichs aus

516 Teil 1 C. III. 2. a).
517 *Gouthière*, Les impôts dans les affaires internationales, Rn. 67845.
518 Teil 1 B. III. 3. c) 2).
519 zu der Formulierung *Hahn*, in: Wassermeyer, DBA (Frankreich E) Art. 5 Rn. 72.
520 *Kramer*, in: Wassermeyer, DBA (Frankreich) Art. 7 Rn. 25.

Sicht Frankreichs ebenfalls aus Art. 7 Abs. 1 DBA Deutschland-Frankreich (Veräußerung von Immobilien im anderen Vertragsstaat).

Wendet Frankreich Art. 7 Abs. 4 DBA Deutschland-Frankreich an, so ermittelt sich die Immobilienquote nach denselben Grundsätzen wie bei Kapitalgesellschaftsanteilen.[521] Die Verkehrswerte des unbeweglichen Vermögens in einem Vertragsstaat sind danach ins Verhältnis zu setzen zum gesamten Aktivvermögen der Gesellschaft. Bei mehr als 50 % französischer Immobilien in einem Vertragsstaat im Zeitpunkt der Veräußerung liegt das Besteuerungsrecht aus Sicht Frankreichs dann beim Belegenheitsstaat. Alle Gesellschaften im Grundfall erfüllen somit die Immobilienquote. Frankreich geht im Grundfall damit jeweils von einem eigenen Besteuerungsrecht am Veräußerungsgewinn aus.

Da Deutschland gleichermaßen von einem Besteuerungsrecht Frankreichs aufgrund anteiliger Immobilienveräußerung gem. Art. 7 Abs. 1 DBA Deutschland-Frankreich ausgeht und die Einkünfte freistellt (Art. 20 Abs. 1 Nr. 1 a) DBA Deutschland-Frankreich), kann die Doppelbesteuerung durch das DBA vermieden werden.

c) Behandlung des Qualifikationskonflikts

Wird die Eigenschaft einer Gesellschaft als „Person" bzw. „juristische Person" im Sinne des DBA durch die beiden Vertragsstaaten unterschiedlich beurteilt, kommt es in Bezug auf die Anwendbarkeit des Art. 13 Abs. 4 OECD-MA (Veräußerung von Anteilen an Immobiliengesellschaften) häufig zu Qualifikationskonflikten.[522] Im Grundfall wendet Deutschland den Verteilungsartikel Art. 7 Abs. 1 DBA Deutschland-Frankreich (Veräußerung von Immobilien) auf das Gesellschaftsvermögen inländischer und ausländischer Personengesellschaften direkt an, der Gewinn aus der Veräußerung kann nur in Frankreich besteuert werden, Deutschland stellt den Gewinn aus der Veräußerung frei nach Art. 20 Abs. 1 a) DBA Deutschland-Frankreich. Frankreich ordnet hingegen die Beteiligung in Art. 7 Abs. 4 DBA Deutschland-Frankreich ein (Veräußerung von Anteilen an Immobiliengesellschaften) und hat in der Folge als Belegenheitsstaat ein Besteuerungsrecht, während Deutschland die Einkünfte aufgrund eigener Wertung freistellt. Der Qualifikationskonflikt bleibt hier aus diesem Grund ohne negative Folgen.

Der Qualifikationskonflikt kann sich jedoch deutlicher auswirken, je weiter die Immobilienquote in den Bereich der maßgeblichen 50 %-Grenze des Art. 7

---

521 Zu den Einzelheiten Teil 1 B. III. 3. c) 3).

522 *Wassermeyer*, in: Wassermeyer, DBA (OECD-MA), Art. 13 Rn. 123 c.

Abs. 4 DBA Deutschland-Frankreich sinkt. Mit Sinken und Steigen der Quote französischer Immobilien sinkt und steigt entsprechend der Anteil am Veräußerungsgewinn, den Deutschland als Ansässigkeitsstaat des Gesellschafters zugunsten Frankreichs wegen Art. 7 Abs. 1 des DBA teilweise freistellt, im Übrigen aber unter Inanspruchnahme z.B. des Art. 7 Abs. 5 DBA Deutschland-Frankreich (Gewinne aus der Veräußerung sonstigen Vermögens) als ausschließlich zur Besteuerung berechtigter Ansässigkeitsstaat selbst besteuert. Wenn Frankreich den gesamten Gewinn aus dem Beteiligungsverkauf besteuert, während Deutschland diesen Gewinn nur teilweise freistellt, nehmen aufgrund dieser unterschiedlichen Einordnung beide Staaten ein Besteuerungsrecht zumindest an Teilen des Veräußerungsgewinns in Anspruch (positiver Qualifikationskonflikt). Würde Frankreich hingegen bei Unterschreiten der Grenze von 50 % den Gewinn aus der Veräußerung gar nicht besteuern und Deutschland dennoch den auf die französischen Immobilien entfallenden Veräußerungsgewinn freistellen, stellt sich das Problem der doppelten Nichtbesteuerung eines Teils des Veräußerungsgewinns (negativer Qualifikationskonflikt).

Nach einer Ansicht soll ein solcher Qualifikationskonflikt im Rahmen des Art. 13 Abs. 4 OECD-MA anhand einer Auslegung aus dem Abkommenszusammenhang (autonome Auslegung) behoben werden.[523] Maßgeblich für diese Auslegung ist der Zusammenhang zwischen den Artikeln zur Einkünfteerzielung und zur Veräußerung des zuvor zur Einkünfteerzielung genutzten Vermögens. Jener Zusammenhang kommt auch im Kommentar zum OECD-MA zum Ausdruck: „*In der Regel wird das Recht zur Besteuerung des Gewinns aus der Veräußerung eines bestimmten Vermögenswertes dem Staat zugestanden, der nach dem Abkommen berechtigt ist, sowohl den Vermögenswert als auch die Einkünfte daraus zu besteuern*“.[524] Art. 13 Abs. 1 MA verweist z.B. auf die Veräußerung unbeweglichen Vermögens im Sinne des Art. 6 MA, ebenso wie auch Art. 7 Abs. 1 DBA Deutschland-Frankreich auf unbewegliches Vermögen im Sinne des Art. 3 DBA Deutschland-Frankreich verweist. Zwar verweisen weder Art. 13 Abs. 4 und 5 OECD-MA noch ihre Entsprechungen Art. 7 Abs. 4 und 5 im DBA Deutschland-Frankreich ihrerseits auf einen anderen Verteilungsartikel der laufenden Einkünfte aus dem Vermögen, die Ermittlung des Begriffs der „Anteile“ im Sinne des Art. 13 Abs. 4 OECD-MA erfordert aber eine Bezugnahme auf das Verständnis der Anteile, die Dividenden vermitteln.[525]

523 *Schmalz*, IStR 2003, 290.

524 Wassermeyer, DBA (OECD-MA), Art. 13 MK 4.

525 *Wagner/Lievenbrück*, IStR 2012, 593 (596).

Als Grundannahme liegt dieser Interpretation zugrunde, dass die Trennung des Gesellschaftsvermögens vom Gesellschafter sowie eine Thesaurierungswirkung durch die Gesellschaft miteinander einhergehen. „Anteile“ werden durch Kapitalgesellschaften ausgegeben, die ihrerseits Dividenden vermitteln, welche den Gesellschaftern erst bei einer Ausschüttung zukommen. Daher kommt bei einer in ihrem Sitzstaat als intransparent angesehenen Personengesellschaft der Rückgriff auf den Verteilungsartikel über Dividenden (Art. 10 Abs. 1, 3 OECD-MA) grundsätzlich in Betracht, da der Sitzstaat die Ausschüttungen der Personengesellschaft in der Regel auch als Dividende nach dem OECD-MA qualifiziert. Im deutsch-französischen Verhältnis trifft diese Grundannahme jedoch nicht zu, was eine autonome Auslegung scheitern lässt: Frankreichs Personengesellschaften kommt einerseits Rechtsfähigkeit und Steuerrechts-Subjekteigenschaft zu, gleichzeitig unterliegen sie aber im Ergebnis nicht selbst der Körperschaftsteuer, denn französische Personengesellschaften vermitteln in der Regel keine Dividenden.[526] Gleichzeitig wird das Vermögen der Gesellschaft dennoch steuerlich nicht dem Gesellschafter zugerechnet. Es fehlt die bei transparenter Besteuerung übliche Korrelation zwischen der sofortigen Zurechnung laufender Einkünfte zum Gesellschafter unter gleichzeitiger Zurechnung des Gesellschaftsvermögens zum Gesellschafter, da Frankreich das Transparenzkonzept wie von der OECD vertreten ablehnt.[527] Der für eine abkommensautonome Auslegung erforderliche Zusammenhang zwischen Einkünfteerzielung (Art. 9, Dividenden) und Veräußerung des zur Einkünfteerzielung genutzten Vermögens (Art. 7 Abs. 4, Anteilsveräußerungen) kann im DBA Deutschland-Frankreich nicht hergestellt werden. Damit scheitert insoweit eine abkommensautonome Auslegung.

Einen umfassenderen Ansatz zur Vermeidung der allgemein durch einen Qualifikationskonflikt entstehenden Doppelbesteuerung verfolgt die OECD mittels einer wortlautorientierten Neu-Interpretation (sog. „new approach“) des Art. 23 A/B OECD-MA, die im Rahmen des OECD-Partnership Reports[528] eingeführt worden ist und Eingang in den Kommentar zum Musterabkommen gefunden hat.[529] Die Doppelbesteuerung, die durch die unterschiedliche innerstaatliche Sichtweise im Hinblick auf Transparenz bzw. Intransparenz der

526 Teil 1 A. III. 2.; es gibt im französischen Recht von diesem Grundsatz diverse Ausnahmen z.B. aufgrund der Option zur Besteuerung als Körperschaft, aufgrund verpflichtender Besteuerung als Körperschaft gewerblich tätiger sociétés civiles und der auf Kommanditisten entfallenden Einkünfte einer SCS.

527 Siehe zuvor unter Teil 1 C. II. 3. b) 1).

528 *OECD (Hrsg.)*, The Application of the OECD-Model Tax Convention to Partnerships.

529 *Krabbe*, IStR 2000, 196 (200).

Personengesellschaft entsteht, soll durch den Ansässigkeitsstaat vermieden werden, der sich der Qualifikation des Quellenstaats anschließt (sog. Qualifikationsverkettung).[530] Der Ansässigkeitsstaat soll eine Anrechnung bzw. Freistellung gewähren, auch wenn er bei eigener Auslegung des DBA nach seinem nationalen Recht selbst zur Besteuerung befugt ist. Die Einkünfte, die im Quellenstaat besteuert werden, werden für Zwecke der Freistellung bzw. Anrechnung im Quellenstaat *„nach diesem Abkommen besteuert"*. Hiernach müsste Deutschland als Ansässigkeitsstaat die Einordnung Frankreichs in die Verteilungsartikel auch hinsichtlich Art. 13 Abs. 4 OECD-MA bzw. 7 Abs. 4 DBA Deutschland-Frankreich akzeptieren. Zu berücksichtigen ist, dass die Qualifikationsverkettung über die Neuinterpretation der Art. 23 A/B OECD-MA erst im Jahr 2000 Eingang in den Kommentar zum Musterabkommen gefunden hat, während das DBA Deutschland-Frankreich bereits 1959 abgeschlossen wurde. Die neue Auslegungsweise ist nicht verbindlich für Deutschland oder Frankreich, die OECD sieht den Kommentar zum Musterabkommen als allgemeine Anwendungsrichtlinie, die regelmäßig überarbeitet wird.[531] An eine spätere Änderung des Kommentars nach Abschluss eines Abkommens sind Vertragsstaaten ohnehin nicht gebunden.[532] Die Staaten können zudem hierzu Vorbehalte geltend machen. Der Kommentar bringt nicht zwingend den Willen zweier Vertragsstaaten bei der Auslegung eines konkreten Abkommens zum Ausdruck.[533] Auch hat die Änderung und Überarbeitung eines Abkommens keine grundlegende Neuinterpretation der bisherigen Bestimmungen im Sinne des Musterkommentars zur Folge, wenn keine Anhaltspunkte dafür vorliegen, dass die Vertragsparteien ihre bisherige Vertragspraxis ändern wollen. Solche Anhaltspunkte waren bei den letzten Änderungen des DBA Deutschland-Frankreich im Jahr 2015 nicht gegeben, sodass jedenfalls allein die durch die OECD angestoßene Neuinterpretation ohne Mitwirkung der Vertragsstaaten keine Bindungswirkung entfaltet. Durch Anwendung der Qualifikationsverkettung könnte künftig jedenfalls die unterschiedliche Einordnung von Anteilen an Immobiliengesellschaften in Art. 13 Abs. 1, 4 und 5 OECD-MA vermieden werden.

Die Neuinterpretation zugunsten einer Qualifikationsverkettung hat sowohl Befürworter als auch Gegner, der BFH hat sich im Fall eines subjektiven

530 Wassermeyer, DBA (OECD-MA), Art. 23 A/B, MK 32.4.

531 Wassermeyer, DBA (OECD-MA), Vor Art. 1 MK 9, 15.

532 *Wassermeyer*, in: Wassermeyer, DBA (OECD-MA), Art. 23 A Rn. 46; zum „new approach" im speziellen: BFH, Urteil v. 13.11.2013, Az. I R 67/12, BStBl. II 2014, S. 172; *Wassermeyer*, in: Wassermeyer, DBA (OECD-MA), Art. 1 Rn. 28 g.

533 *Debatin*, Beihefter zu DStR 1992 Heft 23, 1 (6).

Qualifikationskonflikts (im Kontext des DBA zwischen Deutschland und Ungarn) gegen die Qualifikationsverkettung ausgesprochen.[534] Er wendet stattdessen nur die Kriterien des deutschen Steuerrechts an bei der Ermittlung und abkommensrechtlichen Einordnung der Einkünfte.[535] Ein Teil des Schrifttums lehnt die Qualifikationsverkettung bei unterschiedlicher innerstaatlicher Einordnung ebenfalls ab.[536] Nach anderer Ansicht ist die ausländische Einordnung des Quellenstaates bzw. Sitzstaates zu berücksichtigen.[537] Die Finanzverwaltung sieht die Anwendung der Qualifikationsverkettung in diesen und einigen weiteren Fällen sogar bereits vor, etwa bei unterschiedlicher Interpretation eines Abkommens aus anderen Gründen.[538] Die Finanzverwaltung unterscheidet dabei zwischen DBA mit und ohne sog. Switch-Over-Klauseln.[539] Bei DBA ohne solche Switch-Over-Klauseln, zu denen das DBA Deutschland-Frankreich gehört, sollte nach Durchführung eines Verständigungsverfahrens der Qualifikation des Quellenstaates gefolgt und eine Steueranrechnung gewährt werden. Das FG Berlin-Brandenburg hat in einem neueren Urteil entschieden, dass die deutsche Finanzverwaltung aufgrund Qualifikationsverkettung an die Einordnung der Einkünfte im Ausland gebunden sei.[540] Diese Rechtsprechung könnte dazu führen, dass der BFH hierzu bald erneut Stellung nehmen wird.

---

534 BFH, Urteil v. 25.5.2011, Az. I R 95/10, IStR 2011, 688 (689).

535 Ständige Rechtsprechung, z.B. BFH, Urteil v. 12.10.2016, Az. I R 92/12, IStR 2017, 278 (283); BFH, Urteil v. 13.11.2013, Az. I R 67/12, BStBl. II 2014, S. 172.

536 Z.B. *Wassermeyer*, in: Wassermeyer, DBA (OECD-MA), Art. 1 Rn. 27a; Lang, IStR 2012, 857 (859 ff.).

537 Z.B. *Lehner*, in: Vogel/Lehner, DBA, Grundlagen des Abkommensrechts, Rn. 158g; *Reimer*, IStR 2008, 551 (552, 555).

538 BMF, Schreiben v. 26.9.2014, Rn. 4.1.3.3.1 („Rechtsfolgenverkettung").

539 Als Switch-Over- oder Umschaltklauseln bezeichnet man Abkommensbestimmungen oder nationale Vorschriften (Art. 23 A Abs. 4 OECD-MA, §§ 50d Abs. 8, 9 EStG etc.), die den Übergang von der Freistellungs- zur Anrechnungsmethode vorsehen, wenn unterschiedliche Abkommensbestimmungen angewandt werden und entweder, im Falle einer nur geringen ausländischen Besteuerung, eine Doppelbesteuerung durch Anrechnung der ausländischen Steuern anstelle einer Freistellung vermieden wird oder aber, wenn Einkünfte im anderen Staat gar nicht besteuert werden, eine doppelte Nichtbesteuerung durch den Wechsel von der Freistellungs- zur Anrechnungsmethode verhindert wird.

540 FG Berlin-Brandenburg, Urteil v. 16.7.2015, Az. 15 K 1093/10, IStR 2017, 122 (Revision anhängig unter dem Az. BFH I R 44/16); im Streitfall geht es um die Einordnung als nichtselbstständige Einkünfte unter anderem nach dem DBA Deutschland-Frankreich.

d) Ergebnis

Frankreich ordnet die Gewinne aus der Veräußerung der Beteiligungen an Personengesellschaften durch einen deutschen Gesellschafter anders als nach bisheriger Abkommenslage nicht mehr in Art. 18 DBA Deutschland-Frankreich ein (sonstige Einkünfte, Besteuerungsrecht des Ansässigkeitsstaates). Stattdessen besteht aus seiner Sicht ein Besteuerungsrecht am Gewinn aus der Veräußerung der Beteiligungen an der deutschen, französischen und drittstaatlichen Personengesellschaft im Grundfall nach Art. 7 Abs. 4 DBA Deutschland-Frankreich (bei sociétés de copropriété nach Art. 7 Abs. 1 DBA Deutschland-Frankreich) wegen der französischen Immobilien, die diese Gesellschaften verwalten. Deutschland nimmt ebenfalls ein Besteuerungsrecht Frankreichs an, sieht die Gewinne allerdings aufgrund der Transparenz der Personengesellschaft unmittelbar als Gewinne aus der anteiligen Immobilienveräußerung an (Art. 7 Abs. 1 DBA Deutschland-Frankreich) und stellt die Einkünfte aus der Veräußerung nach Art. 20 Abs. 1 Nr. 1 a) DBA Deutschland-Frankreich frei. Damit besteht im Grundfall ein Qualifikationskonflikt hinsichtlich der Einordnung des Veräußerungsgewinns in die Verteilungsartikel, der jedoch für den deutschen Gesellschafter aufgrund der ausschließlich französischen Immobilien im Gesellschaftsvermögen und des damit übereinstimmend angenommenem französischen Besteuerungsrecht folgenlos bleibt.

Gegenüber der bisherigen Abkommenslage ergibt sich damit lediglich die Änderung, dass sich der bereits zuvor bestehende Qualifikationskonflikt aus Sicht Frankreichs von Art 18 („sonstiges Vermögen") auf den neuen Art. 7 Abs. 4 DBA Deutschland-Frankreich verlagert. Fälle, in denen die Immobilienquote der Personengesellschaft nach Abkommensrecht nur knapp oberhalb oder unterhalb der 50 %-Schwelle liegt, bergen indes das Risiko einer unvermeidbaren Doppelbesteuerung oder aber einer doppelten Nicht-Besteuerung. Art. 7 Abs. 4 DBA Deutschland-Frankreich umfasst bei Anwendung oder Nichtanwendung durch Frankreich den Gewinn aus der gesamten Veräußerung, während Deutschland die einschlägigen Artikel nach dem jeweils veräußerten Vermögen ermittelt, woraus sich unterschiedliche steuerliche Folgen für Teile des Veräußerungsgewinnes ergeben können. Eine Lösung dieses Qualifikationskonflikts könnte darin liegen, dass sich Deutschland als Ansässigkeitsstaat der Qualifikation Frankreichs als Quellenstaat anschließt (Qualifikationsverkettung), diese Lösung ist jedoch umstritten.

IV. Französische Vermögensteuerpflicht

1. Besteuerung in Frankreich

Die Darstellung zur beschränkten Vermögensteuerpflicht des deutschen Gesellschafters hinsichtlich der Beteiligungen an Kapitalgesellschaften gilt grundsätzlich entsprechend für die Beteiligungen an Personengesellschaften.[541] In Frankreich besteht eine beschränkte Vermögensteuerpflicht des Gesellschafters als natürliche Person. Die Beteiligung an der französischen Gesellschaft im Grundfall gilt gem. Art. 750 ter 2° Abs. 3 CGI insgesamt als Inlandsvermögen (ungeachtet der französischen Immobilien im Gesellschaftsvermögen), das vermögensteuerpflichtig ist.[542] Die Ausnahme für Beteiligungen an französischen körperschaftsteuerpflichtigen Gesellschaften („placements financiers") nach Art. 885 L Abs. 1 CGI greift hier nicht, da Personengesellschaften in der Regel keine Einkünfte aus Kapitalvermögen vermitteln.[543] Die Beteiligung an der französischen Personengesellschaft im Grundfall ist somit nicht steuerbefreit.

Die Beteiligungen an den Personengesellschaften mit Sitz in Deutschland sowie dem Drittstaat sind nach denselben Vorschriften wie Kapitalgesellschaften mit Sitz im Ausland aufgrund Artt. 885 A, 750 ter 2° Abs. 4 CGI als inländisches Vermögen vermögensteuerpflichtig. Hier ist die Zusammensetzung des Gesellschaftsvermögens aus französischen Immobilien maßgeblich für die Begründung des Besteuerungsrechts in Frankreich, es gelten dieselben Grundsätze wie bei den ausländischen Kapitalgesellschaften.[544] Die Beteiligungen an der deutschen und drittstaatlichen Personengesellschaft werden grundsätzlich nur anteilig in Höhe des Verhältnisses der französischen Immobilien zum gesamten Aktivvermögen besteuert. Wie bei den Kapitalgesellschaften ergibt sich somit im Grundfall eine Immobilienquote von nahezu 100 %, zugleich unterliegt der Gesellschafter mit den Beteiligungen auch mit nahezu 100 % ihres Werts der Vermögensteuer in Frankreich.

2. Anwendung des DBA

Bei der Anwendung des DBA Deutschland-Frankreich besteht kein Unterschied zur oben geschilderten Rechtslage bei Kapitalgesellschaften.[545] Frankreich und

541 Teil 1 B. IV. 1.
542 BOI-PAT-ISF-20-10-30 Rn. 40.
543 Teil 1 B. IV. 1.
544 Teil 1 B. IV. 1.
545 Teil 1 B. IV. 2.

Deutschland ordnen die Beteiligung an einer Personengesellschaft als Beteiligung im Sinne des Art. 19 Abs. 2 DBA Deutschland-Frankreich ein.[546] Der Wortlaut der Vorschrift ist so weit gefasst, dass er Beteiligungen an Personengesellschaften erfasst („Aktien oder Anteile an einer Gesellschaft oder einer juristischen Person"). Frankreich hat somit an den Beteiligungen nach Art. 19 Abs. 2 DBA Deutschland-Frankreich jeweils ein Besteuerungsrecht. Deutschland erhebt keine Vermögensteuer, sodass derzeit keine Doppelbesteuerung entsteht.

Abweichend vom Grundfall ist keine Besteuerung durch Frankreich möglich, wenn – parallel zur Rechtslage bei Kapitalgesellschaften[547] – die Immobilienquote nach nationalem französischem Recht geringer ausfällt als nach Abkommensrecht. Dies kann dadurch verursacht sein, dass die Immobilienquote nach nationalem Recht anhand des Verhältnisses französischer Immobilien zum französischen (nicht, wie nach DBA, weltweiten) Aktivvermögen der Gesellschaft gebildet wird, während es für den tatsächlichen Besteuerungsanteil auf das Verhältnis der französischen Immobilien zum gesamten (weltweiten) Aktivvermögen der Gesellschaft ankommt.[548] Dies betrifft allerdings nur die Personengesellschaften mit Sitz in Deutschland und dem Drittstaat, da die französische Personengesellschaft nach französischem Recht bereits unabhängig von der Zusammensetzung ihres Vermögens als Inlandsvermögen gilt.

3. *Ergebnis*

Frankreich besteuert die Beteiligungen des deutschen Gesellschafters für Zwecke der Vermögensteuer als inländisches Vermögen. Zur Begründung der Vermögensteuerpflicht hinsichtlich der Beteiligungen an der deutschen und drittstaatlichen Personengesellschaft greift Frankreich auf die französischen Immobilien im Gesellschaftsvermögen zurück und kann hierdurch sein nationales Besteuerungsrecht durchsetzen. Frankreich hat aufgrund des Art. 19 Abs. 2 DBA Deutschland-Frankreich im Grundfall nach dem DBA Deutschland-Frankreich das Recht zur Besteuerung der Beteiligungen.

---

546 *Kramer*, in: Wassermeyer, DBA (Frankreich), Art. 19 Rn. 23.
547 Teil 1 B. IV. 1.
548 Teil 1 B. IV. 1.

Zweiter Teil: Die Beteiligung des deutschen Gesellschafters – Besteuerung im Erbfall bei der Erbschaftsteuer in Deutschland und Frankreich

A. Grundzüge des Internationalen Privatrechts

I. Ermittlung des Erbstatuts

Stirbt eine Person, in deren Nachlass sich ausländisches Vermögen befindet, so sind zur Beurteilung der erbschaftsteuerlichen Folgen wie bei jedem Erbfall zunächst zivilrechtliche Vorfragen zu beantworten. Dies liegt in der Natur der Erbschaftsteuer begründet, die an zivilrechtliche Vorgänge anknüpft. Es ist z.B. zu fragen, welche Erbfolge eintritt oder welche Wirkungen eine letztwillige Verfügung hat. Bei internationalen Sachverhalten, wie bei der Vererbung ausländischen Vermögens, ist zusätzlich zu ermitteln, nach welcher Rechtsordnung diese Fragen zu beantworten sind. Die Ermittlung der anzuwendenden Rechtsordnung auf einen internationalen Sachverhalt ist Gegenstand des Internationalen Privatrechts, auch Kollisionsrecht genannt. Grundsätzlich ermittelt jeder Staat die auf einen solchen internationalen Sachverhalt anzuwendende Rechtsordnung nach seinen nationalen autonomen Vorschriften. In Deutschland ist das autonome Internationale Privatrecht hauptsächlich in den Vorschriften des Einführungsgesetzes zum Bürgerlichen Gesetzbuch (EGBGB) geregelt. Als Kollisionsnorm bezeichnet man dabei die Norm, die auf das auf einen Lebenssachverhalt anzuwendende Recht verweist. Hierzu knüpft die Kollisionsnorm an ein Element des Lebenssachverhaltes an, um anhand dieses Elements, des sog. „Anknüpfungsmoments", eine der infrage kommenden Rechtsordnungen herauszugreifen.[549] Das danach anzuwendende Sachrecht nennt sich „Statut" (z.B. hier Erbstatut).[550]

Das Internationale Erbrecht ist innerhalb der Europäischen Union mittlerweile harmonisiert mittels der Verordnung (EU) Nr. 650/2012 des Europäischen Parlaments und des Rates vom 4.7.2012 über die Zuständigkeit, das

549 *Spahlinger*, in: Spahlinger/Wegen, Internationales Gesellschaftsrecht in der Praxis, Rn. 12.

550 *Köhler*, Examinatorium Internationales Privatrecht, Rn. 13.

anzuwendende Recht, die Anerkennung und Vollstreckung von Entscheidungen und die Annahme und Vollstreckung öffentlicher Urkunden in Erbsachen sowie zur Einführung eines Europäischen Nachlasszeugnisses (EuErbVO).[551] Vor Einführung der EuErbVO bestimmten die Mitgliedsstaaten das anzuwendende Erbrecht selbst. In Deutschland galt nach Art. 25 EGBGB a.F. das Staatsangehörigkeitsprinzip. Bei Versterben deutscher Staatsangehöriger fand deutsches Erbrecht auf den Erbfall Anwendung.[552]

Die EuErbVO trat am 17.8.2015 in Kraft.[553] Nach Art. 1 Abs. 1 S. 1 EuErbVO ist die Verordnung auf die Rechtsnachfolge von Todes wegen anzuwenden, Steuer- und Zollsachen sowie verwaltungsrechtliche Angelegenheiten sind hingegen gemäß Art. 1 Abs. 1 S. 2 EuErbVO vom Anwendungsbereich ausgenommen. Nach der maßgeblichen Kollisionsnorm Art. 21 Abs. 1 EuErbVO findet in einem Erbfall das Erbrecht desjenigen Staates Anwendung, in dem der Erblasser bis zu seinem Tod seinen gewöhnlichen Aufenthalt hatte. Es änderte sich somit das bisherige Anknüpfungsmoment der Staatsangehörigkeit in das des gewöhnlichen Aufenthalts. Das Erbrecht des Staates des gewöhnlichen Aufenthalts findet aber, im Unterschied zur früheren Rechtslage, uneingeschränkt auf den gesamten in- und ausländischen Nachlass Anwendung, unabhängig von der Belegenheit der Nachlassgegenstände.[554] Die EuErbVO verweist auf das Sachrecht eines Mitgliedsstaates, nicht wiederum auf dessen Internationales Privatrecht.[555] Hierdurch wird eine einheitliche erbrechtliche Beurteilung eines Nachlasses möglich. Insbesondere wird hierdurch innerhalb der EU eine sog. Nachlassspaltung vermieden, d.h. die Anwendung verschiedener Rechtsordnungen auf einen Nachlass oder Teile eines Nachlasses einer Person[556]. Eine

---

551 Abl. Nr. L 201 vom 27.7.2012, S. 107.

552 Zur Rechtslage vor Inkrafttreten der EuErbVO: *Schömmer/Steinhauer/Haydu*, Internationales Erbrecht Frankreich, Rn. 20 ff.; *Lehmann*, DStR 2012, 2085.

553 Art. 84 EuErbVO; Dänemark, Irland und das Vereinigte Königreich haben die Verordnung jedoch nicht mit beschlossen und sind an diese nicht gebunden, Abl. Nr. L 201 vom 27.7.2012, S. 116.

554 *Leipold*, Erbrecht, Rn. 20 c.

555 Leipold, Erbrecht, Rn. 20 m; verweist die EuErbVO aufgrund der „Universellen Anwendung" gem. Art. 20 EuErbVO hingegen auf das Recht eines Drittstaates, so umfasst der Verweis auch die Normen des Internationalen Privatrechts dieses Staates (Art. 34 Abs. 1 EuErbVO). Dessen Weiterverweisungen bzw. Rückverweisungen („Renvoi") sind zu befolgen. Ausgenommen sind allenfalls eng auszulegende „Besondere Regelungen" im Sinne des Art. 30 EuErbVO, zu potenziellen Ausnahmen *Süß*, in: Süß, Erbrecht in Europa, § 2 Rn. 164.

556 *Dutta*, in: Münchner Kommentar zum BGB, Band 11, Art. 25 EGBGB, Rn. 127.

Nachlassspaltung entstand z.B. bei deutsch-französischen Erbfällen, wenn sich im Nachlass deutscher Staatsangehöriger französischer Grundbesitz befand.[557] Frankreich unterschied vor Inkrafttreten der EuErbVO nach seinem autonomen Internationalen Erbrecht zwischen beweglichem und unbeweglichem Vermögen im Nachlass. Während sich bei beweglichem Vermögen die Erbfolge nach dem Recht des Staates richtete, in dem der Erblasser seinen letzten Wohnsitz (domicile) hatte, fand auf unbewegliches Vermögen hingegen das Recht des Staates Anwendung, in dem das unbewegliche Vermögen belegen war (lex rei sitae).[558] Damit war französisches Erbrecht auf den französischen Grundbesitz im Nachlass des deutschen Staatsangehörigen anzuwenden, während sich die Erbfolge hinsichtlich des beweglichen Vermögens nach deutschem Erbrecht richtete.[559] Die Anwendung der zwei Rechtsordnungen auf einen Nachlass verursachte Schwierigkeiten wegen der Unterschiede zwischen deutschem und französischem Erbrecht, z.B. sind Pflichtteilsverzichte und Erbverträge in Frankreich anders als in Deutschland grundsätzlich nicht bzw. nur eingeschränkt möglich. Die Erbfolge musste so nach dem Erbrecht mehrerer Staaten ausgerichtet werden, was durch die jetzige Rechtslage vermieden wird.

Art. 22 EuErbVO sieht eine Rechtswahl zugunsten der Rechtsordnung vor, dessen Staatsangehörigkeit der Testierende im Zeitpunkt der Rechtswahl oder seines Todes innehat, die Wahl erfolgt im Wege der Verfügung von Todes wegen. Auch diese Rechtswahl gilt hinsichtlich des gesamten (weltweiten) Nachlasses. Die Möglichkeit zur Rechtswahl wurde damit gegenüber Art. 25 Abs. 2 EGBGB a.F. ausgeweitet: Danach konnte eine Rechtswahl vor Inkrafttreten der EuErbVO nur für ausländische Staatsangehörige zugunsten des deutschen Rechts erfolgen in Bezug auf das deutsche Grundvermögen.

II. Abgrenzung zum Gesellschaftsstatut

Von der Ermittlung des anzuwendenden Erbrechts zu trennen ist die Frage, welche Vermögensgegenstände in den Nachlass eines Erblassers fallen, d.h. ob und wie die Rechtspositionen des Erblassers im Nachlass ankommen. Wird eine Beteiligung an einer international operierenden Gesellschaft vererbt, weist dies

557 *Wälzholz*, IWB 2013, 613 (614).

558 *Schömmer/Steinhauer/Haydu*, Internationales Erbrecht Frankreich, Rn. 236; hergeleitet wurde dies aus Art. 3 Abs. 2 CC „Les immeubles, même ceux possédés par des étrangers, sont régis par la loi française“. Für Deutschland galt diese letztere Vorschrift als vorrangiges Einzelstatut nach Art. 3 Abs. 3 EGBGB a. F.

559 *Schömmer/Steinhauer/Haydu*, Internationales Erbrecht Frankreich, Rn. 242.

erbrechtliche und gesellschaftsrechtliche Bezüge auf, sodass neben dem internationalen Erbrecht auch Internationales Gesellschaftsrecht zur Anwendung gelangt. Die betreffenden Kollisionsnormen des Erbrechts und des Gesellschaftsrechts sind untereinander sachlich anhand ihres sog. Anknüpfungsgegenstands abzugrenzen, der die Rechtsfrage umreißt, hinsichtlich der auf ein bestimmtes Recht verwiesen wird.[560] Anknüpfungsgegenstand des Art. 21 EuErbVO ist die Rechtsnachfolge von Todes wegen. Die Rechtsnachfolge von Todes wegen erfasst die Frage, wem die in den Nachlass gefallenen Rechte in welchem Umfang zustehen.[561] Das Erbrecht bestimmt hingegen nicht, welche Rechte in den Nachlass fallen. Die EuErbVO schließt nach Art. 1 Abs. 2 h) „Fragen des Gesellschaftsrechts, des Vereinsrechts und des Rechts der juristischen Personen, wie Klauseln im Errichtungsakt oder in der Satzung einer Gesellschaft, eines Vereins oder einer juristischen Person, die den Verbleib der Anteile verstorbener Gesellschafter bzw. Mitglieder regeln“ von ihrem Anwendungsbereich aus. Weiter ausgenommen sind nach Art. 1 Abs. 2 i) EuErbVO „die Auflösung, das Erlöschen und die Verschmelzung von Gesellschaften, Vereinen oder juristischen Personen“. Diese klarstellende Abgrenzung zum Gesellschaftsrecht bringt keine inhaltliche Neuerung für die Abgrenzung zwischen Erbrecht und Gesellschaftsrecht, die bereits zuvor von Rechtsprechung und Literatur im Wesentlichen geklärt ist.[562] Die Frage, ob eine Beteiligung vererblich ist und im Nachlass ankommen kann, ist danach dem Gesellschaftsstatut zuzuordnen. Gleiches gilt für die Frage, ob die Gesellschaft mit der Tod eines Gesellschafters aufgelöst wird oder ohne ihn fortgeführt werden kann, oder welche Eigenschaften ein Erbe haben muss, um eine Beteiligung erben zu können.[563]

III. Ermittlung des Gesellschaftsstatuts

Während das Internationale Erbrecht innerhalb der Europäischen Union (EU) vereinheitlicht ist, ist das Kollisionsrecht zur Ermittlung des anzuwendenden Rechts auf gesellschaftsrechtliche Sachverhalte (Gesellschaftsstatut) noch nicht durch einen multilateralen Rechtsakt harmonisiert.[564] Stattdessen ermittelt jeder Staat autonom das anzuwendende Gesellschaftsrecht

560 *Von Hein*, in: Münchner Kommentar zum BGB, Band 10 (6. Aufl.), Einl. IPR, Rn. 56.

561 *Süß*, in: Süß, Erbrecht in Europa, § 3 Rn. 121.

562 *Leitzen*, ZEV 2012, 520.

563 *Süß*, in: Süß, Erbrecht in Europa, § 3 Rn. 122; *Leitzen*, ZEV 2012, 520 (521).

564 *Von Hein*, in: Münchner Kommentar zum BGB, Band 10 (6. Aufl.), Art. 3 EGBGB, Rn. 90.

bei internationalen Sachverhalten. In Deutschland ist das Internationale Gesellschaftsrecht nicht kodifiziert. Zur Ermittlung des anwendbaren Gesellschaftsrechts auf gesellschaftsrechtliche Fragen bei Sachverhalten mit Auslandsberührung wird herkömmlich zwischen Sitztheorie und Gründungstheorie unterschieden. Nach der Sitztheorie sind die Rechtsbeziehungen einer Gesellschaft einheitlich nach dem Recht des Staates zu beurteilen, in dem eine Gesellschaft ihren tatsächlichen Verwaltungssitz hat.[565] Nach der Gründungstheorie ist das Recht des Staates anzuwenden, nach dem die Gesellschaft gegründet wurde.[566]

Rechtsprechung und Literatur in Deutschland vertreten grundsätzlich die Sitztheorie.[567] Maßgeblich für die gesellschaftsrechtliche Beurteilung einer Gesellschaft ist danach das Recht des Staates, an dem die Gesellschaft ihren tatsächlichen Verwaltungssitz hat. Der Europäische Gerichtshof (EuGH) hat in mehreren Entscheidungen zur Niederlassungsfreiheit (Art. 49/54 AEUV[568]) europäischer Gesellschaften Stellung genommen.[569] Infolge dieser Rechtsprechung sind die EU-Mitgliedstaaten verpflichtet, Gesellschaften, die von ihrer Niederlassungsfreiheit innerhalb der EU Gebrauch machen, an der Ausübung dieser Freiheit nicht unzulässig zu hindern und z.B. in Wegzugsfällen die Rechts- und Parteifähigkeit von in einem anderen Mitgliedstaat gegründeten Gesellschaften auch im neuen Sitzstaat anzuerkennen.[570] Innerhalb der EU ist damit durch die Mitgliedstaaten sicherzustellen, die Niederlassungsfreiheit

565 *Spahlinger*, in: Spahlinger/Wegen, Internationales Gesellschaftsrecht in der Praxis, Rn. 34.

566 *Spahlinger*, in: Internationales Gesellschaftsrecht in der Praxis, Rn. 59.

567 *Spalinger*, in: Spahlinger/Wegen, Internationales Gesellschaftsrecht in der Praxis, Rn. 78 f.

568 Art. 49 AEUV: „Die Beschränkung der freien Niederlassung von Staatsangehörigen eines Mitgliedsstaats im Hoheitsgebiet eines anderen Mitgliedsstaats sind nach Maßgabe der folgenden Bestimmungen verboten (...)." Art. 54 AEUV: „Für die Anwendung dieses Kapitels stehen die nach den Rechtsvorschriften eines Mitgliedstaats gegründeten Gesellschaften, die ihren satzungsmäßigen Sitz, ihre Hauptverwaltung oder ihre Hauptniederlassung innerhalb der Union haben, den natürlichen Personen gleich, die Angehörige der Mitgliedstaaten sind (...)."

569 EuGH, Urteil v. 27.9.1988, Rs. 81/87 „Daily Mail", EuGHE 1988, S. 5505; v. 9.3.1999, Rs. C-212-97 „Centros", EuGHE 1999, S. 1484; v. 5.11.2002, Rs. C-208/00 „Überseering", EuGHE 2002, S. 9943; v. 30.9.2003, Rs. C-167/01 „Inspire Art", EuZW 2003, 687; v. 16.12.2008, Rs. C-210/06 „Cartesio", EuGH Slg. 2008, I-9641; v. 29.11.2011, Rs. C-371/10 „National Grid Indus", Slg. 2011, I-12273.

570 EuGH, Urteil v. 5.11.2002, Rs. C-208/00 „Überseering", EuGHE 2002, S. 9943.

wegziehender oder zuziehender Gesellschaften nicht unzulässig zu beschneiden und dabei das Recht des Gründungsstaats zu berücksichtigen. Zugunsten von im EU-Ausland ansässigen Gesellschaften wendet der BGH nunmehr die Gründungstheorie an.[571] Die Beurteilung der Vererblichkeit einer Beteiligung an einer Gesellschaft, die nach dem Recht eines Staates gegründet und dort ihren Verwaltungssitz hat, ist angesichts der Identität von Sitz- und Gründungsstaat der jeweiligen Gesellschaft nach dem Recht ihres Ansässigkeitsstaates zu beurteilen, sowie des Weiteren nach dem nach diesem Recht wirksam geschlossenen Gesellschaftsvertrag.

B. Grundzüge des Erbrechts und Erbschaftsteuerrechts

I. Deutschland

1. Grundzüge des Erbrechts

Die mögliche Erbschaftsteuerpflicht hinsichtlich des Erbes des deutschen Gesellschafters einer international tätigen Immobiliengesellschaft richtet sich nach dem jeweiligen Erbschaftsteuerrecht der beteiligten Staaten. Infrage kommt ein Besteuerungsrecht in dem Staat, in dem der Erblasser seinen letzten Wohnsitz oder gewöhnlichen Aufenthalt hatte, weiter in dem Staat, in dem der Erbe oder sonstige Erwerber seinen Wohnsitz oder gewöhnlichen Aufenthalt hatte sowie im Staat der Belegenheit des vererbten Vermögens. Mangels einer Abstimmung oder Harmonisierung der Erbschaftsteuer folgt die tatsächliche Erbschaftsteuerpflicht unterschiedlichen nationalen Steuergesetzen. Vor der erbschaftsteuerlichen Beurteilung muss jedoch die maßgebliche Erbfolge zunächst bekannt sein. Im Folgenden werden die Grundsätze des deutschen und französischen Erbrechts kurz dargestellt.

Das deutsche Erbrecht ist im fünften Buch des BGB in §§ 1922–2385 BGB geregelt. Es enthält in neun Abschnitten Vorschriften u.a. zur Erbfolge, rechtlichen Stellung des Erben, zu Testament, Erbvertrag, Pflichtteil und Erbverzicht. Das Erbverfahrensrecht ist im Gesetz über das Verfahren in Familiensachen und in den Angelegenheiten der Freiwilligen Gerichtsbarkeit (FamFG) geregelt (§§ 342–372 FamFG). Als Nachlassgericht ist sachlich und örtlich das Amtsgericht am letzten Wohnort des Erblassers zuständig, § 23a Abs. 2 Nr. 2 des Gerichtsverfassungsgesetzes (GVG), § 343 Abs. 1 FamFG. Das deutsche Erbrecht zeichnet sich durch eine weitgehende Testierfreiheit aus. Die Erbfolge kann

571 BGH, Urteil v. 8.9.2016, Az. III ZR 7/15, NZG 2016, 1187.

durch letztwillige Verfügungen von Todes wegen, wie Testament oder Erbvertrag, abweichend von der gesetzlichen Erbfolge bestimmt werden. Auch gemeinschaftliche und wechselseitige Verfügungen sind gebräuchlich. Mit dem Erbfall tritt der gesetzliche oder gewillkürte Erbe nach § 1922 BGB unmittelbar im Wege der Gesamtrechtsnachfolge in die Rechtsstellung des Erblassers ein. Erbfähig ist nach § 1923 BGB, wer zur Zeit des Erbfalls lebt oder bereits gezeugt war und später lebend geboren wird. Die Erbunwürdigkeit ist geregelt in § 2339 BGB, sie muss durch Anfechtung des Erbschaftserwerbs geltend gemacht werden, § 2340 BGB. Erbunwürdig ist z.B. wer sich wegen Urkundenfälschung oder -unterdrückung in Ansehung einer Verfügung des Erblassers schuldig gemacht hat.

Die gesetzliche Erbfolge richtet sich zunächst danach, ob der Erblasser einen überlebenden Ehegatten hinterlässt. Hinterlässt der Erblasser keinen überlebenden Ehegatten, erben die Verwandten des Erblassers. Diese sind in Ordnungen eingeteilt (Parentelsystem).[572] Verwandte einer höheren Ordnung sind nach § 1930 BGB nicht als Erben berufen, solange ein Verwandter niedrigerer Ordnung vorhanden ist. Gesetzliche Erben erster Ordnung sind nach § 1924 Abs. 1 BGB die Abkömmlinge des Erblassers. Innerhalb einer Ordnung können mehrere Angehörige in unterschiedlicher Weise mit dem Erblasser verwandt sein. Hier gilt neben dem Parentelsystem innerhalb der ersten drei Ordnungen der Grundsatz der Erbfolge nach Stämmen.[573] Einen Stamm bilden nach § 1924 Abs. 3 BGB jeweils die Abkömmlinge des Erblassers nebst ihren jeweiligen Abkömmlingen. Mit dem Erblasser näher verwandte Abkömmlinge schließen die durch diesen mit dem Erblasser verwandten Abkömmlinge nach dem sog. Repräsentationsprinzip vom Erbe aus (§ 1924 Abs. 2 BGB).[574] Bei Vorversterben eines näher verwandten Abkömmlings treten aber dessen Abkömmlinge an seine Stelle (Eintrittsprinzip), § 1924 Abs. 3 BGB.[575] Gesetzliche Erben zweiter Ordnung sind nach § 1925 Abs. 1 BGB die Eltern des Erblassers und deren Abkömmlinge. Leben beide Eltern des Erblassers, so erben sie allein und zu gleichen Teilen (§ 1925 Abs. 2 BGB). Gesetzliche Erben dritter Ordnung sind die Großeltern und deren Abkömmlinge (§ 1926 Abs. 1 BGB). Leben beide Großeltern des Erblassers, erben auch sie allein und zu gleichen Teilen, § 1926 Abs. 2 BGB. Gesetzliche Erben vierter Ordnung sind die Urgroßeltern des Erblassers und deren Abkömmlinge, § 1928 Abs. 1 BGB. Gesetzliche Erben der fünften

---

572 *Leipold*, Erbrecht, Rn. 110 f.
573 *Leipold*, Erbrecht, Rn. 114.
574 *Leipold*, Erbrecht, Rn. 116.
575 *Leipold*, Erbrecht, Rn. 117.

Ordnung sind die entfernteren Voreltern des Erblassers und deren Abkömmlinge (§ 1929 Abs. 1 BGB). Ehegatten stehen außerhalb des Parentelsystems. Hinterlässt der Erblasser einen Ehegatten, erbt dieser neben Verwandten der ersten Ordnung zu einem Viertel, neben Verwandten der zweiten Ordnung oder neben Großeltern zur Hälfte, § 1931 Abs. 1 S. 1 BGB. Sind weder Verwandte erster oder zweiter Ordnung noch Großeltern des Erblassers vorhanden, erbt der überlebende Ehegatte allein, § 1931 Abs. 2 BGB. Ist ein Ehegatte neben Verwandten als gesetzlicher Erbe berufen, so erhält er zusätzlich zu seinem gesetzlichen Erbteil nach § 1371 Abs. 1 BGB ein weiteres Viertel der Erbschaft als pauschale Abgeltung des Zugewinns durch die Beendigung des gesetzlichen Güterstands der Zugewinngemeinschaft.

Ein Erblasser kann die Erbfolge im Wege der letztwilligen Verfügung durch Testament oder durch Erbvertrag abweichend von der gesetzlichen Erbfolge regeln. Durch Testament kann ein Erbe eingesetzt (§ 1937 BGB), ein Vermächtnis zugewandt (§ 1939 BGB) oder dem Erben eine Auflage gemacht werden (§ 1940 BGB). Die Testierfähigkeit ist im Gesetz nicht geregelt, voll Geschäftsfähige sind aber zugleich testierfähig.[576] Auch Minderjährige können nach Vollendung des 16. Lebensjahres gem. § 2229 Abs. 1, Abs. 2 BGB ohne Zustimmung ihres gesetzlichen Vertreters ein Testament errichten. Ordentliche Testamente sind das nach § 2232 BGB zur Niederschrift eines Notars errichtete öffentliche Testament oder das nach § 2247 BGB als Erklärung des Erblassers verfasste eigenhändige handschriftliche Testament. Letzteres muss durch den Erblasser niedergeschrieben und unterschrieben sein, § 2247 Abs. 1 BGB. Weiter soll es mit Datum und dem Ort versehen sein, an dem es verfasst wurde, § 2247 Abs. 2 BGB. Nottestamente (außerordentliche Testamente) können ebenfalls errichtet werden (§§ 2249 ff. BGB), deren Gültigkeit ist jedoch nach § 2252 BGB auf drei Monate beschränkt. Ein Testament kann jederzeit widerrufen werden, § 2253 BGB. Ein Widerruf erfolgt z.B. durch Errichtung eines neuen Testaments (§ 2254 BGB) oder durch Vernichtung oder Veränderung des alten Testaments (§ 2255 BGB). Ehegatten können nach § 2265 BGB ein gemeinschaftliches Testament errichten. Zur Errichtung eines gemeinschaftlichen eigenhändigen Testaments nach § 2267 BGB genügt es, wenn das Testament durch einen Ehegatten eigenhändig handschriftlich erstellt und von beiden Ehegatten unterschrieben wird. Dieses ist, auch wenn es wechselbezügliche Verfügungen enthält (§ 2270 BGB), zu Lebzeiten widerruflich (formgebunden nach §§ 2271 Abs. 1 i.V.m. § 2296 BGB). Nach dem Tod des anderen Ehegatten erlischt hingegen das Widerrufsrecht, § 2271

576 *Hagena*, in: Münchner Kommentar zum BGB, Band 10 (7. Aufl.) § 2229 BGB Rn. 2.

Abs. 2 S. 1 BGB. Der Erbvertrag ist in §§ 2274 ff. BGB geregelt. Der Abschluss setzt nach § 2275 BGB Abs. 1 BGB unbeschränkte Geschäftsfähigkeit voraus, er kann nach § 2276 Abs. 1 S. 1 BGB nur bei gleichzeitiger Anwesenheit beider Teile vor einem Notar abgeschlossen werden. Nach § 2278 Abs. 2 BGB kann der Vertrag nur Bestimmungen zu Erbeinsetzungen, Vermächtnissen, Auflagen und zur Wahl des anzuwendenden Erbrechts treffen. Darüber hinausgehende Regelungen sind möglich, mindestens zu einem der vorgenannten Regelungsbereiche muss der Erbvertrag aber eine Verfügung treffen. Die Anfechtung eines Erbvertrags durch den Erblasser ist nach §§ 2281 ff. BGB möglich, z.B. wegen Irrtums oder Drohung (§ 2078 BGB). Auch können die Parteien vom Erbvertrag zurücktreten, wenn ein Rücktrittsrecht im Vertrag vereinbart wurde oder gesetzliche Rücktrittsgründe im Sinne der §§ 2294 ff. BGB vorliegen, z.B. bei Verfehlungen des Bedachten. Der Vertragsschluss hindert den Testierenden nicht daran, über sein Vermögen zu Lebzeiten zu verfügen (§ 2286 BGB). Frühere letztwilligen Verfügungen des Erblassers werden nach § 2289 Abs. 1 S. 1 BGB durch den Abschluss aufgehoben, spätere sind nach § 2289 Abs. 1 S. 2 BGB unwirksam, soweit sie das Recht des vertragsmäßig Bedachten beeinträchtigen würden.

Ein als gesetzlicher oder gewillkürter Erbe Berufener kann das angefallene Erbe ausschlagen. Die Ausschlagung einer Erbschaft muss fristgerecht gegenüber dem Nachlassgericht erklärt werden (§ 1945 BGB), anderenfalls gilt die Erbschaft nach § 1943 BGB als angenommen. Die Ausschlagungsfrist beträgt nach § 1944 Abs. 1 BGB sechs Wochen. Sie beginnt mit dem Zeitpunkt, in dem der Erbe vom Erbanfall Kenntnis erlangt, bei einer Verfügung von Todes wegen aber nicht vor Bekanntgabe der Verfügung durch das Nachlassgericht. Die Frist beträgt sechs Monate, wenn der Erblasser seinen letzten Wohnsitz nur im Ausland gehabt hat oder sich der Erbe bei Beginn der Frist im Ausland aufhielt, § 1944 Abs. 3 BGB. Die Ausschlagung kann nur ohne Bedingung oder Befristung erfolgen, § 1947 BGB.

Sind mehrere Personen als Erben berufen, entsteht nach § 2032 BGB mit dem Erbfall eine Erbengemeinschaft. Die Rechtsbeziehungen der Erben untereinander und zu Dritten sind in §§ 2032–2063 BGB geregelt. Nach § 2033 BGB kann ein Miterbe über seinen Miterbenanteil verfügen, nicht aber über einzelne Nachlassgegenstände. Der Nachlass wird gem. § 2038 BGB durch die Miterben gemeinsam verwaltet. Jeder Miterbe kann entsprechend § 2042 BGB grundsätzlich jederzeit die Auseinandersetzung der Erbengemeinschaft verlangen. Auf die Auseinandersetzung finden kraft Verweisung in § 2042 BGB die Vorschriften § 749 Abs. 2, 3 und §§ 750–758 BGB zur Auseinandersetzung der Bruchteilsgemeinschaft Anwendung. Grundsätzlich ist danach eine Teilung in Natur anzustreben, ist diese ausgeschlossen, erfolgt der Verkauf und die Teilung des Erlöses.

Ungeachtet der eintretenden testamentarischen oder gesetzlichen Erbfolge ist zugunsten bestimmter Personenkreise ein Pflichtteilsrecht am Nachlass vorgesehen. Anspruch darauf haben nach § 2303 Abs. 1 S. 1 BGB Abkömmlinge des Erblassers, die durch Verfügung von Todes wegen von der Erbfolge ausgeschlossen sind. Daneben haben nach § 2303 Abs. 2 BGB auch Eltern des Erblassers und der überlebende Ehegatte ein Pflichtteilsrecht. Der Pflichtteil beträgt gem. § 2303 Abs. 1 S. 2 BGB die Hälfte des gesetzlichen Erbteils. Der Pflichtteilsanspruch ist eine Nachlassverbindlichkeit im Sinne des § 1967 Abs. 2 BGB, für die der Erbe haftet. Er ist eine Geldforderung und erlischt mit der Zahlung.[577] Der Pflichtteil kann nur unter den Voraussetzungen des § 2333 BGB entzogen werden, beispielsweise bei Verletzung der Unterhaltspflicht gegenüber dem Erblasser oder bei vorsätzlichen Verbrechen gegenüber dem Erblasser. Nach § 2346 BGB kann durch Vertrag mit dem Erblasser auf das gesetzliche Erbe oder das Pflichtteilsrecht verzichtet werden. Der Verzicht bedarf der notariellen Beurkundung nach § 2348 BGB.

2. *Grundzüge des Erbschaftsteuerrechts*

Besteht ein Bezug des Erblassers, des Erben oder des vererbten Vermögens zu Deutschland, ist zu ermitteln, ob eine Erbschaftsteuerpflicht nach deutschem Erbschaftsteuerrecht besteht. Die Erbschaft- und Schenkungsteuer ist geregelt im Erbschaft- und Schenkungsteuergesetz (im Folgenden: ErbStG). Regelungen zur Bewertung des steuerpflichtigen Vermögens befinden sich im BewG. Verwaltungsanweisungen zu diesen Gesetzen sind gesammelt in den Erbschaftsteuerrichtlinien mit Hinweisen 2011 (ErbStR 2011). Die Erbschaftsteuer erfasst als Erbanfallsteuer den individuellen Vermögenszuwachs des Erwerbers.[578] Sie ist demnach geprägt von Vorschriften, die die persönliche Situation des Erwerbers berücksichtigen, z.B. durch persönliche Freibeträge, Begünstigungen sowie unterschiedliche Tarife und Steuerklassen.

Das Bundesverfassungsgericht hat nunmehr bereits zum dritten Mal infolge Teile des ErbStG für verfassungswidrig erklärt. Im Jahr 1995 erklärte das BVerfG die ungleiche Bewertung von Kapitalvermögen zu Gegenwartswerten gegenüber der Bewertung von Grundbesitz zu Vergangenheitswerten für verfassungswidrig.[579] Im Jahr 2006 bemängelte es die nicht einheitlich am gemeinen Wert ausgerichtete Bewertung des Vermögens.[580] Darauf folgte die Erbschaftsteuerreform

577 *Lange*, in: Münchener Kommentar zum BGB, Band 10 (7. Aufl.), § 2317 Rn. 22.
578 *Gottschalk*, in: Troll/Gebel/Jülicher/Gottschalk, ErbStG, Einführung Rn. 2.
579 BVerfG, Beschluss v. 22.6.1995, Az. 2 BvR 552/91, BStBl. II 1995, S. 671.
580 BVerfG, Beschluss v. 7.11.2006, Az. 1 BvL 10/02, BStBl. II 2007, S. 192.

2009.[581] Nunmehr erklärte das BVerfG im Jahr 2014 die erbschaft- und schenkungsteuerlichen Verschonungen von Betriebsvermögen in §§ 13a und 13b ErbStG a.F. für verfassungswidrig.[582] Die Verschonung gem. §§ 13a, 13b ErbStG a.F. hebelte die gerechte und lastengleiche Erhebung der Erbschaftsteuer nach Ansicht des Gerichts insgesamt aus. Das BVerfG verpflichtete den Gesetzgeber, eine Neuregelung bis zum 30.6.2016 zu treffen. Diese erfolgte erst am 6.11.2016 im „Gesetz zur Anpassung des Erbschaft- und Schenkungsteuergesetzes an die Rechtsprechung des Bundesverfassungsgerichts“[583], rückwirkend in Kraft mit Wirkung zum 1.7.2016.[584] Der Gesetzgeber hat das Erbschaft- und Schenkungsteuergesetz nicht grundlegend reformiert, sondern (lediglich) an die Vorgaben des BVerfG angepasst und das bisherige System zur Verschonung von Betriebsvermögen beibehalten.[585] Darüber hinaus ist das Erbschaft- und Schenkungsteuergesetz zuletzt angepasst worden durch das Steuerumgehungsbekämpfungsgesetz (im Folgenden: StUmgBG).[586]

Die unbeschränkte Erbschaftsteuerpflicht tritt ein, wenn der Erblasser im Zeitpunkt des Todes oder der Erwerber im Zeitpunkt der Entstehung der Steuer ein Inländer war, § 2 Abs. 1 Nr. 1 S. 1 ErbStG. Als Inländer gilt nach § 2 Abs. 1 Nr. 1 S. 2 a) ErbStG eine Person mit Wohnsitz oder gewöhnlichem Aufenthalt in Deutschland nach §§ 8, 9 AO.[587] War der Erblasser Inländer, ist der gesamte Erbanfall erbschaftsteuerpflichtig unabhängig davon, wo die Erben oder sonstigen Erwerber ansässig sind. War hingegen nur der Erbe oder sonstige Erwerber Inländer, nicht aber der Erblasser, so ist nur der jeweilige erworbene Anteil am Nachlass von der unbeschränkten Erbschaftsteuerpflicht erfasst.[588] Eine unbeschränkte Steuerpflicht wird auch begründet, wenn der Erblasser deutscher Staatsangehöriger ohne inländischen Wohnsitz war, im Zeitpunkt seines Todes nicht länger als fünf Jahre nicht mehr in Deutschland wohnte und sich dauernd im Ausland aufgehalten hat, § 2 Abs. 1 Nr. 1 S. 2 b) ErbStG (sog. „erweiterte unbeschränkte Steuerpflicht“).

---

581 Hierzu Überblicke bei *Crezelius*, ZEV 2009, 1; *Fischl/Roth*, NJW 2009, 177.

582 BVerfG, Urteil v. 17.12.2014, Az. 1 BvL 21/12, BStBl. II 2015, S. 50.

583 BGBl. I 2016, S. 2464.

584 Zur Problematik dieser Rückwirkung angesichts der verstrichenen Frist des BVerfG zur Neuregelung: *Crezelius*, ZEV 2016, 541 (542 f.).

585 *Crezelius*, ZEV 2016, 541 (543).

586 BGBl. I 2017, S. 1682.

587 *Jülicher*, in: Troll/Gebel/Jülicher/Gottschalk, ErbStG, § 2 Rn. 16.

588 *Jülicher*, in: Troll/Gebel/Jülicher/Gottschalk, ErbStG, § 2 Rn. 7.

Waren weder Erblasser noch Erwerber Inländer, so besteht in Deutschland nur eine beschränkte Erbschaftsteuerpflicht gem. § 2 Abs. 1 Nr. 3 ErbStG mit dem inländischen in Deutschland belegenen Vermögen im Sinne des § 121 BewG. Hierzu gehören unter anderem das inländische Grundvermögen (§ 121 Nr. 2 BewG), inländisches Betriebsvermögen (§ 121 Nr. 3 BewG) und Anteile an einer Kapitalgesellschaft mit Sitz oder Geschäftsleitung in Deutschland, an der der Erblasser alleine oder mit nahestehenden Personen zu mindestens 10 % unmittelbar oder mittelbar beteiligt ist (§ 121 Nr. 4 BewG). Nach § 2 Abs. 3 ErbStG a.F. konnten beschränkt Steuerpflichtige mit Wohnsitz in der EU oder im EWR zur unbeschränkten Erbschaftsteuerpflicht optieren. Diese Optionsmöglichkeit beanstandete der EuGH als unionsrechtswidrig.[589] Sie wurde nunmehr durch das StUmgBG abgeschafft und durch die Ausweitung der Freibeträge zugunsten in der EU sowie im EWR ansässiger beschränkt steuerpflichtiger Personen ersetzt.[590]

Steuerpflichtig ist die durch einen Erwerb von Todes wegen eintretende Bereicherung nach § 1 Abs. 1 Nr. 1, § 3 ErbStG. § 3 Abs. 1 Nr. 1 ErbStG definiert als Hauptanwendungsfall den Erwerb durch Erbanfall nach § 1922 BGB, weiter den Erwerb durch Vermächtnis nach §§ 2247 ff. BGB oder aufgrund eines geltend gemachten Pflichtteilsanspruches nach §§ 2303 ff. BGB. Nach § 3 Abs. 1 Nr. 2 ErbStG ist auch der Erwerb durch Schenkung auf den Todesfall gem. § 2301 BGB steuerpflichtig. Weitere Tatbestände sind geregelt in § 3 Abs. 1 Nr. 3 und 4 ErbStG sowie in § 3 Abs. 2 ErbStG.

Bis zum 30.6.2016 bestanden sachliche Steuerbefreiungen für Produktivvermögen nach § 13a und § 13b ErbStG a.F. Die Regelungen sind komplex und haben nach der Reform 2016 noch weiter an Komplexität zugenommen. Nach § 13b Abs. 4 a.F. ErbStG konnte eine Verschonung von in der Regel 85 % von sog. „begünstigungsfähigem Vermögen" erreicht werden. Bei Einhaltung strengerer Vorgaben war eine Befreiung zu 100 % möglich. Auch nach neuer Rechtslage sind diese Befreiungen in Höhe von 85 % bzw. 100 % des begünstigungsfähigen Vermögens erreichbar.

Von der Begünstigung ausgenommen war das zur Vermögensverwaltung eingesetzte nicht produktive Vermögen durch § 13b Abs. 2 S. 1 ErbStG a.F., wenn das Vermögen des Betriebs oder der Gesellschaft zu mehr als 50 % aus Verwaltungsvermögen bestand. Hierzu gehörten insbesondere z.B. Dritten zur Nutzung überlassene Grundstücke nach § 13b Abs. 2 Nr. 1 S. 1 ErbStG a.F., Beteiligungen

589 EuGH, Urteil v. 8.6.2016, Rs. C-479/14, DStR 2016, 1360.
590 BGBl. I 2017, S. 1682; für Erwerbe ab dem 25.6.2017, s. § 37 Abs. 14 ErbStG.

von 25 % oder weniger an Kapitalgesellschaften nach § 13b Abs. 2 Nr. 2 ErbStG a.F. sowie sonstige Beteiligungen an Mitunternehmerschaften oder Kapitalgesellschaften, wenn das Vermögen der Gesellschaft zu mehr als 50 % aus Verwaltungsvermögen bestand (§ 13b Abs. 2 Nr. 3 ErbStG a.F.). Die Verschonung wurde auf das gesamte Vermögen gewährt, sodass auch Verwaltungsvermögen in begrenztem Umfang von den Verschonungsregeln profitierte.[591] Der Gesetzgeber hat im Rahmen der Neuregelung der §§ 13a ff. ErbStG die Regeln für eine Begünstigung im Allgemeinen verschärft und darüber hinaus Verschonungen für große Vermögen über 26 Mio. Euro an besondere Voraussetzungen geknüpft.[592] Im Unterschied zur bisherigen Regelung ist zudem das Verwaltungsvermögen nunmehr definitiv zu versteuern.[593] Nicht von der Erbschaftsteuer befreit sind damit nach der Reform z.B. auch an Dritte vermietete Grundstücke. Unschädlich für die Befreiung von Produktivvermögen ist solches Vermögen nach § 13b Abs. 7 S. 1 ErbStG lediglich bis einer Grenze von 10 % des um den Nettowert des Verwaltungsvermögens gekürzten gemeinen Werts des Betriebsvermögens.[594]

Eine weitere Begünstigung besteht für zu Wohnzwecken vermietete Gebäude, diese sind nach § 13d ErbStG nur mit 90 % ihres Werts anzusetzen. Weitere Steuerbefreiungen ergeben sich aus § 13 Abs. 1 Nr. 1 ErbStG für den Hausrat des Erblassers bis zu 41.000 Euro sowie sonstiger beweglicher körperlicher Gegenstände in Höhe von bis zu 12.000 Euro, für Personen der übrigen Steuerklassen

591 „Alles oder Nichts-Prinzip“, wonach die Befreiung bei 49 % Verwaltungsvermögen vollständig gewährt wurde, sowie „Kaskadeneffekt“, wonach die Beteiligung an einer Tochtergesellschaft mit 49 % Verwaltungsvermögen bei der Muttergesellschaft insgesamt kein Verwaltungsvermögen darstellte, *Holtz*, NJW 2016, 3750 (3752).

592 Bei begünstigten Vermögen von mehr als 26 Mio. Euro hat der Erwerber die Wahl zwischen dem Abschmelzungsmodell und dem Erlassmodell, wählt er keines, wird der gesamte Erwerb unverschont besteuert. Beim Abschmelzungsmodell (§ 13c ErbStG) wird die gewährte Verschonung von je nach Fall 85 % oder 100 % um je einen Prozentpunkt abgeschmolzen je 750.000 EURO, die der Wert des verschonungsfähigen Vermögens 26 Mio. Euro übersteigt. Ab einem Wert von 90 Mio. Euro wird somit keine Verschonung mehr gewährt, § 13c Abs. 1 S. 2 ErbStG. Das Erlassmodell sieht alternativ vor, dass der Erwerber einen Erlass der Steuer beantragt (§ 28a ErbStG). Es erfolgt dann eine Verschonungsbedarfsprüfung, ob der Erwerber zur Zahlung der Erbschaftsteuer aus einem gesetzlich definierten sog. „verfügbarem Vermögen“ in der Lage ist (§ 28a Abs. 2 ErbStG). Das verfügbare Vermögen wird vollständig zur Zahlung der Erbschaftsteuer herangezogen, die danach ggf. verbleibende zu zahlende Steuer wird erlassen, § 28a Abs. 1 S. 1 ErbStG.

593 *Holtz*, NJW 2016, 3750 (3752).

594 *Jülicher*, in: Troll/Gebel/Jülicher/Gottschalk, ErbStG, § 13b Rn. 386.

ist der Hausrat nebst beweglicher körperlicher Gegenstände bis zu 12.000 Euro steuerfrei. Steuerfrei ist daneben nach § 13 Abs. 1 Nr. 4 b) ErbStG der Erwerb des Familienheims durch den überlebenden Ehegatten.[595] Steuerfrei ist auch der Erwerb von Todes wegen des Familienheims durch Kinder und Kinder bereits vorverstorbener Kinder nach § 13 Abs. 1 Nr. 4c) ErbStG. Weitere Vermögensgegenstände sind nach § 13 ErbStG ganz oder teilweise steuerfrei, darunter z.B. Kunstgegenstände, Kulturdenkmäler, Bibliotheken sowie Gegenstände von Bedeutung für Kunst, Geschichte oder Wissenschaft.

Als steuerpflichtiger Erwerb von Todes wegen gilt nach § 10 Abs. 1 S. 2 ErbStG die Bereicherung des Erwerbers. Diese ergibt sich aus dem Wert des Vermögensanfalls abzüglich der Nachlassverbindlichkeiten im Sinne des § 10 Abs. 3–9 ErbStG. Abzugsfähig sind danach z.B. die Schulden des Erblassers, soweit diese nicht bereits bei der Bewertung einer betrieblichen Einheit berücksichtigt wurden (§ 10 Abs. 5 Nr. 1 ErbStG), Verbindlichkeiten aus Vermächtnissen, Auflagen und geltend gemachten Pflichtteilen und Erbersatzansprüchen (§ 10 Abs. 5 Nr. 2 ErbStG) sowie die Kosten der Bestattung des Erblassers und die Grabpflege, ohne Nachweis EUR 10.300 (§ 10 Abs. 5 Nr. 3 ErbStG). Nicht abzugsfähig sind Schulden, soweit sie mit nicht steuerpflichtigem Vermögen in wirtschaftlichem Zusammenhang stehen (§ 10 Abs. 6 S. 1 ErbStG). Zudem ist ein nur verhältnismäßiger Abzug gestattet, soweit sich die Verbindlichkeiten auf teilweise befreites Vermögen oder Vermögen nach §§ 13a und 13c ErbStG oder § 13d ErbStG beziehen (§ 10 Abs. 6 S. 3–5 ErbStG).

Bewertungsstichtag ist der Zeitpunkt der Entstehung der Steuer gem. § 11 ErbStG, in der Regel der Todestag gem. § 9 Abs. 1 Nr. 1 ErbStG. Die Bewertung erfolgt nach § 12 Abs. 1 ErbStG gemäß den Vorschriften des ersten Teils des Bewertungsgesetzes (§§ 1–16 BewG), soweit nicht in § 12 ErbStG etwas anderes bestimmt ist. Der Wert von Grundbesitz ist nach § 12 Abs. 3 ErbStG gesondert festzustellen (§ 151 Abs. 1 S. 1 Nr. 1 BewG). Er wird je nach Gebäude- und Grundstücksart nach den unterschiedlichen Bewertungsverfahren in §§ 178 ff. BewG bewertet, denen aber jeweils der gemeine Wert zugrunde zu legen ist (§ 177 BewG).

Unbebaute Grundstücke sind nach § 179 BewG mit dem Grundbesitzwert zu bewerten. Der Grundbesitzwert bemisst sich gem. § 179 BewG nach der Fläche des Grundstücks und den Bodenrichtwerten i.S.d. § 196 BauGB, er berechnet sich aus dem Produkt von Grundstücksfläche in m^2 und Bodenrichtwert in EUR/m^2.

595 Die Schenkung unter Lebenden des Familienheims an Ehegatten ist ebenfalls befreit nach § 13 Abs. 1 Nr. 4a ErbStG.

Ergibt sich hieraus ein Wert, der über dem Marktwert liegt, kann ein niedrigerer Wert nachgewiesen werden (§ 198 BewG). Bebaute Grundstücke werden je nach Grundstücksart nach dem Vergleichswertverfahren, dem Ertragswertverfahren oder dem Sachwertverfahren bewertet. § 181 BewG unterteilt die Grundstücksarten anhand der Bebauung in Ein- und Zweifamilienhäuser, Mietwohngrundstücke, Wohnungs- und Teileigentum, Geschäftsgrundstücke, gemischt genutzte Grundstücke und sonstige bebaute Grundstücke. Das Vergleichswertverfahren findet nach § 182 Abs. 2 BewG Anwendung auf Wohnungseigentum, Teileigentum und Ein- und Zweifamilienhäuser, hierzu werden Preise von Vergleichsgrundstücken herangezogen. Besteht diese Möglichkeit nicht, kann gem. § 182 Abs. 4 BewG nach dem Sachwertverfahren gem. §§ 189 ff. BewG bewertet werden. Hierzu sind der Bodenwert (ermittelt wie bei unbebauten Grundstücken, § 189 Abs. 2 BewG) und der Gebäudesachwert i.S.d. § 190 BewG zu ermitteln und zu addieren, dies ergibt den vorläufigen Sachwert. Zur Anpassung an den gemeinen Wert ist dieser mit einer Wertzahl nach § 191 BewG zu multiplizieren (§ 189 Abs. 3 S. 2 BewG). Nach dem Sachwertverfahren sind auch Geschäftsgrundstücke und gemischt genutzte Grundstücke (mit Ausnahme derer, die nach dem Ertragswertverfahren bewertet werden müssen) sowie sonstige bebaute Grundstücke zu bewerten (§ 182 Abs. 4 Nr. 2, 3 BewG). Das Ertragswertverfahren (§§ 184 ff. BewG) findet Anwendung auf Mietwohngrundstücke und Geschäftsgrundstücke und gemischt genutzte Grundstücke, für die sich auf dem örtlichen Grundstücksmarkt eine übliche Miete ermitteln lässt.[596] Danach sind der Bodenwert sowie der Gebäudeertragswert i.S.d. § 185 BewG zu ermitteln und zu addieren (§ 184 BewG). Ausländischer Grundbesitz wird nach § 12 Abs. 7 ErbStG gem. § 31 BewG bewertet. Danach gilt für die Bewertung ausländischen Grundvermögens der Erste Teil des Bewertungsgesetzes, insbesondere § 9 BewG (Bewertung zum gemeinen Wert).

Anteile an börsennotierten deutschen Kapitalgesellschaften werden nach § 11 Abs. 1 S. 1 BewG mit dem niedrigsten am Stichtag für sie notierten Kurs bewertet. Bei Anteilen an nicht börsennotierten Gesellschaften ist nach § 12 Abs. 2 ErbStG der Anteilswert zu ermitteln. Nach § 11 Abs. 2 S. 1 BewG ist der gemeine Wert anzusetzen, der vorrangig aus vorherigen Verkäufen unter fremden Dritten innerhalb eines Jahres vor dem Bewertungsstichtag abzuleiten ist (§ 11 Abs. 2 S. 2 BewG). Ist dies nicht möglich, erfolgt eine Bewertung nach den Ertragsaussichten der Gesellschaft nach §§ 199 ff. BewG (§ 11 Abs. 2 S. 4 BewG). Nach dem vereinfachten Ertragswertverfahren (§ 200 BewG) wird der gem. § 201 BewG

596 *Haas/Heil*, Erbrecht, Erbschaftsteuer, Schenkungsteuer, S. 126.

zu ermittelnde zukünftig nachhaltig erzielbare Jahresertrag der Gesellschaft mit einem Kapitalisierungsfaktor multipliziert. Dieser Faktor wurde durch das Gesetz zur Anpassung an die Rechtsprechung des BVerfG gem. § 203 BewG n.F. einheitlich auf 13,75 festgelegt, was zu grundsätzlich niedrigeren Unternehmenswerten führt als nach § 203 BewG a.F.[597] Die Bewertung kann auch nach anderen Verfahren erfolgen, denen die Ertragswertmethode zugrunde legt. Beispielhaft zu nennen sind der in der Praxis wichtigste Bewertungsstandard IDW S 1 des Instituts der Wirtschaftsprüfer.[598] Weiter können auch sonstige branchenübliche Bewertungsmethoden zugrunde gelegt werden, die sich z.B. aus branchenspezifischen Verlautbarungen ergeben, etwa bei Kammerberufen die Veröffentlichung durch die entsprechende Kammer.[599] Als Mindestwert ist der Substanzwert anzusetzen, der sich nach der Definition in § 11 Abs. 2 S. 3 BewG aus der Summe der gemeinen Werte der zum Betriebsvermögen gehörenden Wirtschaftsgüter und sonstigen aktiven Ansätze abzüglich der zum Betriebsvermögen gehörenden Schulden und sonstigen Abzüge ergibt. Für die Bewertung ausländischer Beteiligungen gelten die dargestellten Grundsätze sinngemäß.[600]

Bei Erwerb einer Beteiligung an einer gewerblich tätigen Personengesellschaft ist der Anteil am Gesamthandsvermögen sowie das Sonderbetriebsvermögen des Gesellschafters (§ 97 Abs. 1 Nr. 5 BewG) als wirtschaftliche Einheit zu bewerten.[601] Der Wert des Anteils eines Gesellschafters ergibt sich somit nach § 97 Abs. 1a) Nr. 3 BewG aus dem Wert des Anteils am Gesamthandsvermögen (§ 97 Abs. 1a) Nr. 1 BewG) und dem Wert des Sonderbetriebsvermögens (§ 97 Abs. 1a) Nr. 2 BewG). Der gemeine Wert i.S.d. §§ 9, 11 Abs. 2 BewG wird zunächst aus den zurückliegenden Verkäufen innerhalb des letzten Jahres vor dem Bewertungsstichtag ermittelt. Ist dies nicht möglich, wird der Wert nach dem vereinfachten Ertragswertverfahren oder einer anderen Methode ermittelt. Als Mindestgrenze gilt wiederum der Substanzwert.[602] Der Erwerb einer

---

597 *Hannes*, ZEV 2016, 554 (554 f.); zuvor wurde der Kapitalisierungsfaktor in Abhängigkeit vom Basiszinssatz ermittelt. Die Änderung hin zu einem niedrigeren Unternehmenswert ist an sich für Steuerpflichtige vorteilhaft. § 203 BewG ist jedoch gem. § 205 Abs. 11 BewG rückwirkend auf Bewertungsstichtage nach dem 31.12.2015 anzuwenden, was im Einzelfall zum Hinauswachsen aus der unschädlichen Verwaltungsvermögensquote führen kann, hierzu mit Beispiel *Hannes*, ZEV 2016, 554 (555).

598 *Eisele*, in: Rössler/Troll, BewG, § 11 Rn. 35.

599 R B 11.2 Abs. 2 S. 3 ErbStR 2011.

600 *Haas/Heil*, Erbrecht, Erbschaftsteuerrecht, Schenkungsteuerrecht, S. 153.

601 *Haas/Heil*, Erbrecht, Erbschaftsteuerrecht, Schenkungsteuerrecht, S. 149.

602 *Haas/Heil*, Erbrecht, Erbschaftsteuerrecht, Schenkungsteuerrecht, S. 150.

Beteiligung an einer vermögensverwaltenden Personengesellschaft gilt nach § 10 Abs. 1 S. 4 ErbStG als Erwerb der anteiligen Wirtschaftsgüter, wobei die dabei übergehenden Schulden und Lasten der Gesellschaft bei Ermittlung der Bereicherung wie eine Gegenleistung zu behandeln sind. Es erfolgt vor Saldierung zunächst eine gesonderte Feststellung des anteiligen gemeinen Werts an Aktiva und Passiva.[603]

Nach § 15 Abs. 1 ErbStG gilt die Steuerklasse I für Erwerbe durch Ehegatten und Lebenspartner, Kinder und Stiefkinder, deren Abkömmlinge und (nur bei Erwerben von Todes wegen) die Eltern und Voreltern des Erblassers. Die Steuerklasse II findet Anwendung auf Erwerbe durch Eltern und Voreltern, soweit diese nicht bereits zur Steuerklasse I gehören, auf Geschwister, Nichten und Neffen, Stiefeltern, Schwiegerkinder und Schwiegereltern und den geschiedenen Ehegatten und den Lebenspartner einer aufgehobenen Lebenspartnerschaft. Die übrigen Erwerber gehören zur Steuerklasse III.

Ehegatten und Lebenspartner erhalten nach § 16 Abs. 1 Nr. 1 ErbStG einen Freibetrag in Höhe von 500.000 Euro, Kinder nach § 16 Abs. 1 Nr. 2 ErbStG in Höhe von 400.000 Euro und Enkel nach § 16 Abs. 1 Nr. 3 ErbStG in Höhe von 200.000 Euro. Zudem erhalten nach § 17 Abs. 1 ErbStG bei Erwerben von Todes wegen der überlebende Ehegatte oder Lebenspartner zusätzlich einen besonderen Versorgungsfreibetrag von EUR 256.000. Kinder erhalten nach § 17 Abs. 2 ErbStG einen zusätzlichen (nach dem Alter des Kindes gestaffelten) Versorgungsfreibetrag von 10.300 bis zu 52.000 Euro. Die Beträge sind jeweils zu kürzen, soweit Versorgungsbezüge aufgrund des Todes des Erblassers anfallen, die nicht der Erbschaftsteuer unterliegen (§ 17 Abs. 1 S. 2, Abs. 2 S. 2 ErbStG). Die übrigen Erwerber der Steuerklasse I erhalten gem. § 16 Abs. 1 Nr. 4 ErbStG einen Freibetrag von 100.000 Euro, Erwerber der Steuerklasse II und III gem. § 16 Abs. 1 Nr. 5 ErbStG einen Freibetrag in Höhe von 20.000 Euro. Für beschränkt Steuerpflichtige galt bisher ein Freibetrag von 2.000 Euro nach § 16 Abs. 2 ErbStG a.F. Dieser wurde angesichts der viel höheren Freibeträge für unbeschränkt erbschaftsteuerpflichtige Personen durch den EuGH als unionsrechtswidrig beanstandet.[604] Durch das StUmgBG wurden diese Freibeträge erhöht.[605] Frühere Erwerbe innerhalb von zehn Jahren von derselben Person

603 R B 151.6 Abs. 1 S. 2 ErbStR 2011.

604 EuGH, Urteil v. 4.9.2014, Rs. C-211/13, DStR 2014, 1818.

605 Nach § 16 Abs. 2 ErbStG n.F. ist der Freibetrag im Sinne des § 16 Abs. 1 ErbStG nunmehr auch beschränkt Steuerpflichtigen zu gewähren, allerdings vermindert um einen sog. Teilbetrag. Dieser entspricht „dem Verhältnis der Summe der Werte des in demselben Zeitpunkt erworbenen, nicht der beschränkten Steuerpflicht unterliegenden

werden nach § 14 ErbStG berücksichtigt, sodass die Freibeträge alle zehn Jahre ausgeschöpft werden können.

Der Steuersatz ist geregelt in § 19 ErbStG und bestimmt sich nach der Steuerklasse des Erwerbers sowie der Höhe des steuerpflichtigen Erwerbs. Der Tarif ist innerhalb von Wertstufen zu ermitteln. Innerhalb einer Stufe steigt der Tarif proportional an. Der Steuersatz für Personen der Steuerklasse I beträgt zwischen 7 und 30 %, für Personen der Steuerklasse II zwischen 15 bis 43 %, für Erwerbe innerhalb der Steuerklasse III 30 bis 50 %.

Der Erwerb ist grundsätzlich nach § 30 Abs. 1 ErbStG innerhalb von drei Monaten nach Kenntnis des Erbanfalls oder des Eintritts der Verpflichtung bei dem zuständigen Finanzamt anzuzeigen. Anschließend kann das Finanzamt nach § 31 Abs. 1 S. 1 ErbStG eine Frist zur Erstellung einer Erbschaftsteuererklärung festsetzen. Die Pflicht zur Anzeige entfällt nur, wenn die Verfügung von Todes wegen z.B. notariell oder gerichtlich eröffnet wurde oder zweifelsfrei keine Erbschaftsteuerpflicht besteht.[606]

Unbeschränkt Steuerpflichtigen im Sinne des § 2 Abs. 1 Nr. 1 ErbStG ist auf Antrag und vorbehaltlich abkommensrechtlicher Regelungen die im Ausland gezahlte Erbschaftsteuer unter den Voraussetzungen des § 21 ErbStG anzurechnen. Anrechenbar ist nach § 21 Abs. 1 S. 1 ErbStG die auf den Erwerber entfallende, gezahlte und keinem Ermäßigungsanspruch unterliegende ausländische Steuer insoweit, als das ausländische Vermögen auch der inländischen Steuerpflicht unterliegt. Der auf das ausländische Vermögen entfallende Steuerbetrag ist bis zur Höhe der auf das ausländische Vermögen entfallenden anteiligen inländischen Steuer anrechenbar (§ 21 Abs. 1 S. 2 ErbStG). Bei Erwerb von Vermögen in mehreren Ländern ist der jeweils maximale Anrechnungsbetrag anteilig aus dem Verhältnis ausländischen Vermögens zum Gesamterwerb zu errechnen („per-country-limitation", § 21 Abs. 1 S. 2, 3 ErbStG).[607] § 21 Abs. 4 ErbStG ordnet die Geltung der § 21 Abs. 1–3 ErbStG an, soweit ein DBA auf die Anrechnung nach deutschem Recht verweist. Dies trifft für Art. 11 Abs. 2 a) des DBA Deutschland-Frankreich (E) zu.

Vermögens und derjenigen, nicht der beschränkten Steuerpflicht unterliegenden Vermögensvorteile, die innerhalb von zehn Jahren von derselben Person angefallen sind". Die früheren Erwerbe sind mit ihrem früheren Wert anzusetzen, § 16 Abs. 2 S. 2, 3 ErbStG n.F.

606 *Jülicher*, in: Troll/Gebel/Jülicher/Gottschalk, ErbStG, § 30 Rn. 16.

607 *Jülicher*, in: Troll/Gebel/Jülicher/Gottschalk, ErbStG, § 21 Rn. 63.

II. Frankreich

1. Grundzüge des Erbrechts

Obgleich das französische Erbrecht bei Tod des deutschen Gesellschafters in der Regel nicht maßgeblich ist, da das Erbrecht des Staates auf den Erbfall zur Anwendung gelangt, in dem der Erblasser seinen letzten gewöhnlichen Aufenthalt hatte[608], sollen angesichts der Bedeutung des französischen Erbrechts bei deutsch-französischen Erbfällen insgesamt die Grundlagen des französischen Erbrechts kurz dargestellt werden. Das französische Erbrecht ist geregelt im dritten Buch des Code Civil. Die Vorschriften zum gesetzlichen Erbrecht in Titel I (Artt. 720–892 CC) behandeln Erbfähigkeit, Erbwürdigkeit, Annahme und Ausschlagung der Erbschaft sowie die Erbengemeinschaft. Die unentgeltlichen Zuwendungen (libéralités) sind in Titel II (Artt. 893–1099-1 CC) geregelt, hierzu gehören neben den Verfügungen von Todes wegen (dispositions testamentaires) auch die Schenkungen (donations).[609] Das französische Erbrecht unterscheidet sich in seiner Systematik und seinen Institutionen vom deutschen Recht und ist zudem gekennzeichnet durch viele zwingende Vorschriften, die nicht abbedungen werden können.[610] So gilt in Frankreich z.B. auch nach der letzten großen Reform des Erbrechts 2006 ein grundsätzliches Verbot der Erbverträge sowie der gemeinschaftlichen Verfügungen, wenngleich dieses auch etwas aufgeweicht wurde.[611] Auch das französische Pflichtteilsrecht ist strenger ausgestaltet als das deutsche.

Das Nachlassverfahren wird mit dem Tod des Erblassers an dessen letztem Wohnort eröffnet, Art. 720 CC. Nach Art. 721 CC vollzieht sich im Todesfall die gesetzliche Erbfolge (succession ab intestat), wenn nicht der Erblasser im Wege des Testaments über seinen Nachlass verfügt hat. In Frankreich ist anders als in Deutschland eine gewillkürte Erbeinsetzung durch Testament aber nicht möglich.[612] Als Erbe (héritier) bezeichnet man in Frankreich nur gesetzliche Erben.

---

608 Teil 2 A. I.

609 Nach Art. 893 CC ist „libéralité" definiert als unentgeltliche Zuwendung an einen Dritten durch Testament oder Schenkung unter Lebenden („La libéralité est l'acte par lequel une personne dispose à titre gratuit de tout ou partie de ses biens ou de ses droits au profit d'une autre persone. Il ne peut être fait de libéralité que par donation entre vifs ou par testament.").

610 *Schömmer/Steinhauer/Haydu*, Internationales Erbrecht Frankreich, Rn. 269.

611 *Döbereiner*, in: Süß, Erbrecht in Europa, Frankreich, Rn. 118; *Leroyer*, Droit des successions, Rn. 302.

612 *Hechler*, Die Besteuerung deutsch-französischer Erbfälle, Rn. 84.

Die Erbfolge hängt davon ab, ob der Erblasser einen Ehegatten hinterlässt. Ist kein überlebender Ehegatte vorhanden, so erben die Verwandten des Erblassers. Die Verwandten sind in vier Ordnungen unterteilt (Art. 734 S. 1 1°-4° CC). Verwandte einer niedrigeren Ordnung schließen wie in Deutschland Verwandte höherer Ordnungen vom Erbe aus (Art. 734 S. 2 CC). Innerhalb einer Ordnung schließt ein Verwandter näheren Grades einen Verwandten entfernteren Grades aus, Art. 744 S. 1 CC. Innerhalb desselben Verwandtschaftsgrades erben die Verwandten zu gleichen Teilen, Art. 744 S. 2 CC. Als Ausnahme dieser Regel ist das Repräsentationsprinzip (représentation successorale) zu berücksichtigen.[613] Danach tritt bei Abkömmlingen innerhalb der ersten Ordnung ein Verwandter entfernteren Grades an die Stelle seines vorverstorbenen Verwandten näheren Grades (Artt. 751 f. CGI). Dies entspricht dem deutschen Repräsentationsprinzip bei der Erbfolge nach Stämmen. Verwandte erster Ordnung sind die Kinder des Erblassers und deren Kinder. Zur zweiten Ordnung gehören Eltern als sog. privilegierte Vorfahren (ascendants privilégiés) sowie die Geschwister nebst deren Abkömmlingen als sog. privilegierte Seitenverwandte (collatéraux privilégiés).[614] Hinterlässt ein Erblasser nebeneinander Eltern und privilegierte Seitenverwandte, erben die Eltern nach Art. 738 CC jeder zu einem Viertel und die privilegierten Seitenverwandten untereinander zu gleichen Teilen. Ein privilegierter Seitenverwandter näheren Verwandtschaftsgrades schließt einen durch ihn mit dem Erblasser verwandten Seitenverwandten von der Erbfolge aus, auch hier findet das Repräsentationsprinzip Anwendung (Art. 752-2 CC). Sind neben den Eltern keine privilegierten Seitenverwandten vorhanden, erben beide Eltern zur Hälfte (Art. 736 CC). Hinterlässt der Erblasser nur privilegierte Seitenverwandte, erben diese zu gleichen Teilen unter Berücksichtigung des Grades der Verwandtschaft und des Repräsentationsprinzips. Verwandte der dritten Ordnung sind nach Art. 734 S. 1 3° CC die übrigen Vorfahren in direkter Linie (ascendants) des Erblassers. Erfasst sind neben den Großeltern auch Urgroßeltern sowie theoretisch alle weiteren Voreltern des Erblassers.[615] Verwandte der vierten Ordnung schließlich sind die Seitenverwandten bis zum 6. Grad ohne die privilegierten Seitenverwandten. Sind nur Erben dritter Ordnung mütterlicherseits und väterlicherseits vorhanden, führt die Linearteilung des Nachlasses (fente successorale) nach Art. 747 CGI zur Aufteilung des Erbes zu gleichen Teilen zwischen der mütterlichen und der väterlichen Abstammungslinie (fente

613 *Leroyer*, Droit des successions, Rn. 57.

614 *Hechler*, Die Besteuerung deutsch-französischer Erbfälle, Rn. 74.

615 *Leroyer*, Droit des successions, Rn. 52.

ordinaire).[616] Gleiches gilt gem. 749 CGI bei Seitenverwandten der vierten Ordnung. Im Erbfall wird die Erbmasse in zwei gleiche Teile geteilt, innerhalb derer die Erbfolge zwischen den Verwandten der mütterlichen Linie einerseits und der väterlichen Linie andererseits ermittelt wird. Hinterlässt der Erblasser einen Ehegatten, so ist dessen Anteil am Nachlass wie in Deutschland davon abhängig, ob er allein oder neben Verwandten erbt. Hinterlässt der Erblasser weder Eltern noch Kinder oder sonstige Abkömmlinge, erbt der überlebende Ehegatte allein (Art. 757-2 CC), im Übrigen erbt der Ehegatte neben den Verwandten erster Ordnung oder den Eltern des Erblassers. Neben Kindern hat der überlebende Ehegatte nach Art. 757 CC die Wahl zwischen einem Erbteil in Höhe eines Viertels des Nachlasses oder dem lebenslangen Nießbrauch an den Vermögensgegenständen des gesamten Nachlasses. Sind unter den Abkömmlingen alleinige Kinder nur des Erblassers, so besteht keine Wahl zum Nießbrauch, der überlebende Ehegatte erbt zu einem Viertel. Neben den Eltern des Erblassers erbt der überlebende Ehegatte zur Hälfte (Art. 757-1 S. 1 CC), lebt nur noch ein Elternteil des Erblassers, erbt der Ehegatte zu drei Vierteln (Art. 757-1 S. 2 CC).

Eine Erbschaft kann nach Art. 768 S. 1 CC angenommen (acceptation pur et simple), ausgeschlagen (renonciation) oder aber unter Beschränkung der Haftung auf die Nachlassaktiva angenommen werden (acceptation à concurrence de l'actif net).[617] Dies kann nicht unter einer Bedingung oder unter einer Befristung geschehen (Art. 768 S. 2 CC). Die Annahme der Erbschaft kann ausdrücklich oder stillschweigend erfolgen (Art. 782 CC). Die ausdrückliche Annahme erfolgt entweder aufgrund notarieller Urkunde oder privatschriftlich, wenn der Erbe sich z.B. unmissverständlich als annehmenden Erben bezeichnet.[618] Die stillschweigende Annahme der Erbschaft kann nach Art. 782 CC grundsätzlich durch jede Handlung erfolgen, die auf den Annahmewillen schließen lässt. So genügt z.B. die Inbesitznahme einzelner Gegenstände des Erblassers oder deren Veräußerung.[619] Die Annahme ist unwiderruflich (Art. 786 S. 1 CC). Die Annahme der Erbschaft unter Vorbehalt der Beschränkung der Haftung auf die Nettoaktiva ist bei der Geschäftsstelle des zuständigen Tribunal de Grande Instance (TGI) des Nachlassbezirks oder einem Notar zu erklären (Art. 788 CC). In diesem Fall muss der Annehmende ein z.B. durch einen Notar erstelltes Nachlassinventar vorlegen, in dem die Nachlassgegenstände einschließlich der

616 *Leroyer*, Droit des successions, Rn. 68.
617 *Klima*, ZEV 2006, 440 (441).
618 *Leroyer*, Droit des successions, Rn. 380.
619 *Klima*, ZEV 2006, 440 (441).

Schulden bewertet sind.[620] Die Ausschlagung muss vor dem zuständigen Nachlassgericht oder einem Notar erklärt werden (Art. 804 CC).

Testamente sind in Art. 967–1047 CC geregelt. Die Regeln zur Testierfähigkeit und zur Fähigkeit, über sein Vermögen im Wege der Schenkung zu verfügen, finden sich in Art. 901 ff. CC. Minderjährige unter 16 Jahren können weder durch Schenkung noch durch Testament über ihr Vermögen verfügen (Art. 903 CC). Minderjährige ab 16 Jahren können nach Artt. 904, 907 CC über die Hälfte des Vermögens verfügen, über das ein Erwachsener verfügen kann, d.h. die Hälfte des nicht durch Pflichterbteile betroffenen Anteils des Vermögens.[621] Das handschriftliche Testament (testament olographe) muss nach Art. 970 CC eigenhändig durch den Erblasser verfasst, mit Datum versehen und unterschrieben sein. Das notarielle Testament (testament par acte public) wird entweder in Anwesenheit zweier Notare oder eines Notars und zweier Zeugen aufgesetzt, Art. 971 CC. Ein Testament kann auch beim Notar verschlossen und versiegelt hinterlegt werden (testament mystique, Art. 976 CC). Ein Testament kann nicht zugleich den Willen zweier Testierender wiedergeben, auch nicht im Wege der wechselseitig bezogenen Verfügungen (Art. 968 CC). Ein Testament mit einem solchen Inhalt ist nichtig. Anders als in Deutschland ist damit ein Testament, in dem sich Ehegatten jeweils gegenseitig als Erben einsetzen, nicht zulässig. Ein derartiges Testament wird zwar, wenn es nach Formstatut ordnungsgemäß errichtet wurde, anerkannt, entfaltet in Frankreich aber keine materiellrechtliche Bindungswirkung.[622]

Ein Testament begründet nur ein Vermächtnis (legs) i.S.d. Art. 1003 ff CC.[623] Es bewirkt hingegen keine Erbeinsetzung. Obgleich es keine Erbeinsetzung im Wege des Testaments gibt, ist eine als solche bezeichnete Erbeinsetzung im Testament jedoch nicht unwirksam, sondern wird als Vermächtnis behandelt (Art. 1002 CC). Von einem Universal- oder Erbvermächtnis (legs universel) spricht man, wenn dem Vermächtnisnehmer der gesamte Nachlass vermacht wird (Art. 1003–1009 CC).[624] Beläuft sich das Vermächtnis auf einen Anteil am gesamten Nachlass (z.B. „ein Viertel, ein Drittel"), spricht man von einem Erbteilsvermächtnis (legs à titre universel) nach Art. 1010–1013 CC.[625] Die übrigen Vermächtnisse sind Stückvermächtnisse (legs à titre particulier) gem.

---

620 *Klima*, ZEV 2006, 440 (441).

621 *Döbereiner*, in: Süß, Erbrecht in Europa, Frankreich, Rn. 87.

622 *Döbereiner*, in: Süß, Erbrecht in Europa, Frankreich, Rn. 40.

623 *Ferré-André/Berre*, Successions et libéralités, Rn. 360.

624 *Hechler*, Die Besteuerung deutsch-französischer Erbfälle, Rn. 86.

625 *Hechler*, Die Besteuerung deutsch-französischer Erbfälle, Rn. 86.

Art. 1014–1024 CC.[626] Mit dem Tod des Erblassers geht das Eigentum an den Vermächtnissen unmittelbar über auf den begünstigten Legatar (Vindikationslegat).[627]

Erbverträge (pacte sur succession future) sind in Frankreich gem. Art. 722 CC in gesetzlich bestimmten Fällen erlaubt. Zulässig ist z.B. die „institution contractuelle" nach Artt. 1082 ff CC. Es handelt sich dabei um einen Vertrag zugunsten einem Ehegatten oder eines Ehepaares, in dem eine Person (instituant) einer anderen Person (institué) verspricht, ihr nach ihrem Tod ihr Vermögen ganz oder zum Teil zu hinterlassen.[628] Die Verpflichtung erfolgt im Ehevertrag künftiger Ehegatten (Art. 1082 CC) oder nachträglich im Lauf der Ehe.[629] Es kann sich entweder ein Dritter gegenüber künftigen Ehegatten oder die Ehegatten untereinander zur Übertragung verpflichten.[630] Die Einsetzung im Ehevertrag ist unwiderruflich.[631] Anderes gilt für die nachträglich im Lauf der Ehe abgeschlossene Vereinbarung, sie kann zu Lebzeiten widerrufen werden (Art. 1096 S. 1 CC). Zu Lebzeiten führt die institution contractuelle nicht zu einem Rechtsübergang.[632]

Zugunsten bestimmter Erben ist ein Pflichterbteil (réserve héréditaire) vorgesehen (Artt. 912 ff. CC). Dieses ist im Vergleich zum deutschen Pflichtteilsrecht ein stärkeres Recht. Die Pflichterben (héritiers réservataires) sind nicht lediglich Nachlassgläubiger, sondern materielle Erben.[633] Zu den Pflichterben gehören die Kinder des Erblassers. Ihr Pflichterbteil beträgt bei einem Kind die Hälfte des Nachlasses, bei zwei Kindern jeweils ein Drittel, bei drei oder mehr Kindern insgesamt drei Viertel des Nachlasses (Art. 913 S. 1 CC). Dem überlebenden Ehegatten steht ein Pflichterbteil von einem Viertel des Nachlasses zu, wenn keine Abkömmlinge vorhanden sind, anderenfalls besteht für ihn kein Pflichterbteil (Art. 914-1 CC). Im Übrigen bestehen keine Pflichterben (Art. 916 CC). Auch bei Vorhandensein potentieller Pflichterben kann der Erblasser aber eine Verfügung von Todes wegen treffen. Nach Abzug der Pflichterbteile besteht ein frei verfügbarer Anteil am Nachlass (quotité disponible), Art. 912 S. 2 CC. Ein

626 *Hechler*, Die Besteuerung deutsch-französischer Erbfälle, Rn. 86.

627 *Schömmer/Steinhauer/Haydu*, Internationales Erbrecht Frankreich, Rn. 270; *Hechler*, Die Besteuerung deutsch-französischer Erbfälle, Rn. 84.

628 *Döbereiner*, in: Süß, Erbrecht in Europa, Frankreich, Rn. 120.

629 *Leroyer*, Droit des successions, Rn. 305.

630 *Leroyer*, Droit des successions, Rn. 305.

631 *Döbereiner*, in: Süß, Erbrecht in Europa, Frankreich, Rn. 127, 133.

632 *Döbereiner*, in: Süß, Erbrecht in Europa, Frankreich, Rn. 125.

633 *Hechler*, Die Besteuerung deutsch-französischer Erbfälle, Rn. 97; *Döbereiner*, in: Süß, Erbrecht in Europa, Frankreich, Rn. 105.

Testament ist allerdings auch wirksam, wenn es über die quotité disponible hinaus Verfügungen zugunsten Dritter trifft.[634] In diesem Fall können die Pflichterben aber nach Art. 921 CC auf Herabsetzung des Legats klagen (action en réduction). Der Legatar muss die Pflichterben sodann grundsätzlich in Geld entschädigen (Art. 924 CC). Diese Änderung steht für einen Wandel weg von einem Noterbrecht hin zu einem Pflichtteilsrecht. Zusätzlich dazu ist seit dem 1.1.2007 auch der Verzicht des Pflichterben auf die Herabsetzungsklage gegenüber dem testamentarisch eingesetzten Legatar vor Eintritt des Erbfalls möglich.[635] Dies entspricht einem Pflichtteilsverzicht.

Für die Geltendmachung der Rechte am Nachlass ist in Frankreich ein Rechtstitel erforderlich, die sog. saisine, ein Recht zum Besitz der Erbschaft. Erben und Pflichterben haben diesen Rechtstitel kraft Gesetz („sont saisis de plein droit") nach Art. 724, 1004 CC. Dies gilt nicht für Vermächtnisnehmer. Anders als in Deutschland erlangt ein Vermächtnisnehmer zwar bereits mit dem Erbfall Eigentum an den Gegenständen des Erbes, ohne das Recht zum Besitz am Nachlass entfaltet aber die Rechtsstellung als Legatar nur Wirkung gegenüber den anderen Berechtigten am Nachlass.[636] Grundsätzlich benötigt daher ein Legatar zuerst die Auslieferung (délivrance) des Erbes durch die Erben oder Pflichterben. Vermächtnisnehmer eines Universalvermächtnisses sind jedoch kraft Gesetz bereits zum Besitz der Erbschaft berechtigt, allerdings nur in Abwesenheit von Pflichterben (Art 1006 CC).

Bei Eintritt der gesetzlichen Erbengemeinschaft (régime légal) nach Artt. 815 ff CC können nach dem Erbfall nicht nur eine, sondern mehrere Erbengemeinschaften entstehen. Gibt es Nießbrauchsberechtigte, so bilden diese eine „indivision en usufruit" (Art. 818-15 CC). Die übrigen Erben ohne Nutzungsrecht bilden die „indivision en nue-propriété". Erben, deren Erbteil nicht mit einem Nießbrauch belastet ist, gehören beiden Erbengemeinschaften an.[637] Die gesetzliche Erbengemeinschaft ist auf jederzeitige Auflösung ausgerichtet (Art. 815 CC). Sie endet mit der Erbauseinandersetzung (partage). Entscheidungen in Bezug auf die Verwaltung oder der Verkauf einzelner Gegenstände zur Finanzierung von Schulden oder Kosten zulasten des Nachlasses können mit einer Zwei-Drittel-Mehrheit beschlossen werden, andere Veräußerungen und Rechtsgeschäfte,

634 *Hechler*, Die Besteuerung deutsch-französischer Erbfälle, Rn. 97; *Döbereiner*, in: Süß, Erbrecht in Europa, Frankreich, Rn. 113.

635 *Leroyer*, Droit des successions, Rn. 302; *Döbereiner*, in: Süß, Erbrecht in Europa, Frankreich, Rn. 115.

636 *Hechler*, Die Besteuerung deutsch-französischer Erbfälle, Rn. 87.

637 *Döbereiner*, in: Süß, Erbrecht in Europa, Frankreich, Rn. 148.

die nicht der Verwaltung der Erbmasse dienen, müssen einstimmig beschlossen werden (Art. 815-3 CC).

Die Erbauseinandersetzung (partage) wirkt nach Art. 883 CC auf den Tag des Erbfalls zurück. Es wird fingiert, dass jeder Erbe mit dem Erbfall das Eigentum an den Gegenständen erhalten hat, die ihm anlässlich der Teilung zugesprochen werden (effet déclaratif du partage).[638] Die Teilung des Nachlasses kann durch Teilung in Natur (partage pur et simple) oder als disquotale Teilung mit Ausgleichszahlung (partage avec soulte et plus-values) erfolgen. Man unterscheidet weiter zwischen gütlicher und gerichtlicher Teilung (partage amiable, partage judiciaire). Die gütliche Teilung beruht auf einem Vertrag zwischen den Mitgliedern der Erbengemeinschaft, die, ggf. unter Mitwirkung eines Notars, die Erbmasse unter sich aufteilen (Art. 835 CC). Die gerichtliche Teilung findet beim Nachlassgericht im Bezirk des Erbfalls statt (Art. 841 CC). Die Teilung kann hier in einfacheren Fällen durch das Gericht selbst erfolgen.[639] Bei komplexeren Nachlässen wird nach Art. 1364 CC ein Notar beauftragt mit der Liquidation des Nachlasses.

2. Grundzüge des Erbschaftsteuerrechts

Besteht ein Bezug des Erblassers, des Erben oder des vererbten Vermögens zu Frankreich, ist zu ermitteln, ob eine Erbschaftsteuerpflicht nach französischem Erbschaftsteuerrecht besteht. Die französische Erbschaft- und Schenkungsteuer (droits des mutations á titre gratuit) gehört nach französischem Recht zu den Registersteuern (droits d'enregistrement), Art. 662 4° CGI. Es existieren gemeinsame Vorschriften für die Registersteuern in Bezug auf Verjährung, Verzinsung und Rechtsweg.[640] Die Vorschriften zur Erbschaftsteuer finden sich in Artt. 750 ter ff. CGI. Die französische Erbschaftsteuer ist ebenso wie die deutsche Erbschaftsteuer als Erbanfallsteuer ausgestaltet und berücksichtigt die persönliche Situation des Erwerbers bei der Besteuerung.[641] Eine persönliche unbeschränkte Erbschaftsteuerpflicht besteht nach Art. 750 ter 1° CGI, wenn der Erblasser in Frankreich ansässig war. Dessen Ansässigkeit wird nach denselben Regeln beurteilt wie auch für Zwecke der Einkommensteuer.[642] Der Erbschaftsteuer

---

638 *Hechler*, Die Besteuerung deutsch-französischer Erbfälle, Rn. 105; *Döbereiner*, in Süß, Erbrecht in Europa, Frankreich, Rn. 152.

639 *Leroyer*, Droit des successions, Rn. 637.

640 *Viegener*, in: Wassermeyer, DBA (Frankreich), Anhang, Rn. 187, zum Rechtsweg auch Teil 1 A. I.

641 *Hahn*, in: Wassermeyer, DBA (Frankreich E), Art. 2 Rn. 2.

642 *Gouthière*, Les impôts dans les affaires internationales, Rn. 47620; s. Teil 1 A. II. 1.

unterliegt das gesamte inländische und ausländische Vermögen des Erblassers.[643] Ursprünglich war nur das französische Vermögen von der Erbschaftsteuerpflicht erfasst, die Steuerpflicht hinsichtlich des gesamten in- und ausländischen Vermögens besteht seit 1976.[644] Eine unbeschränkte Steuerpflicht besteht weiter gem. Art. 750 ter 3° CGI, wenn der Erwerber (Erbe oder sonstiger Begünstigter) im Zeitpunkt des Erbanfalls sowie innerhalb der letzten 10 Jahre insgesamt sechs Jahre in Frankreich ansässig war. Diese Regelung besteht erst seit dem 1.1.1999. Sie stellt höhere Anforderungen an die Ansässigkeit als die entsprechende deutsche Steuerpflicht des Erwerbers gem. § 2 Abs. 1 Nr. 1 S. 1, S. 2 a) ErbStG, bei der die Ansässigkeit des Erwerbers in Deutschland nur im Zeitpunkt des Erbfalls gegeben sein muss, nicht während eines längeren Zeitraums vor dem Erbfall.[645] Sind weder Erblasser noch Erwerber in Frankreich ansässig, besteht nur eine beschränkte Erbschaftsteuerpflicht hinsichtlich des französischen inländischen Vermögens.[646] Das steuerpflichtige Inlandsvermögen ist geregelt in Art. 750 ter 2° CGI. Es handelt sich um dieselben Vorschriften, die auch für die Vermögensteuer gelten.[647]

Steuerpflichtiger Tatbestand i.S.d. Art. 750 ter CGI ist der Übergang von Vermögen auf den Erwerber aufgrund gesetzlicher Erbfolge, aufgrund einer Verfügung von Todes wegen oder aufgrund einer sonstigen unentgeltlichen Übertragung anlässlich des Todes des Erblassers.[648] Nicht der Steuerpflicht unterliegen bestimmte güterrechtlich bedingte Erwerbe des überlebenden Ehegatten.[649] Hierzu gehört z.B. der Erwerb durch eine bei frz. Gütergemeinschaft vereinbarte Klausel hinsichtlich des Übergangs des Gesamtguts auf den überlebenden Ehegatten (clause d'attribution de la totalité de la communauté).[650] Ehegatten sind jedoch im französischen Erbschaftsteuerrecht von der Erbschaftsteuer befreit

643 *Milatz/Herbst*, in: Strunk/Kaminski/Köhler, AStG/DBA, DBA Deutschland-Frankreich (E), Einführung, Rn. 7.

644 *Gentilhomme/Gérail*, Fiscalité des mutations à titre gratuit et des partages, Rn. 55.

645 *Milatz/Herbst*, in: Strunk/Kaminski/Köhler, AStG/DBA, DBA Deutschland-Frankreich (E), Einführung, Rn. 7.

646 *Gouthière*, Les impôts dans les affaires internationales, Rn. 47410.

647 Teil 1 A. IV.

648 BOI-ENR-DMTG-10-10-10-10 Rn. 1.

649 *Gentilhomme/Hérail*, Fiscalité des mutations à titre gratuit et des partages, Rn. 26.

650 Der Bundesfinanzhof hat hierzu allerdings entschieden, dass dieser nach deutschem Recht als Erwerb von Todes wegen steuerpflichtig sein kann, BFH, Urteil v. 4.7.2012, Az. II R 38/10, BStBl. II 2012, S. 782.

(Art. 796-0 bis CGI), sodass die Nichtsteuerbarkeit dieser Erwerbe für die französische Erbschaftsteuer insoweit von geringerer Bedeutung ist.[651]

Beteiligungen an gewerblich tätigen Gesellschaften (Personen- oder Kapitalgesellschaften) sind in Höhe von 75 % ihres Verkehrswerts von der Erbschaftsteuer befreit nach Art. 787 B CGI (sog. „Pacte Dutreil").[652] Die betroffene Beteiligung muss mindestens 34 % des Kapitals und der Stimmrechte an der Gesellschaft umfassen, bei Anteilen an börsennotierten Gesellschaften mindestens 20 % (Art. 787 B b. CGI). Zudem muss sich der Erblasser vor seinem Tod gegenüber mindestens einem weiteren Gesellschafter dahin gehend verpflichtet haben, dass seine Rechtsnachfolger die Beteiligung für mindestens zwei weitere Jahre nach dem Übergang der Beteiligung nicht veräußern (engagement collectif de conservation, Art. 787 B a. CGI).[653] Nach dem Tod des Erblassers müssen sich die Erwerber ihrerseits verpflichten, die Beteiligungen für weitere vier Jahre zu halten ab dem Zeitpunkt, ab dem die Haltevereinbarung abläuft (engagement individuel de conservation, Art. 787 B c. CGI).[654] Weiter muss wenigstens einer der sich verpflichtenden Erben in der Gesellschaft eine Leitungsfunktion ausüben.[655] Verglichen mit den deutschen Befreiungsvorschriften für Produktivvermögen ist die französische Regelung weniger komplex und hat insgesamt weniger strenge Voraussetzungen als §§ 13a ff ErbStG.[656]

Als Bemessungsgrundlage für die Erbschaftsteuer dient das Nettovermögen, d.h. das steuerpflichtige Nachlassvermögen (actif brut taxable) abzüglich der

---

651 *Gentilhomme/Hérail*, Fiscalité des mutations à titre gratuit et des partages, Rn. 27.

652 Die Verschonung findet auch Anwendung auf ausländische Gesellschaften, BOI-ENR-DMTG-10-20-40-10 Rn. 30.

653 BOI-ENR-DMTG-10-20-40-10 Rn. 80; innerhalb von sechs Monaten nach dem Tod des Erblassers können der oder die Erwerber nachträglich untereinander bzw. mit einem verbleibenden Gesellschafter eine solche Vereinbarung abschließen (engagement post mortem), *Gentilhomme/Hérail*, Fiscalité des mutations à titre gratuit et des partages, Rn. 161.

654 *Editions Francis Lefèbvre (Hrsg.)*, Memento Fiscal 2017, Rn. 68095.

655 Bei Personengesellschaften im Sinne des Art. 8–8 ter CGI muss der betreffende Gesellschafter seine Haupttätigkeit im Rahmen der Gesellschaft entfalten (activité professionnelle principale), BOI-ENR-DMTG-10-20-40-10 Rn. 270 ff. Die Haupttätigkeit muss während der Geltungsdauer des „engagement collectif" sowie insgesamt drei Jahre nach der Übertragung in der Gesellschaft fortdauern. Bei einer Kapitalgesellschaft muss der Gesellschafter eine der Funktionen im Sinne des Art. 885 O bis 1° CGI innehaben, z.B. als Geschäftsführer einer SARL.

656 Teil 2 B. I. 2.

Schulden.[657] Zur Bestimmung des actif brut taxable sind neben den im Eigentum des Erblassers stehenden Nachlassgegenständen weitere Vermögensgegenstände heranzuziehen, die aufgrund Eigentumsvermutungen (présomptions de propriété) nach Artt. 751 ff. CGI als Eigentum des Erblassers gelten. Nach Art. 752 CGI wird z.B. vermutet, dass alle Geschäftsanteile und Forderungen in den Nachlass fallen, deren Inhaber der Erblasser war und aus denen er innerhalb des letzten Jahres vor seinem Tod Einkünfte bezogen hat oder aufgrund derer er in diesem Zeitraum Maßnahmen getätigt hat. Der Gegenbeweis ist zulässig.[658] Abzuziehen von der Bemessungsgrundlage sind vorab die Vermächtnisse.[659] Abzuziehen ist auch Vermögen, das dem Erblasser im Rahmen eines Auftrags oder einer treuhänderischen Verwahrung übergeben wurde.[660] Schulden des Erblassers sind nach Art. 768 CC abzugsfähig, wenn sie im Zeitpunkt des Todes bereits bestanden haben.[661] Durch den Erblasser geschuldete Steuern sind abziehbar, auch wenn sie erst anlässlich des Todes fällig werden oder sich auf eine Zeit nach dem Tod des Erblassers beziehen.[662] Beerdigungskosten sind mit Nachweis bis zu 1.500 Euro abziehbar (Art. 775 CGI). Anders als nach deutschem Erbschaftsteuerrecht ist für die Bemessungsgrundlage der französischen Erbschaftsteuer maßgebend, wie der Nachlass auseinandergesetzt worden ist. Nach deutschem Recht ist die Erbauseinandersetzung grundsätzlich ohne Belang für die Erbschaftsteuerfestsetzung.[663] In Frankreich hingegen wirkt die Erbauseinandersetzung zivilrechtlich zurück auf den Zeitpunkt des Erbfalls (effet déclaratif et rétroactif, Art. 883 CC). Ein Erbe erlangt rückwirkend auf

---

657 *Editions Francis Lefèbvre (Hrsg.)*, Memento Fiscal 2017, Rn. 68290; *Gentilhomme/Hérail*, Fiscalité des mutations à titre gratuit et des partages, Rn. 190.

658 *Gentilhomme/Hérail*, Fiscalité des mutations à titre gratuit, Rn. 71; dieser kann sich allerdings nicht ergeben aus einer entgeltlichen Übertragung auf den zukünftigen Erben, dessen Abkömmlinge, sonstige Beschenkte, Vermächtnisnehmer oder aber vorgeschobene Personen, es sei denn, dass die Forderung nachweislich vor Eintritt des Erbfalls übertragen worden ist, *Hechler*, Die Besteuerung deutsch-französischer Erbfälle, Rn. 209.

659 *Gentilhomme/Hérail*, Fiscalité des mutations à titre gratuit, Rn. 172; ein Vermächtnis liegt nur vor, wenn der Erwerber genau bezeichnet ist, anderenfalls handelt es sich lediglich um eine Nachlassschuld, *Gentilhomme/Hérail*, Fiscalité des mutations à titre gratuit, Rn. 33.

660 *Gentilhomme/Hérail*, Fiscalité des mutations à titre gratuit, Rn. 172.

661 *Editions Francis Lefèbvre (Hrsg.)*, Memento Fiscal 2017, Rn. 68500; *Gentilhomme/Hérail*, Fiscalité des mutations à titre gratuit, Rn. 174.

662 *Gentilhomme/Hérail*, Fiscalité des mutations à titre gratuit, Rn. 176.

663 *Gottschalk*, in: Troll/Gebel/Jülicher/Gottschalk, ErbStG, § 3 Rn. 112.

den Todestag Alleineigentum an den Nachlassgegenständen, die ihm aus der Erbmasse bei der Auseinandersetzung zugesprochen werden. Diese zivilrechtliche Rückbeziehung ist für Zwecke der Besteuerung dann maßgeblich, wenn eine Teilung in Natur (partage pur et simple) erfolgt, d.h. die Gegenstände ohne Ausgleichszahlung zwischen Erben so verteilt werden, wie es den Erbquoten entspricht. Die Erbschaftsteuer wird dann anhand des tatsächlich erhaltenen Vermögens festgesetzt.[664] Die Festsetzung wird, soweit die Auseinandersetzung im Zeitpunkt der Erklärung durchgeführt wurde, entsprechend geändert aufgrund einer dann abzugebenden Berichtigungserklärung.[665] Im Fall der Erbauseinandersetzung durch Teilung mit Ausgleichszahlung (partage avec soulte) wird hingegen die Quote des jeweiligen Erben zugrunde gelegt.[666]

Die Bewertung des Vermögens erfolgt zum Verkehrswert (valeur vénale), der gesetzlich nicht definiert ist.[667] Die valeur vénale entspricht dem Preis, der sich auf dem Markt bei einem hypothetischen Verkauf ergäbe; dabei ist eine objektive Haltung ohne Rücksicht auf Besonderheiten in der Person des Käufers sowie Verkäufers zugrunde zu legen und eine von den Besonderheiten eines Einzelfalls unabhängige Bewertung.[668] Aktien an börsennotierten Gesellschaften sind nach Art. 759 CGI mit dem mittleren Börsenkurs am Todestag oder nach Wahl des Erwerbers der letzten 30 Tage vor dem Todestag zu bewerten.[669] Andere Beteiligungen werden mit dem Verkehrswert bewertet, den der Steuerpflichtige anhand einer detaillierten Schätzung in der Steuererklärung angeben muss.[670] Immobilien sind nach Art. 761 Abs. 1 CGI mit dem Verkehrswert zum Todestag anzusetzen, wie er sich aus der ausführlichen Schätzung ergibt, die der Erbschaftsteuererklärung zugrunde zu legen ist.[671] Ausländisches Vermögen wird nach französischem Bewertungsrecht bewertet, soweit dies unter Berücksichtigung der Belegenheit des zu bewertenden Vermögens möglich ist.[672]

---

664 *Gentilhomme/Hérail*, Fiscalité des mutations à titre gratuit et des partages, Rn. 188; *Hechler*, Die Besteuerung deutsch-französischer Erbfälle, Rn. 317.

665 *Gentilhomme/Hérail*, Fiscalité des mutations à titre gratuit et des partages, Rn. 188; *Hechler*, Die Besteuerung deutsch-französischer Erbfälle, Rn. 317.

666 *Hechler*, Die Besteuerung deutsch-französischer Erbfälle, Rn. 317.

667 *Editions Francis Lefèbvre (Hrsg.)*, Memento Fiscal 2017, Rn. 68410.

668 *Gouthière*, Les impôts dans les afffaires internationalens, Rn. 48350.

669 *Editions Francis Lefèbvre (Hrsg.)*, Memento Fiscal 2017, Rn. 68440.

670 *Gentilhomme/Hérail*, Fiscalité des mutations à titre gratuit et des partages, Rn. 103.

671 *Schneider*, Doppelbesteuerungsrechtliche Qualifikationskonflikte im Kontext einer deutschen Betriebsaufspaltung mit französischem Gesellschafter, S. 248.

672 BOI-ENR-DMTG-10-40-10-10 Rn. 180.

Anders als Deutschland kennt Frankreich umfänglich erbschaftsteuerfreie Erwerbe zugunsten bestimmter Personen. Insbesondere sind nach Art. 796-0 bis CGI Erwerbe von Todes wegen durch den überlebenden Ehegatten sowie den Partner eines PACS[673] steuerfrei. Ebenso steuerfrei sind Erwerbe durch die überlebenden Geschwister nach Art. 796-0 ter CGI, wenn diese während der letzten fünf Jahre vor dem Tod des Erblassers mit diesem zusammengewohnt haben und älter als 50 Jahre alt sind oder nicht selbst für ihren Lebensunterhalt sorgen können. Ausgenommen sind auch Erwerbe anlässlich des Todes bestimmter in Art. 796 I CGI aufgezählter Personen, z.B. Mitglieder der Feuerwehr, die im Dienst gestorben sind. Die Befreiung hat nur Wirkung für deren direkte Vorfahren, Abkömmlinge sowie die Geschwister und deren Abkömmlinge (Art. 796 II CGI).

Für direkte Vorfahren des Erblassers ist ein Freibetrag von 100.000 Euro vorgesehen, ebenso für die Kinder des Erblassers (Art. 779 I S. 1 CGI). Repräsentieren Abkömmlinge einen vorverstorbenen Abkömmling[674], ist dessen Freibetrag entsprechend dem Verhältnis der gesetzlichen Erbteile unter ihnen aufzuteilen (Art. 779 I S. 2 CGI). In Höhe von 159.325 Euro wird ein Freibetrag gewährt, wenn der Erwerber als arbeitsunfähig anzusehen ist (Art. 779 II CGI). Geschwistern, deren Erwerb nicht ohnehin steuerfrei ist, wird ein Freibetrag von 15.932 Euro gewährt (Art. 779 IV S. 1 CGI). Für Neffen und Nichten ist ein Freibetrag von 7.967 Euro vorgesehen (Art. 779 V CGI). Die auch für Schenkungen geltenden Freibeträge werden nur alle 15 Jahre gewährt (in Deutschland alle 10 Jahre), Schenkungen des Erblassers innerhalb der letzten 15 Jahre vor dem Erbfall werden bei der Neuermittlung der Freibeträge einbezogen (Art. 784 CGI). Die Freibeträge finden auch zugunsten beschränkt Steuerpflichtiger Anwendung.[675]

Der Erbschaftsteuertarif ist geregelt in Art. 777 CGI. Er ist abhängig vom Grad der Verwandtschaft der Erwerber zum Erben und von der Höhe des Erwerbs. Mit dem Erblasser näher verwandte Personen unterliegen einem progressiven Teilmengentarif, bei dem der jeweilige Erwerb in Teile zerlegt wird, auf die jeweils die in Art. 777 CGI angegebenen Steuersätze Anwendung finden.[676] Tabelle I in Art. 777 CGI enthält den Tarif für Erwerbe durch Abkömmlinge

673 Teil 1 A. II. 3.

674 Teil 2 B. II. 1.

675 Die Freibeträge sind nach dem Wortlaut des Gesetzes nicht nur unbeschränkt Steuerpflichtigen zu gewähren, s. Verweis in BOI-ENR-DMTG-10-10-30 u.a. auf die Erläuterungen der Freibeträge in BOI-ENR-DMTG-10-50-20.

676 *Schömmer/Steinhauer/Haydu*, Internationales Erbrecht Frankreich, Rn. 446; *Jülicher*, in: Troll/Gebel/Jülicher/Gottschalk, ErbStG, § 21 Rn. 100.

des Erblassers. Danach zahlen diese für den Teil ihres Erwerbs bis einschließlich 8.072 Euro 5 % Steuern, der Teil zwischen 8.072 € und 12.109 € wird mit 10 % besteuert, der Teil zwischen 12.109 € und 15.932 € mit 15 %, der Teil zwischen 15.932 € und 552.324 € mit 20 %, der Teil zwischen 552.324 und 902.838 € mit 30 %, der Teil zwischen 902.838 € und 1.805.677 € mit 40 % und schließlich, der Teil des Erwerbs, der 1.805.677 € übersteigt, mit 45 % Steuern. Tabelle II betrifft Erwerbe durch Ehegatten, die allerdings nur für die Schenkungsteuer Anwendung finden, da Ehegatten nach Art. 796-0 bis CGI von der Erbschaftsteuer befreit sind. Tabelle III enthält weitere Tarife für Verwandte. Die Tarife für Erwerbe zwischen Erblasser und dessen Geschwistern beträgt danach für den Teil des Erwerbs bis 24.430 Euro 35 % und für den Teil über 24.430 Euro 45 %. Erwerbe durch sonstige Verwandte bis zum vierten Grad unterliegen einem einheitlichen Steuersatz von 55 % unabhängig von der Höhe des Erwerbs. Erwerbe durch sonstige Verwandte bis zum 6. Grad sowie durch nicht verwandte Personen unterliegen einem Steuersatz von 60 %.

Erwerber haben nach Art. 800 CGI eine Erbschaftsteuererklärung abzugeben, in der ihr Erwerb, aber auch der gesamte Nachlass, einschließlich der nicht in Frankreich steuerpflichtigen Vermögensgegenstände, anzugeben ist. Die Erklärung ist innerhalb von sechs Monaten nach dem Tod des Erblassers einzureichen, wenn der Erblasser in Frankreich ansässig war, innerhalb eines Jahres in den übrigen Fällen (Art. 641 CGI).

Im Ausland außerhalb Frankreichs gezahlte Erbschaftsteuer ist bei unbeschränkter französischer Erbschaftsteuerpflicht in Frankreich nach Art. 784 A CGI anrechenbar auf die französische Erbschaftsteuer. Die Höchstgrenze bildet der Betrag, der auf das im Ausland belegene Vermögen entfällt, das in Frankreich in die Bemessungsgrundlage einbezogen ist.[677]

C. Beteiligung des deutschen Gesellschafters an einer Kapitalgesellschaft

I. Grundfall

Eine natürliche Person mit Wohnsitz und gewöhnlichem Aufenthalt in Deutschland (deutscher Gesellschafter) ist neben anderen Gesellschaftern an mehreren Kapitalgesellschaften beteiligt. Die erste Gesellschaft ist eine Kapitalgesellschaft mit Sitz und Ort der Geschäftsleitung in Deutschland (deutsche Gesellschaft). Die zweite Gesellschaft ist eine Kapitalgesellschaft mit Sitz und Ort der Geschäftsleitung in

677 *Schömmer/Steinhauer/Haydu*, Internationales Erbrecht Frankreich, Rn. 475.

Frankreich (französische Gesellschaft). Die dritte Gesellschaft ist eine Kapitalgesellschaft mit Sitz und Ort der Geschäftsleitung in einem Drittstaat. Die Kapitalgesellschaften verwalten seit mindestens vier Jahren nahezu ausschließlich eigene französische Immobilien (Leervermietung von Gebäuden, Grundstücken). Es wird unterstellt, dass die Beteiligung an den Gesellschaften vererblich ist.

Der deutsche Gesellschafter (verwitwet) verstirbt und hinterlässt ohne Testament als einzigen Verwandten sein in Deutschland lebendes volljähriges Kind.

II. Besteuerung in Deutschland

Zunächst ist das anwendbare Erbrecht zu ermitteln.[678] Auf den Erbfall ist nach Art. 21 Abs. 1 EuErbVO deutsches Erbrecht anzuwenden, da der deutsche Gesellschafter bis zu seinem Tod seinen gewöhnlichen Aufenthalt in Deutschland hatte. Nach deutschem Erbrecht geht der Nachlass des deutschen Gesellschafters im Wege der gesetzlichen Erbfolge, da kein Testament vorliegt, an sein einziges Kind als Alleinerben über (§ 1924 Abs. 1 BGB).[679] Die Beteiligungen an den Kapitalgesellschaften des Erblassers sind im Grundfall vererblich und fallen in den Nachlass. Im Einzelnen bestimmt sich das rechtliche Schicksal der Beteiligung an der deutschen Kapitalgesellschaft nach dem Tod des deutschen Gesellschafters nach deutschem Gesellschaftsrecht.[680] Anteile an einer GmbH sind kraft Gesetz vererblich gem. § 15 Abs. 1 des Gesetzes betreffend die Gesellschaften mit beschränkter Haftung (GmbHG). Aktien an einer AG sind gleichermaßen frei vererblich. Bei der französischen Kapitalgesellschaft bestimmt das französische Gesellschaftsrecht das rechtliche Schicksal der Beteiligung bei Tod eines Gesellschafters.[681] Nach den gesetzlichen Bestimmungen in Frankreich sind Anteile an einer SARL nach Art. L. 223-13 Abs. 1 CCom vererblich. Auch Aktien sind in Frankreich frei vererblich.[682] Bei der Gesellschaft mit Sitz im Drittstaat ist danach zu unterscheiden, ob die Gesellschaft in der EU ansässig ist oder nicht, und abhängig davon das Recht ihres Gründungsstaates (bei EU-Ansässigkeit) oder des Sitzstaates (bei einer außerhalb der EU ansässigen Gesellschaft) maßgeblich.[683] Da im vorliegenden Grundfall Sitzstaat und

678 Teil 2 A. I.

679 Zur Erbfolge in Deutschland Teil 2 B. I. 1.

680 Teil 2 A. III.

681 Teil 2 A. III.

682 *Editions Francis Lefèbvre (Hrsg.)*, Transmission d'entreprise, Rn. 23050.

683 Teil 2 A. III.

Gründungsstaat identisch sind, ist die Vererblichkeit nach dem Gesellschaftsrecht des Drittstaates zu beurteilen.

Weiter ist die Erbschaftsteuerpflicht nach deutschem Erbschaftsteuerrecht zu bestimmen. Der in Deutschland wohnhafte Erbe ist unbeschränkt erbschaftsteuerpflichtig nach § 2 Abs. 1 Nr. 1 S. 2 a) ErbStG in Deutschland, da er im Zeitpunkt des Erbfalls Inländer war. Das kraft Universalsukzession nach § 1922 BGB übergegangene Vermögen ist gem. § 3 Abs. 1 Nr. 1 ErbStG als Erwerb von Todes wegen durch Erbanfall erbschaftsteuerpflichtig. Die unbeschränkte Erbschaftsteuerpflicht des deutschen Erben erfasst das inländische und ausländische Vermögen des Erblassers.[684]

Damit sind alle im Nachlass befindlichen Kapitalgesellschaftsbeteiligungen in Deutschland der Erbschaftsteuer unterworfen. Eine erbschaftsteuerliche Verschonung der Beteiligungen an den Kapitalgesellschaften scheitert in Deutschland am Vorliegen von Verwaltungsvermögen, das nach § 13b Abs. 4 Nr. 1 ErbStG Dritten zur Nutzung überlassene Grundstücke erfasst.[685]

III. Besteuerung in Frankreich

Weiter ist die Erbschaftsteuerpflicht des deutschen Erben in Frankreich zu beurteilen. In Frankreich besteht keine unbeschränkte Erbschaftsteuerpflicht nach französischem Erbschaftsteuerrecht, da im Grundfall weder der deutsche Gesellschafter (Erblasser) noch sein in Deutschland lebendes Kind (Erbe) im Zeitpunkt des Todes in Frankreich ansässig waren.[686] Die französische Erbschaftsteuerpflicht ist somit auf das in Frankreich belegene Vermögen beschränkt. Die Beteiligung an einer französischen Kapitalgesellschaft gilt als inländisches französisches Vermögen nach Art. 750 ter 2° Abs. 3 CGI.[687] Die Beteiligung an der französischen Kapitalgesellschaft im Grundfall ist somit aus Sicht Frankreichs Inlandsvermögen. Beteiligungen an Immobilien verwaltenden Kapitalgesellschaften mit Sitz außerhalb Frankreichs, wie im Grundfall die Beteiligungen an der deutschen und drittstaatlichen Kapitalgesellschaft, gehören nur unter den Voraussetzungen des Art. 750 ter 2° Abs. 4 CGI zum in Frankreich belegenen steuerpflichtigen inländischen Vermögen.[688] Erfasst sind von dieser

---

684 Zur Erbschaftsteuerpflicht in Deutschland Teil 2 B. I. 2.

685 Teil 2 B. I. 2.

686 Zur Erbschaftsteuerpflicht in Frankreich Teil 2 B. II. 2.

687 BOI-ENR-DMTG-10-10-30 Rn. 100.

688 Ausführungen zum steuerpflichtigen Inlandsvermögen bei der Erbschaftsteuer finden sich bereits bei der Vermögensteuer (Teil 1 A. IV.), wo im Wesentlichen dieselben Vorschriften anwendbar sind.

Regelung Gesellschaften jeder Rechtsform mit Sitz im Ausland, deren Anteile nicht an einem regulierten Markt (in Frankreich oder außerhalb Frankreichs) notiert sind.[689] Die deutsche und drittstaatliche Gesellschaft im Grundfall sind somit nur erfasst, soweit sie nicht börsennotiert sind. Das Aktivvermögen der (nicht börsennotierten) Kapitalgesellschaften muss mehrheitlich aus französischen Immobilien oder Rechten an Immobilien bestehen (immeubles ou droits immobiliers). Hier sind Immobilien in demselben Umfang erfasst wie bereits für Zwecke der Anteilsveräußerung nach Art. 150 UB CGI[690] sowie im Rahmen der Vermögensteuer[691]. Zu den Immobilien gehören die bebauten oder unbebauten Grundstücke (immeubles bâtis ou non bâtis) sowie Rechte an Immobilien (dingliche Rechte, droits réels) wie Nießbrauch (usufruit), mit Nießbrauch belastete Immobilien (nue-propriété), Nutzungsrechte (droit d'usage), Dienstbarkeiten (servitudes), Überbaurecht (droit de surélévation), Miteigentum der Anlieger/Grenzgemeinschaft (mitoyenneté), Erbpacht (bail emphytéothique) und Beteiligungen an einer Gesellschaft, deren Gesellschaftsvermögen ihrerseits überwiegend aus französischen Immobilien oder Rechten an französischen Immobilien besteht.[692] Unberücksichtigt bleiben nach Art. 750 ter 2° Abs. 5 CGI Immobilien der Gesellschaft, die zu ihrer eigenen gewerblichen, freiberuflichen oder land- und forstwirtschaftlichen Tätigkeit genutzt werden. Hier kann auf die Grundsätze zu Art. 150 UB CGI sowie der Vermögensteuer verwiesen werden, die ebendiese Ausnahme gleichermaßen vorsehen.[693] Danach ist die Regelung nicht auf Gesellschaften anzuwenden, die originär vermögensverwaltend tätig sind, selbst wenn es sich um Handelsgesellschaften handelt.[694] An Dritte vermietete, wie eine Kapitalanlage fungierende Immobilien sind hingegen als Immobilien für Zwecke der Quotenberechnung zu berücksichtigen. Die Vermietung und Verpachtung leerer oder möblierter Immobilien oder leerer oder ausgestatteter Betriebsgrundstücke sind ebenfalls bei Ermittlung der Quote zu berücksichtigen, ebenso wie Gebäude im Umlaufvermögen bestimmter Bauträgergesellschaften (Société de construction-vente) sowie Beteiligungen an Gesellschaften,

---

689 BOI-ENR-DMTG-10-10-30 Rn. 110.

690 Teil 1 B. III. 2. a) 1).

691 Teil 1 B. IV. 1.

692 BOI-ENR-DMTG-10-10-30 Rn. 120; *Gouthière*, Les impôts dans les affaires internationales, Rn. 48085.

693 Zur Anteilsveräußerung Teil 1 B. III. 2. a) 1), zur Vermögensteuer Teil 1 B. IV. 1.

694 *Delabre/Olivé*, La Semaine juridique Notariale et Immobilière 2012, Heft 49, Nr. 1392 (Rn. 32); BOI-RFPI-SPI-10-20 Rn. 120.

die ihrerseits überwiegend französische Immobilien verwalten.[695] Im Grundfall sind damit alle Immobilien der deutschen und drittstaatlichen Kapitalgesellschaft bei der Berechnung einzubeziehen.

Die Immobilienquote berechnet sich aus dem Verhältnis der in Frankreich belegenen Immobilien oder Rechten an französischen Immobilien zum französischen Aktivvermögen (nicht hingegen dem gesamten weltweiten Aktivvermögen).[696] Der Ansatz (der gleichermaßen für Zwecke der Vermögensteuer gilt[697]), nur das französische Aktivvermögen zur Ermittlung der Immobilienquote heranzuziehen, stößt auf die im Rahmen der Erörterung der Vermögensteuer bereits angebrachte Kritik, gegen den Gesetzeswortlaut des Art. 750 ter 2° Abs. 4 CGI zu verstoßen, der nur von Aktivvermögen („actif"), nicht aber von französischem Aktivvermögen („actif français") spricht.[698] Diese Verwaltungspraxis wurde allerdings bereits durch eine Entscheidung des CA Paris bestätigt.[699] Die Entscheidung betrifft zwar die Vermögensteuer, ist aber auf die Erbschaftsteuer übertragbar, da es sich bei der streitgegenständlichen Vorschrift um dieselbe Vorschrift handelt, die auch für Erbschaftsteuerzwecke Inlandsvermögen festlegt.

Art. 750 ter 2° Abs. 4 CGI schweigt darüber, ob das Vermögen mit dem Buchwert oder dem Verkehrswert anzusetzen ist. Diese Frage war auch bereits Gegenstand der Erörterung bei der Vermögensteuer.[700] Die Verwaltung lässt diese Frage auch bei der Erbschaftsteuer offen.[701] Auch in der französischen Literatur wird diese Frage nicht eindeutig angesprochen. In der deutschen Literatur zur französischen Erbschaftsteuer wird mit Verweis auf eine ältere Verwaltungsanweisung der Buchwert für maßgeblich gehalten.[702] Die Rechenbeispiele auch in der aktuellen französischen Literatur können als Steuerbilanzwerte oder Verkehrswerte verstanden werden.[703] Die Frage scheint auch von der Rechtsprechung nicht thematisiert. Allerdings dürfte die soeben zitierte Rechtsprechung des Cour d'appel

---

695 BOI-ENR-DMTG-10-10-30 Rn. 130.

696 BOI-ENR-DMTG-10-10-30 Rn. 140.

697 Teil 1 B. IV. 1.

698 *Gouthière*, Les impôts dans les affaires internationales, Rn. 48090.

699 CA Paris, Entscheidung v. 17.3.2006, Nr. 04-10556, RJF 2006, Nr. 1120, Teil 1 B. IV. 1.

700 Teil 1 B. IV. 1.

701 BOI-ENR-DMTG-10-10-30 Rn. 130.

702 *Hechler*, Die Besteuerung deutsch-französischer Erbfälle, Rn. 185, mit Verweis hierauf: *Jülicher*, IStR 2007, 85 (88), mit Verweis auf *Jülicher*: *Milatz/Herbst*, in: Strunk/Kaminski/Köhler, AStG/DBA, DBA Deutschland-Frankreich (E), Art. 5 Rn. 3.

703 Z.B. in *Gouthière*, Les impôts dans les affaires internationales, Rn. 48095.

Paris wiederum herangezogen werden, wonach die Verkehrswerte akzeptiert werden.[704] Werden auf Nachfrage der Verwaltung hin die Werte nicht plausibel erklärt, kann diese die Buchwerte ansetzen.[705] Im Grundfall sind damit angesichts einer entsprechenden Quote französischer Immobilien im Gesellschaftsvermögen sowohl die Beteiligung an der deutschen Gesellschaft sowie an der Gesellschaft mit Sitz im Drittstaat als französisches Inlandsvermögen erfasst. Handelt es sich im Grundfall bei den Gesellschaften mit Sitz in Deutschland oder dem Drittstaat um börsennotierte Gesellschaften, fallen diese ungeachtet ihrer Quote an französischen Immobilien aber nicht unter den Inlandsvermögensbegriff und sind der französischen Erbschaftsteuer entzogen.[706]

Die Beteiligungen an der deutschen und drittstaatlichen Gesellschaft unterliegen der Steuer in Frankreich nur in Höhe des Anteils, der sich aus dem Verhältnis des französischen Grundvermögens zum gesamten weltweiten Aktivvermögen der Gesellschaft (nicht: dem in Frankreich belegenen Aktivvermögen) ergibt.[707] Im Grundfall ist das Verhältnis der französischen Immobilien zum gesamten Aktivvermögen nahezu 100 %, sodass die Beteiligungen an der deutschen und drittstaatlichen Kapitalgesellschaft mit nahezu 100 % ihres Werts als französisches Inlandsvermögen in Frankreich erbschaftsteuerpflichtig sind.

Die Verschonung durch einen Pacte Dutreil nach Art. 787 B CGI ist auf alle Kapitalgesellschaftsbeteiligungen im Grundfall nicht anwendbar, da die Gesellschaften im Grundfall keiner gewerblichen Tätigkeit nachgehen. Die Gesellschaften betreiben nur Vermögensverwaltung (activité civile), was nicht als gewerbliche Tätigkeit gilt.[708] Unter besonderen Voraussetzungen wäre aber eine Einbeziehung denkbar, z.B. bei einer „location en meublé", die in Frankreich zur gewerblichen Tätigkeit gehört.[709]

---

704 CA Paris, Entscheidung v. 17.3.2006, Nr. 04-10556, RJF 2006, Nr. 1120.

705 Ebenso bei der Wertermittlung zu Art. 150 UB CGI *Delabre/Olivé*, La Semaine juridique Notariale et Immobilière 2012, Heft 49, Nr. 1392 (Rn. 38).

706 Hier kann aber ggf. noch inländisches Vermögen nach Art. 750 ter 2° Abs. 2 CGI vorliegen, allerdings nur, wenn der Steuerpflichtige alleine oder mit nahestehenden Personen mehr als 50 % der Anteile an der Gesellschaft hält, das französische Immobilienvermögen der Gesellschaft wird insoweit anteilig als inländisches Vermögen behandelt, BOI-ENR-DMTG-10-10-30 Rn. 170 ff.

707 *Gouthière*, Les impôts dans les affaires internationales, Rn. 48090; BOI-ENR-DTMG-10-10-30 Rn. 150.

708 BOI-ENR-DMTG-10-20-40-10 Rn. 10, mit Verweis auf BOI-PAT-ISF-30-30-10-10 Rn. 100.

709 BOI-PAT-ISF-30-30-10-10 Rn. 180, zur „location en meublé" und der Abgrenzung zur Leervermietung Teil 1 A. II. 2.

Die Beteiligungen sind in Deutschland und Frankreich jeweils der Erbschaftsteuer unterworfen. Es entsteht somit eine Doppelbesteuerung.

IV. Anwendung des DBA

1. Einführung in das DBA Deutschland-Frankreich (E)

Das DBA Deutschland-Frankreich (E) vom 12.10.2006[710] ist eines von derzeit sechs Abkommen zur Vermeidung der Doppelbesteuerung auf dem Gebiet der Erbschaftsteuern.[711] Zugunsten des Saarlandes bestand mit dem Vertrag zwischen der Bundesrepublik Deutschland und der Französischen Republik zur Regelung der Saarfrage (kurz: Saarvertrag) vom 27.10.1956[712] bereits zuvor eine Vereinbarung mit bilateralen Vorschriften zur Vermeidung der Doppelbesteuerung, unter anderem auf dem Gebiet der Erbschaftsteuer. Dieses Abkommen trat zwar bereits am 5.7.1959 außer Kraft, wurde aber übergangsweise auch danach noch angewandt.[713] Inhalt und Aufbau des DBA Deutschland-Frankreich (E) sind dem „OECD-Musterabkommen für ein Abkommen zwischen Staat A und Staat B zur Vermeidung der Doppelbesteuerung auf dem Gebiet der Nachlaß-, Erbschaft- und Schenkungsteuern aus dem Jahr 1982" (Im Folgenden: OECD-MA (E)) nachempfunden.[714]

Das DBA Deutschland-Frankreich (E) beginnt mit den einleitenden Vorschriften der Artt. 1–4 zu Geltungsbereich und Begriffsbestimmungen des Abkommens. Es findet nach Art. 1 Anwendung auf Nachlässe und Erbschaften, wenn der Erblasser im Zeitpunkt seines Todes in einem der Vertragsstaaten oder in beiden einen Wohnsitz hatte. Es findet weiter Anwendung auf Schenkungen, wenn der Schenker im Zeitpunkt der Schenkung in einem der Vertragsstaaten

---

710 in Kraft getreten am 3.4.2009, BGBl. II 2009, S. 596.

711 Zum DBA gehört zudem ein Protokoll. Es existieren weitere Abkommen mit Griechenland, der Schweiz, den Vereinigten Staaten sowie Dänemark und Schweden, wobei die entsprechenden Vorschriften mit den letzteren beiden Staaten nicht in einem eigenständigen Abkommen festgehalten, sondern in das jeweilige Abkommen zur Vermeidung der Doppelbesteuerung auf dem Gebiet der Einkommensteuer integriert sind, vgl. Schreiben des BMF zum Stand der DBA am 1.1.2017, BStBl. I 2017, S. 140.

712 BGBl. II 1956, S. 1587.

713 *Moench/Morsch*, ZEV 2002, 273 (274), dies führte zu einem jahrzehntelangen Zustand der Rechtsunsicherheit. So hat der BFH erst in einer Entscheidung im Jahr 2012 entschieden, dass die Regelungen des Saarvertrags seit dessen Außerkrafttreten nicht mehr anwendbar sind, BFH, Urteil v. 4.7.2012, Az. II R 38/10, BStBl. II 2012, S. 782.

714 *Czakert*, IStR 2007, 281 (282).

einen Wohnsitz hatte. Die unter das Abkommen fallenden Steuern sind in Deutschland die Erbschaft- und Schenkungsteuer, Art. 2 Abs. 3 a) DBA Deutschland-Frankreich (E), und in Frankreich die droits des mutations à titre gratuit, Art. 2 Abs. 3 b) DBA Deutschland-Frankreich (E). Artt. 5–10 DBA Deutschland-Frankreich (E) enthalten die Besteuerungsregeln für das Vermögen. Art. 5 DBA Deutschland-Frankreich (E) trifft Regelungen zu unbeweglichem Vermögen, Artt. 6–8 DBA Deutschland-Frankreich (E) betreffen verschiedenes bewegliches Vermögen, Art. 9 DBA Deutschland-Frankreich (E) schließlich behandelt sonstiges bisher nicht genanntes Vermögen (Auffangvorschrift). In Art. 11 Abs. 1 a) und Abs. 2 a) DBA Deutschland-Frankreich (E) ist die Methode zur Vermeidung der Doppelbesteuerung durch die Vertragsstaaten geregelt. Sowohl Deutschland als auch Frankreich rechnen zur Vermeidung der Doppelbesteuerung als Ansässigkeitsstaat jeweils die ausländische Steuer an. Das DBA enthält in Art. 11 Abs. 1 c) sowie Art. 11 Abs. 2 b) Vorschriften, die Artt. 5–9 DBA Deutschland-Frankreich (E) um eine sog. „überdachende“[715] oder subsidiäre Besteuerung zugunsten des Ansässigkeitsstaats des Erwerbers ergänzen. Die Bestimmung wird in solchen Situationen relevant, in denen der Erblasser bzw. Schenker in einem Vertragsstaat ansässig ist, der Erwerber hingegen im anderen Vertragsstaat. Hierdurch kann der Erwerberstaat den ganzen Erwerb besteuern und rechnet im Gegenzug die im anderen Staat gezahlte Steuer an, die auf das Vermögen entfällt, an dem nicht ohnehin der Ansässigkeitsstaat des Erwerbers ein Besteuerungsrecht nach Art. 5–8 DBA Deutschland-Frankreich (E) hat.[716] Die Positionierung dieser Bestimmungen in Art. 11 ist systematisch bedenklich, da sie nicht der Vermeidung der Doppelbesteuerung dient, sondern dem Ansässigkeitsstaat des Erwerbers zusätzliche Besteuerungsrechte einräumt.[717]

In einem weiteren Abschnitt enthält das DBA besondere Bestimmungen zu Gleichbehandlung (Art. 12), zum Verständigungsverfahren sowie zum Schiedsverfahren (Artt. 13 und 14). Art. 15 begründet die Pflicht zum Informationsaustausch, Art. 16 normiert die Unterstützung bei der Beitreibung der Steuer. Art. 17 trifft Sonderreglungen zu Mitgliedern diplomatischer Missionen und konsularischer Vertretungen. Nach Art. 18 ist das Protokoll zum Abkommen

---

715 *Jülicher*, IStR 2007, 85 (90).

716 Das DBA Deutschland-Frankreich (E) ist zurzeit das einzige französische DBA auf dem Gebiet der Erbschaftsteuer, das auch den Erwerber als Begünstigten einbezieht, *Gouthière*, Les impôts dans les affaires internationales, Rn. 47420.

717 *Schneider*, Doppelbesteuerungsrechtliche Qualifikationskonflikte im Kontext einer deutschen Betriebsaufspaltung mit französischem Gesellschafter, S. 266.

Bestandteil des Abkommens. Art. 19 betrifft Inkrafttreten, Art. 20 Geltungsdauer und Kündigung des DBA Deutschland-Frankreich (E).

2. Anwendung des DBA

Nachdem die nationale Erbschaftsteuerpflicht des Gesellschafters ermittelt worden ist und eine Doppelbesteuerung vorliegt, ist zu ermitteln, inwieweit das DBA Deutschland-Frankreich (E) zur Anwendung gelangt, um diese Doppelbesteuerung zu vermeiden. Das DBA ist gemäß Art. 1 Abs. 1 a) DBA Deutschland Frankreich (E) anwendbar auf den Nachlass von Personen mit letztem Wohnsitz in einem Vertragsstaat. Als „Person mit Wohnsitz in einem Vertragsstaat" gilt nach Art. 4 Abs. 1 DBA Deutschland-Frankreich (E) eine Person, deren Nachlass oder Schenkung nach dem Recht dieses Staates dort aufgrund ihres Wohnsitzes, ständigen Aufenthalts, des Ortes ihrer Geschäftsleitung oder eines anderen Merkmals steuerpflichtig ist. Das DBA Deutschland-Frankreich (E) ist im Grundfall anwendbar, da aufgrund des deutschen Wohnsitzes des Gesellschafters (Erblasser) eine unbeschränkte Erbschaftsteuerpflicht in Deutschland hinsichtlich des gesamten Erbanfalls besteht (§ 2 Abs. 1 Nr. 1 S. 1 ErbStG).

Beteiligungen an Kapitalgesellschaften gehören grundsätzlich zum beweglichen Vermögen, das in Art. 8 DBA Deutschland-Frankreich (E) geregelt ist. Danach kann bewegliches materielles Vermögen einer Person in einem Vertragsstaat, das im anderen Vertragsstaat gelegen ist, ausgenommen solches im Sinne der Art. 6 (bewegliches Vermögen einer Betriebstätte oder einer festen Einrichtung) oder Art. 7 (Schiffe und Luftfahrzeuge), auch im Belegenheitsstaat besteuert werden. Aufgrund Nr. 4 des Protokolls zum DBA gelten „Bargeld, Forderungen jeder Art, Aktien und Gesellschaftsanteile" jedoch nicht als bewegliches materielles Vermögen. Art. 8 DBA Deutschland-Frankreich (E) ist somit nicht einschlägig. Damit kommt grundsätzlich Art. 9 des DBA in Betracht (Auffangvorschrift), wonach Vermögen vorbehaltlich der Artt. 5–8 DBA Deutschland-Frankreich (E) ohne Rücksicht auf seine Belegenheit nur im Ansässigkeitsstaat des Erblassers besteuert werden kann.

Eine abweichende Einordnung ergibt sich jedoch, wenn die Beteiligungen an den Immobiliengesellschaften nach Art. 5 Abs. 3 des DBA Deutschland-Frankreich (E) als unbewegliches Vermögen einzuordnen sind. Dies hätte zur Folge, dass neben dem Ansässigkeitsstaat des Erblassers der Belegenheitsstaat der Immobilien ein Besteuerungsrecht hat. Nach Art. 9 hätte der Ansässigkeitsstaat des Erblassers (Deutschland) hingegen das ausschließliche Besteuerungsrecht. Da der Belegenheitsstaat der Immobilien im Grundfall Frankreich ist, könnte sich aus Art. 5 Abs. 3 DBA Deutschland-Frankreich somit eine Verlagerung des Besteuerungsrechts nach Frankreich ergeben.

Unter den Voraussetzungen des Art. 5 Abs. 3 S. 1 DBA Deutschland-Frankreich (E) gelten „Aktien, Anteile oder sonstige Rechte an einer Gesellschaft oder juristischen Person, deren Vermögen unmittelbar oder über eine oder mehrere andere Gesellschaften oder juristische Personen mehr als die Hälfte aus in einem Vertragsstaat gelegenen Immobilien oder aus Rechten an diesen Immobilien besteht", als unbewegliches Vermögen im Sinne des Art. 5 Abs. 1 DBA Frankreich (E). Die Begriffe „Aktien, Anteile oder sonstige Rechte an einer Gesellschaft oder juristischen Person" sind im DBA Deutschland-Frankreich (E) nicht näher bestimmt. Die Bedeutung der oben genannten Begriffe bestimmt sich damit nach dem Recht des Anwendestaats gem. Art. 3 Abs. 2 DBA Deutschland-Frankreich (E). Danach fallen aus deutscher Sicht jedenfalls Beteiligungen an Kapitalgesellschaften (juristischen Personen) in den Anwendungsbereich des Artikels. Aus französischer Sicht sind Anteile an Kapitalgesellschaften ebenfalls erfasst, nicht aber Anteile an einer „société de copropriété" im Sinne des Art. 1655 ter CGI in der Rechtsform einer Kapitalgesellschaft, diese hat keine eigene Rechtspersönlichkeit im französischen Steuerrecht.[718] Die Beteiligung daran gilt aus Sicht Frankreichs bereits aufgrund des Art. 5 Abs. 2 DBA Deutschland-Frankreich als unbewegliches Vermögen, es bedarf dann keiner Umqualifizierung als unbewegliches Vermögen durch Art. 5 Abs. 3 DBA Deutschland-Frankreich (E).[719] Eine Mindestbeteiligung sieht Art. 5 Abs. 3 DBA Deutschland-Frankreich (E) nicht vor, auch wird nicht danach unterschieden, wo sich Sitz oder Geschäftsleitung der jeweiligen Gesellschaft befinden. Es findet sich zudem keine Ausnahme für Anteile an börsennotierten Gesellschaften[720] oder REITs. Im Grundfall stellen

---

718 Teil 1 A. III. 3.

719 *Hahn*, in: Wassermeyer, DBA (Frankreich E), Art. 5 Rn. 66.

720 Die Aktien an einer ausländischen börsennotierten Gesellschaft mit Immobilienvermögen in Frankreich stellen in Frankreich aber kein Inlandsvermögen dar, unterliegen also ohne Wohnsitz des Erben oder Erblassers in Frankreich nicht der Erbschaftsteuer, vgl. Teil 2 C. III. Es ist fraglich, ob Frankreich – die übrigen Voraussetzungen des Art. 5 Abs. 3 DBA Deutschland-Frankreich (E) vorausgesetzt – wie im Rahmen der Einkommensteuer-DBA einen Besteuerungsanspruch aus Art. 4 bis 2°/165 bis CGI herleiten kann, vgl. Teil 1 B. III. 3. c) 3) (b). Die Artt. 4 bis 2°/165 bis CGI beziehen sich nur auf *Einkünfte* („revenus et bénéfices") im Rahmen der Einkommensteuerpflicht („sont passibles de l'impôt sur le revenu") und werden auf Einkommen- und Körperschaftsteuer angewandt, Le Lamy Fiscal 2017, Band I Rn. 4442. Für Zwecke der Erbschaftsteuer finden sie wohl keine Anwendung.

die Beteiligungen des deutschen Gesellschafters an den Kapitalgesellschaften in Deutschland, Frankreich sowie dem Drittstaat vorbehaltlich des Sonderfalls einer société de copropriété „Aktien" bzw. „Anteile" im Sinne des Art. 5 Abs. 3 DBA Deutschland-Frankreich (E) dar.

Das Vermögen der Gesellschaft muss gem. Art. 5 Abs. 3 DBA Deutschland-Frankreich (E) „mehr als die Hälfte", also zu mehr als 50 %, aus in einem Vertragsstaat gelegenen „Immobilien oder aus Rechten an diesen Immobilien" bestehen. Es stellt sich die Frage, ob die Begriffe „Immobilien oder Rechten an diesen Immobilien" anders zu verstehen sind als der Begriff „unbewegliches Vermögen" in Art. 5 Abs. 2 S. 1 DBA Deutschland-Frankreich (E), dessen Bedeutung unter Rückgriff auf das Recht des Anwendestaates ermittelt wird. Die Formulierung in Art. 5 Abs. 3 DBA Deutschland-Frankreich (E) ist vor dem Hintergrund zu sehen, dass sie auf das französische Recht – die Durchsetzung des Art. 750 ter 2° Abs. 4 CGI – zugeschnitten ist.[721] In der französischen Sprachfassung des Art. 5 Abs. 3 DBA Deutschland-Frankreich sind „immeubles ou droits portant sur de tels biens" erfasst. Die Klausel ist eine Umschreibung der Wendung „immeubles ou droits immobiliers" in Art. 750 ter 2° Abs. 4 CGI.[722] Dies ist ein Hinweis auf eine innerstaatliche Auslegung dieser Begriffe nach dem Recht des Anwendestaats nach Art. 3 Abs. 2 DBA Deutschland-Frankreich (E). Im Ergebnis ist bei Belegenheit der Immobilien in Frankreich somit keine Abweichung vom Begriff des „unbeweglichen Vermögens" im Sinne des Art. 5 Abs. 2 DBA Deutschland-Frankreich gegeben, da dieser ebenfalls auf das Recht des Belegenheitsstaates verweist.[723] Nach dem hier maßgeblichen französischen Recht gehören gem. Art. 750 ter 2° Abs. 4 CGI zu den Immobilien bebaute oder unbebaute Grundstücke (immeubles bâtis ou non bâtis), Rechten an Immobilien, d.h. dingliche Rechte (droits réels) wie Nießbrauch (usufruit), mit Nießbrauch belastete Immobilien (nue-propriété), Nutzungsrechte (droit d'usage), Dienstbarkeiten (servitudes), Überbaurechte (droit de surélévation), Miteigentum der Anlieger/Grenzgemeinschaft (mitoyenneté), Erbpacht (bail emphytéotique) oder Beteiligungen an einer Gesellschaft, deren Gesellschaftsvermögen überwiegend aus Immobilien oder Rechten an Immobilien bestehen. Gem. Art. 5 Abs. 3 S. 1 DBA Deutschland-Frankreich (E) sind unmittelbar oder mittelbar über eine oder mehrere Gesellschaften oder juristische Personen gehaltene Immobilien als unbewegliches Vermögen in die Quote einzubeziehen.[724] Nicht

721 *Gouthière*, Les impôts dans les affaires internationales, Rn. 48132.

722 Teil 2 C. III.

723 Zu den erfassten Immobilien bereits Teil 2 C. III.

724 *Hahn*, in: Wassermeyer, DBA (Frankreich E), Art. 5 Rn. 77.

zu berücksichtigen sind nach Art. 5 Abs. 3 S. 3 DBA Deutschland-Frankreich (E) diejenigen Immobilien, die von der Gesellschaft oder juristischen Person für den eigenen gewerblichen oder land- und forstwirtschaftlichen Betrieb genutzt werden oder der Ausübung eines freien Berufs oder einer sonstigen selbstständigen Tätigkeit durch diese Gesellschaft oder juristische Person dienen. Hier kann ergänzend Art. 7 Abs. 4 DBA Deutschland-Frankreich herangezogen werden, da es sich in Art. 5 Abs. 3 DBA Deutschland-Frankreich (E) um einen Verweis auf die einkommensteuerliche Wertung handelt. Es ist anzunehmen, dass auch im Rahmen des Art. 5 Abs. 3 notwendiges Anlagevermögen gemeint ist.[725] Die Ausnahme für solche Immobilien ist angesichts der nur vermögensverwaltenden Tätigkeit der Gesellschaften im Grundfall nicht einschlägig, sodass deren Immobilien im Grundfall bei der Ermittlung der Quote vollständig einzubeziehen sind.

Bei der Ermittlung der Immobilienquote ist von der Zusammensetzung des Aktivvermögens der Gesellschaft auszugehen.[726] Als Wertmaßstab ist nach einer Ansicht mit Hinweis auf das französische Recht auf die Buchwerte abzustellen.[727] Die Einsetzung der Buchwerte nach französischem Recht ist jedoch nicht zwingend, vielmehr erfolgt überwiegend eine Bewertung anhand der Verkehrswerte.[728] Nach anderer Ansicht sind die Verkehrswerte im Wege der autonomen Auslegung des Abkommens zugrunde zu legen.[729] Dem ist zuzustimmen, nur so können Frankreich und Deutschland insoweit zu einer übereinstimmenden Anwendung des Abkommens gelangen. Insoweit gilt zudem die gleiche Argumentation wie im Rahmen des Art. 7 Abs. 4 DBA Deutschland-Frankreich.[730] Mit dem Verkehrswert bildet die Verhältnisrechnung die tatsächlichen Wertverhältnisse ab. Bei Ansatz des Buchwerts werden Immobilien tendenziell zu niedrig bewertet, da stille Reserven nicht auszuweisen sind. Der Verkehrswertansatz

---

725 Teil 1 B. III. 3. c) 3) (a).

726 *Hahn*, in: Wassermeyer, DBA (Frankreich E), Art. 5 Rn. 73; *Jülicher*, IStR 2007, 85 (88); *Milatz/Herbst*, in: Strunk/Kaminski/Köhler, AStG/DBA, DBA Deutschland-Frankreich (E), Art. 5 Rn. 3.

727 *Jülicher*, IStR 2007, 85 (88); *Milatz/Herbst*, in: Strunk/Kaminski/Köhler, AStG/DBA, DBA Deutschland-Frankreich (E) Art. 5 Rn. 3.

728 Teil 2 C. III.

729 *Hahn*, in: Wassermeyer, DBA (Frankreich E), Art. 5 Rn. 78, spricht von einer mit Evidenz erforderlichen abkommensautonomen Auslegung, um eine unterschiedliche Qualifikation als Immobiliengesellschaft durch die beiden Vertragsstaaten zu verhindern.

730 Teil 1 B. III. 3. c) 3) (c).

gibt dem Belegenheitsstaat des unbeweglichen Vermögens die Gelegenheit zur Abschöpfung der tatsächlichen Wertsteigerung der Immobilien, die in enger räumlicher und wirtschaftlicher Verbindung zum Belegenheitsstaat entstanden ist. Im Grundfall besteht angesichts der Zusammensetzung des jeweiligen Gesellschaftsvermögens eine Immobilienquote französischer Immobilien von nahezu 100 %. Art. 5 Abs. 3 S. 2 DBA Deutschland-Frankreich qualifiziert die Beteiligungen an der deutschen, französischen und drittstaatlichen Kapitalgesellschaft (vorbehaltlich einer französischen société de copropriété) im Grundfall als französisches unbewegliches Vermögen um. Frankreich kann somit nach Art. 5 Abs. 1 DBA Deutschland-Frankreich (E) die Beteiligungen besteuern. Frankreich hat somit im Grundfall ein Recht zur Besteuerung der drei Beteiligungen.

3. *Ergebnis*

Im Grundfall hat Frankreich jeweils nach Art. 5 Abs. 3, Abs. 1 DBA Deutschland-Frankreich (E) ein Besteuerungsrecht an den Beteiligungen als Belegenheitsstaat. Deutschland als Wohnsitzstaat des Erblassers steht in gleichem Maß ein Besteuerungsrecht an den Beteiligungen im Erbfall zu. Deutschland hat nach Art. 11 Abs. 2 a) DBA Deutschland-Frankreich (E) die französische Steuer auf das Vermögen anzurechnen, das nach Art. 5–8 DBA Deutschland-Frankreich (E) in Frankreich besteuert werden kann. Aus Sicht Frankreichs handelt es sich jedoch bei den Beteiligungen an der deutschen und drittstaatlichen Gesellschaft nicht um steuerpflichtiges Inlandsvermögen, wenn die Gesellschaften börsennotiert sind. Angerechnet wird nach Maßgabe des § 21 ErbStG maximal der Betrag der in Deutschland auf den gesamten Nachlass festgesetzten Steuer unter Berücksichtigung des Höchstanrechungsbetrags pro Land.[731] Dieser Anrechnungsbetrag darf nach Art. 11 Abs. 2 S. 2 DBA Deutschland-Frankreich (E) den Teil der deutschen Steuer nicht übersteigen, der auf das Vermögen entfällt, für das die Anrechnung zu gewähren ist.

731 Teil 2 B. I. 2.

D. Beteiligung des deutschen Gesellschafters an einer Personengesellschaft

I. Grundfall

Eine natürliche Person mit Wohnsitz und gewöhnlichem Aufenthalt in Deutschland (deutscher Gesellschafter) ist neben anderen Gesellschaftern an mehreren vermögensverwaltenden Personengesellschaften beteiligt.

Die erste Personengesellschaft ist eine Gesellschaft bürgerlichen Rechts (GbR) mit Sitz und Ort der Geschäftsleitung in Deutschland (deutsche Gesellschaft). Die zweite Personengesellschaft ist eine société civile mit Sitz und Ort der Geschäftsleitung in Frankreich (französische Gesellschaft). Die dritte Gesellschaft ist eine Personengesellschaft mit Sitz und Ort der Geschäftsleitung in einem Drittstaat, dessen Besteuerung von Personengesellschaften mit der in Deutschland übereinstimmt. Die Personengesellschaften verwalten seit mehr als vier Jahren nahezu ausschließlich eigene französische Immobilien (Leervermietung von Gebäuden, Grundstücken), betreiben jedoch keinen gewerblichen Grundstückshandel. Es wird unterstellt, dass die Beteiligungen vererblich sind.

Der deutsche Gesellschafter (verwitwet) verstirbt und hinterlässt ohne Testament als einzigen lebenden Verwandten sein in Deutschland lebendes volljähriges Kind.

II. Besteuerung in Deutschland

Zunächst ist das anwendbare Erbrecht zu ermitteln.[732] Auf den Erbfall ist nach Art. 21 Abs. 1 EuErbVO deutsches Erbrecht anzuwenden, da der deutsche Gesellschafter bis zu seinem Tod seinen gewöhnlichen Aufenthalt in Deutschland hatte. Nach deutschem Erbrecht geht der gesamte Nachlass des deutschen Gesellschafters an dessen einziges Kind als Alleinerben (§ 1924 Abs. 1 BGB).[733] Die Beteiligungen an den Personengesellschaften sind im Grundfall vererblich und fallen somit in den Nachlass. Im Einzelnen bestimmt sich die Nachfolge in die Gesellschaftsbeteiligungen nach dem jeweils maßgeblichen Gesellschaftsrecht. Das rechtliche Schicksal der Beteiligung an der deutschen Gesellschaft bei Tod des deutschen Gesellschafters richtet sich nach deutschem Gesellschaftsrecht.[734] Eine GbR wird nach der gesetzlichen Grundregel des § 727 Abs. 1 BGB durch den Tod eines Gesellschafters aufgelöst. Daher wird im Grundfall eine

---

732 Teil 2 A. I.

733 Zum deutschen Erbrecht Teil 2 B. I. 1.

734 Teil 2 A. III.

Änderung der gesetzlichen Bestimmungen durch Gesellschaftsvertrag unterstellt, um die Vererblichkeit der Beteiligung herbeizuführen. Zum einen ist die Fortsetzung der Gesellschaft bürgerlichen Rechts bei Tod des Gesellschafters zu vereinbaren (§ 736 Abs. 1 BGB), des Weiteren muss eine Nachfolgeklausel im Gesellschaftsvertrag vereinbart sein, wonach die Gesellschaft mit dem Erben des Gesellschafters fortgeführt wird. Die Beteiligung des durch Tod ausgeschiedenen Gesellschafters wächst dann nicht den übrigen Gesellschaftern an, sondern geht auf den Erben des Gesellschafters über. Die Vererblichkeit der Beteiligung an der société civile richtet sich nach französischem Recht.[735] Eine société civile wird durch den Tod eines Gesellschafters nicht aufgelöst, sondern mit den Erben oder Vermächtnisnehmern des Gesellschafters fortgeführt (Art. 1870 Abs. 1 CC).[736] Bei der Gesellschaft mit Sitz im Drittstaat ist danach zu unterscheiden, ob die Gesellschaft in der EU ansässig ist oder nicht, je nachdem ist das Recht des Gründungsstaates oder des Sitzstaates der Gesellschaft maßgeblich.[737] Da im vorliegenden Grundfall Sitzstaat und Gründungsstaat identisch sind, ist die Vererblichkeit nach dem jeweiligen Gesellschaftsrecht des Drittstaates zu beurteilen, ggf. ergänzt um gesellschaftsvertragliche Modifizierungen.

Der in Deutschland wohnhafte Erbe ist mit dem Erwerb unbeschränkt erbschaftsteuerpflichtig nach § 2 Abs. 1 Nr. 1 S. 1 ErbStG, da Erblasser und Erbe im Zeitpunkt des Erbfalls nach § 2 Abs. 1 Nr. 1 S. 2 a) ErbStG Inländer waren. Steuerpflichtig ist damit das kraft Universalsukzession nach § 1922 BGB übergegangene Vermögen als Erwerb von Todes wegen durch Erbanfall nach § 3 Abs. 1 Nr. 1 ErbStG. Die unbeschränkte Erbschaftsteuerpflicht erfasst das inländische und ausländische Vermögen des Erblassers. Aus steuerlicher Sicht ist der Erwerb der Beteiligung an einer vermögensverwaltenden Personengesellschaft kein Anteilserwerb, sondern ein Erwerb der anteiligen Wirtschaftsgüter durch den Gesellschafter (Transparenzprinzip).

Je nach Vermietungsobjekt besteht eine Befreiung der Immobilien nach § 13d ErbStG. Als Verwaltungsvermögen ist das Dritten zur Nutzung überlassene Vermögen auch nicht nach §§ 13a ff ErbStG erbschaftsteuerlich begünstigt.[738]

---

735 Teil 2 A. III.

736 Zu beachten ist, dass sich in Frankreich eine Personengesellschaft auch dann nicht kraft Gesetzes auflöst, wenn sie nur noch aus einer Person besteht, Art. 1844–5 Abs. 1 CC. Binnen Jahresfrist können betroffene Dritte jedoch die Auflösung der Gesellschaft verlangen, unterbleibt dies, so existiert die Gesellschaft weiter, *Cozian*, Droit des sociétés, Rn. 601.

737 Teil 2 A. III.

738 Zur deutschen Erbschaftsteuer s. Teil 2 B. I. 2.

III. Besteuerung in Frankreich

Weiter ist die Erbschaftsteuerpflicht des Erben in Frankreich zu beurteilen. Der deutsche Erbe ist in Frankreich nicht unbeschränkt erbschaftsteuerpflichtig. Er unterliegt in Frankreich der beschränkten Erbschaftsteuerpflicht mit dem geerbten französischen inländischen Vermögen im Sinne des Art. 750 ter 2° CGI. Hat eine Gesellschaft ihren Sitz in Frankreich, gilt die Beteiligung daran nach Art. 750 ter 2° CGI als französisches Inlandsvermögen.[739] Die Beteiligung an der französischen société civile ist somit erbschaftsteuerpflichtiges Inlandsvermögen, unabhängig von der Zusammensetzung des Gesellschaftsvermögens.

Nach Art. 750 ter 2° Abs. 4 CGI gehören Beteiligungen an Personengesellschaften mit Sitz im Ausland unter denselben Voraussetzungen zum französischen Inlandsvermögen wie ausländische Kapitalgesellschaften.[740] Personengesellschaftsbeteiligungen werden gleichbehandelt. Auch hier ist die Immobilienquote französischer Immobilien im Gesellschaftsvermögen zu ermitteln. Die Immobilienquote bemisst sich entsprechend der Vorgaben für Kapitalgesellschaften.[741] Erforderlich ist ein Anteil von mehr als 50 % französischer Immobilien im Verhältnis zum sonstigen französischen Aktivvermögen. Daher besteht im Grundfall eine Immobilienquote von nahezu 100 % der deutschen Personengesellschaft sowie der Personengesellschaft mit Sitz im Drittstaat. Damit stellen die Beteiligungen an der deutschen und drittstaatlichen Personengesellschaft in Frankreich im Grundfall Inlandsvermögen dar, da sie überwiegend französische Immobilien verwalten. Die Beteiligungen werden nur anteilig besteuert. Der zu versteuernde Anteil entspricht dem Anteil der französischen Immobilien im Gesellschaftsvermögen im Verhältnis zum gesamten Gesellschaftsvermögen.[742] Damit unterliegen die Beteiligungen jeweils in Höhe von nahezu 100 % ihres Wertes der französischen Erbschaftsteuer.

Deutschland und Frankreich besteuern jeweils die Beteiligungen im Erbfall, sodass es zu einer Doppelbesteuerung kommt.

---

739 *Gouthière*, Les impôts dans les affaires internationales, Rn. 48080; BOI-ENR-DTMG-10-10-30 Rn. 100.

740 Teil 2 C. III.

741 Teil 2 C. III.

742 Teil 2 C. III.

IV. Anwendung des DBA

1. Anwendung aus deutscher Sicht

Das DBA ist gemäß Art. 1 Abs. 1 a), Art. 4 Abs. 1 DBA Deutschland-Frankreich (E) anwendbar, da aufgrund des deutschen Wohnsitzes des Gesellschafters (Erblasser) eine unbeschränkte Erbschaftsteuerpflicht in Deutschland hinsichtlich des gesamten Erbanfalls besteht (§ 2 Abs. 1 Nr. 1 S. 1 ErbStG).

Die Einordnung der Beteiligungen in die Artikel des DBA Deutschland-Frankreich (E) erfolgt unter Berücksichtigung des Transparenzprinzips.[743] Zivilrechtlich handelt es sich bei Beteiligungen um bewegliches Vermögen (materielle Rechte), auch wenn die Gesellschaften unbewegliches Vermögen halten, steuerlich gilt hingegen eine Transparenzbetrachtung[744] unter Zugriff auf die anteilig dem Gesellschafter zuzurechnenden Wirtschaftsgüter. Danach sind die Wirtschaftsgüter der Personengesellschaft als anteiliges, dem Gesellschafter zuzurechnendes Gesellschaftervermögen unter die verschiedenen Vermögensarten der Artikel 5–9 des DBA Deutschland-Frankreich (E) einzuordnen.[745] Grundsätzlich ist damit bei unbeweglichem Vermögen der Personengesellschaft Art. 5 Abs. 1 DBA Deutschland-Frankreich (E) einschlägig (Vererbung unbeweglichen Vermögens im anderen Vertragsstaat). Art. 5 Abs. 3 des DBA Deutschland-Frankreich (E) qualifiziert darüber hinaus „Aktien, Anteile oder sonstige Rechte an einer Gesellschaft oder juristischen Person" als unbewegliches Vermögen um, das im Belegenheitsstaat der Immobilien besteuert werden kann. Vom Wortlaut sind hier, anders als in Art. 7 Abs. 4 DBA Deutschland-Frankreich für Zwecke der Einkommensteuer, auch Beteiligungen an Personengesellschaften erfasst.[746] Das Abkommen stellt auf juristische Personen und sonstige Gesellschaften ab. Daher sollte die Fiktion des unbeweglichen Vermögens ebenfalls für Personengesellschaftsbeteiligungen gelten, die die weiteren Voraussetzungen erfüllen. Es kommt somit darauf an, ob die Personengesellschaften im Grundfall nach Art. 5 Abs. 3 DBA Deutschland-Frankreich (E) zu mehr als 50 % aus in einem Vertragsstaat gelegenen Immobilien oder aus Rechten an diesen Immobilien bestehen. Die Regeln zur Ermittlung dieser Quote entsprechen denjenigen bei

---

743 Teil 1 C. III. 3. a).

744 *Hahn*, in: Wassermeyer, DBA (Frankreich E), Art. 5 Rn. 68, Art. 6 Rn. 15 f.

745 *Hahn*, in: Wassermeyer, DBA (Frankreich E), Art. 6 Rn. 15 f.

746 Vgl. die gleichartige Formulierung in Art. 19 Abs. 2 des DBA Deutschland-Frankreich zur Vermögensteuer, s. Teil 1 C. IV. 2, und die Regelung in Art. 7 Abs. 4 DBA Deutschland-Frankreich, s. Teil 1 B. III. 3. c) 2).

den Kapitalgesellschaften.[747] Die Gesellschaften im Grundfall halten jeweils nur unbewegliches Vermögen im Sinne des Art. 5 Abs. 2 DBA Deutschland-Frankreich (E).[748] Die Immobilienquote liegt somit bei nahezu 100 %. Damit gelten die Beteiligungen im Grundfall an der französischen, deutschen und drittstaatlichen Personengesellschaft als in Frankreich belegenes unbewegliches Vermögen im Sinne des Art. 5 Abs. 1 DBA Deutschland-Frankreich (E), das Frankreich besteuern kann. Frankreich hat somit im Grundfall ein Recht zur Besteuerung der drei Beteiligungen an der deutschen, französischen und drittstaatlichen Personengesellschaft. Deutschland rechnet als Wohnsitzstaat nach Art. 11 Abs. 2 a) DBA Deutschland-Frankreich (E) die französische Erbschaftsteuer bis zur Höhe der auf das französische unbewegliche Vermögen entfallenden deutschen Erbschaftsteuer an.

2. *Anwendung aus französischer Sicht*

Die Beteiligungen sind aus französischer Sicht nach nationalem Recht und entsprechender Wertung nach Abkommensrecht als bewegliches Vermögen einzuordnen, es erfolgt keine Transparenzbetrachtung.[749] Grundsätzlich unterfällt die Beteiligung somit Art. 9 DBA Deutschland-Frankreich (E). Art. 5 Abs. 3 des DBA ist jedoch auch aus französischer Sicht unproblematisch anwendbar auf die Personengesellschaftsbeteiligungen. Damit ist nach den bereits bei Kapitalgesellschaften erörterten Regeln zu ermitteln, ob das Aktivvermögen der Personengesellschaften zu mehr als 50 % aus unbeweglichem Vermögen besteht.[750] Im Grundfall sind daher aus Sicht Frankreichs die Personengesellschaften jeweils als Immobiliengesellschaft im Sinne des Art. 5 Abs. 3 DBA Deutschland-Frankreich (E) einzuordnen. Die Beteiligungen gelten damit gem. Art. 5 Abs. 3 S. 2 DBA Deutschland-Frankreich jeweils auch aus französischer Sicht als in Frankreich belegen und dort besteuerbar entsprechend dem Ort der Belegenheit des unbeweglichen Vermögens. Nicht unter Art. 5 Abs. 3 DBA Deutschland-Frankreich (E) fallen allerdings Beteiligungen an Personengesellschaften im Sinne des Art. 1655 ter CGI in Form einer société de copropriété. Diese werden aus französischer Sicht ohnehin als nicht steuerlich existent betrachtet, sodass unmittelbar

747 Teil 2 C. IV. 2.

748 Teil 2 C. IV. 2.

749 CCass, Entscheidung v. 2.10.2015, Nr. 14-14.256, RJF 2015, Nr. 1066 zu Beteiligungen an „sociétés civiles à prépondérance immobilière“ monegassischen wie französischen Rechts; *Hahn*, in: Wassermeyer, DBA (Frankreich E), Art. 5 Rn. 66.

750 Teil 2 C. IV. 2.

ihr unbewegliches Vermögen nach Abkommensrecht zum Ansatz kommt.[751] Sie sind unmittelbar Art. 5 Abs. 1 DBA Deutschland-Frankreich zuzuordnen.

3. *Ergebnis*

Frankreich hat im Grundfall ein Besteuerungsrecht nach Art. 5 Abs. 1, 3 DBA Deutschland-Frankreich (E) an den vererbten Beteiligungen an der deutschen, französischen und drittstaatlichen Personengesellschaft. Deutschland und Frankreich ordnen die Beteiligungen an den Personengesellschaften (mit Ausnahme derjenigen an einer société de copropriété) Art. 5 Abs. 3 DBA Deutschland-Frankreich (E) zu, der die Anteile an den Gesellschaften als in Frankreich belegenes unbewegliches Vermögen umqualifiziert. In der Folge hat Frankreich gem. Art. 5 Abs. 1 DBA Deutschland-Frankreich (E) ein Besteuerungsrecht. Dies gilt ebenso für die Beteiligung an der société de copropriété, die unmittelbar als unbewegliches Vermögen i.S.d. Art. 5 Abs. 1 DBA Deutschland-Frankreich gilt. Der deutsche Ansässigkeitsstaat des Erblassers hat ebenfalls ein Besteuerungsrecht. Die Doppelbesteuerung hat Deutschland durch Anrechnung der französischen Steuer auszugleichen, Art. 5 Abs. 1, 3 i.V.m. Art. 11 Abs. 2 a) DBA Deutschland-Frankreich (E).

751 *Gouthière*, Les impôts dans les affaires internationales, Rn. 48125.

Schlussbetrachtung

Die Arbeit zeigt die Verdichtung abkommensrechtlicher Vorschriften zu Immobiliengesellschaften in den deutsch-französischen Doppelbesteuerungsabkommen und ihre Bedeutung für deutsche Investitionen in französische Immobilien. Im Gesamtzusammenhang zwischen diesen Abkommensvorschriften und der nationalen Besteuerung bei Einkommensteuer, Vermögensteuer und Erbschaftsteuer in Deutschland und Frankreich zeigt sich, dass gerade Frankreich von den Abkommensvorschriften profitiert, die in jüngerer Zeit eingeführt wurden. Der 2015 eingeführte Art. 7 Abs. 4 DBA Deutschland-Frankreich behandelt Gewinne aus der Veräußerung von Beteiligungen an Immobiliengesellschaften, Art. 19 Abs. 2 DBA Deutschland-Frankreich behandelt Immobiliengesellschaftsbeteiligungen bei der Vermögensteuer und der 2009 eingeführte Art. 5 Abs. 3 DBA Deutschland-Frankreich (E) behandelt schließlich Immobiliengesellschaftsbeteiligungen bei der Erbschaftsteuer. Diese Vorschriften sind ähnlich aufgebaut und sehen ein Besteuerungsrecht zugunsten desjenigen Staates vor, in dem eine Immobiliengesellschaft überwiegend eigene Immobilien verwaltet. Zu diesem Zweck wird mittels einer Immobilienquote ermittelt, ob die Immobiliengesellschaft mehr als 50 % in einem Vertragsstaat gelegene Immobilien besitzt. Diese Entwicklung des deutsch-französischen Abkommensrechts verhilft Frankreich zur umfassenden Durchsetzung bestimmter Besteuerungstatbestände, insbesondere Art. 164 B I. e bis) und e ter) CGI sowie Art. 750 ter CGI, die unter Anknüpfung an französische Immobilien eine beschränkte französische Einkommensteuer- Vermögensteuer- und Erbschaftsteuerpflicht ausländischer Steuerpflichtiger begründen.

Bei der Untersuchung von Grundfällen Immobilien verwaltender Kapital- und Personengesellschaften mit unterschiedlichem Sitzstaat der Immobiliengesellschaften in Deutschland, Frankreich und einem Drittstaat, die überwiegend französischem Immobilienvermögen verwalten, zeigen sich die Auswirkungen der rechtsformabhängigen Besteuerung für einen in Deutschland ansässigen Gesellschafter. Über eine Immobilien verwaltende Kapitalgesellschaft erzielt der deutsche Gesellschafter unter Berücksichtigung der Trennungs- und Thesaurierungswirkung der Kapitalgesellschaft Dividenden. Die Immobilien verwaltende Tätigkeit sowie die Zusammensetzung des Gesellschaftsvermögens der Kapitalgesellschaft sind insoweit für die Besteuerung der Dividenden beim Gesellschafter ohne Bedeutung. Die beteiligten Staaten belegen jeweils Dividenden, die durch eine in ihrem Gebiet ansässige Kapitalgesellschaft ausgeschüttet werden, mit einer Quellensteuer, während Deutschland als Wohnsitzstaat des Gesellschafters alle Einkünfte des Gesellschafters besteuert. Der Quellensteuerabzug im französischen oder drittstaatlichen Sitzstaat der Gesellschaft auf Dividenden wird durch das Doppelbesteuerungsabkommen zwischen Deutschland und dem jeweiligen Sitzstaat der Gesellschaft der Höhe nach beschränkt. Im Doppelbesteuerungsabkommen zwischen Deutschland und Frankreich erfolgt eine Reduzierung der Quellensteuer gemäß Art. 9 Abs. 2, 3 und 5 DBA Deutschland-Frankreich auf 0 bis 15 %. Deutschland als Ansässigkeitsstaat rechnet gemäß Art. 20 Abs. 1 c) DBA Deutschland-Frankreich die französische Quellensteuer an. Seit dem Zusatzabkommen 2015 können Dividenden, die eine französische Société d'Investissement Immobilière Côtée ausschüttet, durch Frankreich mit einem höheren Quellensteuerabzug von 30 % belegt werden ohne Beschränkung durch das DBA (Art. 9 Abs. 10 DBA Deutschland-Frankreich). Dies gilt allerdings nur bei einer Mindestbeteiligung von 10 % an der Gesellschaft. Eine transparente französische société de copropriété (eine besondere französischen Immobiliengesellschaft) vermittelt aus Sicht Frankreichs dem deutschen Gesellschafter hingegen Einkünfte aus Vermietung ihrer französischen Immobilien, die nach Art. 3 Abs. 1 DBA Deutschland-Frankreich (Einkünfte aus unbeweglichem Vermögen) nur in Frankreich besteuert werden können. Deutschland folgt dieser Transparenzbetrachtung nicht, wenn die Gesellschaft die Rechtsform einer Kapitalgesellschaft hat.

Die Besteuerung der Einkünfte aus der Beteiligung an Immobilien verwaltenden Personengesellschaften folgt dem Transparenzprinzip, das in Deutschland und Frankreich aber unterschiedlich verstanden wird. Dem deutschen Gesellschafter werden die über die deutsche, französische und drittstaatliche Personengesellschaft vermittelten Einkünfte aus der Vermietung und Veräußerung französischer Immobilien direkt zugerechnet. Frankreich behandelt Personengesellschaften in seinem nationalen Steuerrecht aber als Steuersubjekte und rechnet diesen die Einkünfte als Einkünfteerzielungssubjekt zu, ohne dass die französische Personengesellschaft jedoch Thesaurierungswirkung entfaltet. Da die beteiligten Staaten die Einkünfte aus den Beteiligungen besteuern, entsteht eine Doppelbesteuerung. Diese Doppelbesteuerung kann im deutsch-französischen Verhältnis vermieden werden, obwohl Deutschland und Frankreich das Doppelbesteuerungsabkommen unterschiedlich anwenden. Abkommensberechtigt ist aus Sicht Deutschlands nur der deutsche Gesellschafter, nicht hingegen die Personengesellschaften. Die Einkünfte aus der Vermietung französischer Immobilien durch die Personengesellschaften können nach Art. 3 Abs. 1 DBA Deutschland-Frankreich (Einkünfte aus unbeweglichem Vermögen) nur in Frankreich besteuert werden. Die Einkünfte aus der gelegentlichen

Veräußerung französischer Immobilien durch die Personengesellschaften können nach Art. 7 Abs. 1 DBA Deutschland-Frankreich (Einkünfte aus der Veräußerung von im anderen Vertragstaat gelegenem unbeweglichem Vermögen) in Frankreich besteuert werden, während Deutschland als Ansässigkeitsstaat ebenfalls ein Besteuerungsrecht hat. Deutschland stellt die Einkünfte jeweils frei (Art. 20 Abs. 1 a) DBA Deutschland-Frankreich). Frankreich wendet hingegen das deutsch-französische Doppelbesteuerungsabkommen zumindest auf französische Personengesellschaften an. Frankreich gelangt so im Ergebnis wie Deutschland zu einem ausschließlichen eigenen Besteuerungsrecht an den Vermietungseinkünften nach Art. 3 Abs. 1 DBA Deutschland-Frankreich (Einkünfte aus unbeweglichem Vermögen), hinsichtlich der Einkünfte aus der gelegentlichen Veräußerung der französischen Immobilien sieht Frankreich das Besteuerungsrecht ebenfalls ausschließlich bei sich gemäß Art. 7 Abs. 5 DBA Deutschland-Frankreich (Gewinne aus der Veräußerung sonstigen Vermögens). Anders zu behandeln sind abkommensrechtlich die aus französischer Sicht ausländischen Personengesellschaften mit Sitz in Deutschland und dem Drittstaat: ausländische Personengesellschaften behandelt Frankreich nicht als abkommensberechtigt und wendet seine Doppelbesteuerungsabkommen auf sie nicht an, wenn der ausländische Staat die Personengesellschaft als transparent behandelt (wie Deutschland). Frankreich erkennt auch den deutschen Gesellschafter nicht als abkommensberechtigt an, weil es eine Transparenz der ausländischen Personengesellschaft mit der Konsequenz einer Ansässigkeit des Gesellschafters nur in Ausnahmefällen anerkennt, nämlich nur bei bestimmten Einkünften der Personengesellschaft (Zinsen, Dividenden und Lizenzgebühren). Daher wendet Frankreich das deutsch-französische DBA nicht an und wird insoweit in der Besteuerung nicht eingeschränkt. Dadurch, dass Deutschland aufgrund seiner eigenen Abkommenswertung die Einkünfte freistellt, hat die unterschiedliche Anwendung des Abkommens für den deutschen Gesellschafter aber keine negativen Auswirkungen.

Bei Veräußerung der Beteiligungen des deutschen Gesellschafters ist aus deutscher Sicht zu unterscheiden zwischen der Veräußerung der Beteiligung an einer Immobilien verwaltenden Kapital- oder Personengesellschaft. In Deutschland wird der Veräußerungsgewinn je nach Rechtsform der Gesellschaft nach §§ 17, 20 oder 23 EStG besteuert. Frankreich besteuert ungeachtet der Rechtsform der Gesellschaft die Beteiligungsveräußerung nach Art. 164 B I. e bis) und e ter) CGI und nimmt hiervon einen Steuerabzug nach Art. 244 bis A CGI vor, wenn die französische, deutsche oder sonstige drittstaatliche Personen- oder Kapitalgesellschaft mehr als 50 % französische Immobilien im Gesellschaftsvermögen hält, die nicht einer eigenen gewerblichen Tätigkeit der Gesellschaft dienen. Es entsteht eine Doppelbesteuerung. Vor der Abkommensänderung 2015 war bei Veräußerung von Kapitalgesellschaftsbeteiligungen nach der Sonderregel in Art. 7 Abs. 1 DBA Deutschland-Frankreich (alte Fassung) dem Ansässigkeitsstaat des Veräußerers das Besteuerungsrecht vorbehalten. Dabei kam es nicht auf die Tätigkeit der Kapitalgesellschaft oder die Zusammensetzung ihres Gesellschaftsvermögens an. Nach der Änderung durch das Zusatzabkommen zum DBA Deutschland-Frankreich im Jahr 2015 ist in Art. 7 Abs. 4 DBA Deutschland-Frankreich hingegen ein Besteuerungsrecht zugunsten des Belegenheitsstaats der Immobilien vorgesehen, wenn Beteiligungen an Immobilien verwaltenden Gesellschaften veräußert werden, deren Gesellschaftsvermögen zu mehr als 50 % aus Immobilien im anderen Vertragsstaat (nicht im Ansässigkeitsstaat des Gesellschafters) besteht. Durch die Verwaltung französischer Immobilien wechselt somit das Besteuerungsrecht bei Veräußerung von Kapitalgesellschaftsbeteiligungen durch einen deutschen Gesellschafter nach Frankreich, während Deutschland, gleichermaßen zur Besteuerung berechtigt, die französische Steuer auf den Veräußerungsgewinn anrechnet (Art. 20 Abs. 1 c) DBA Deutschland-Frankreich). In diesem Zusammenhang ist strittig, ob nach § 6 des Außensteuergesetzes wegen der Abkommensänderung sowie der geänderten Zuordnung von Besteuerungsrechten eine Entstrickungsbesteuerung stattfinden kann.

Anders stellt sich die abkommensrechtliche Behandlung bei Veräußerung der Beteiligungen an Personengesellschaften dar, da aus Sicht Frankreichs hier ebenfalls Art. 7 Abs. 4 DBA Deutschland-Frankreich einschlägig ist. Deutschland nimmt hingegen aufgrund der Transparenzbetrachtung zwar gleichermaßen ein Besteuerungsrecht Frankreichs an, das sich aber aus Art. 7 Abs. 1 DBA Deutschland-Frankreich (Veräußerung unbeweglichen, im anderen Vertragstaat gelegenen Vermögens) ergibt. Die unterschiedliche Einordnung bleibt für den deutschen Gesellschafter aufgrund der Freistellung der Einkünfte in Deutschland folgenlos, sodass die Doppelbesteuerung vermieden wird.

Im Ergebnis zeigt sich, dass Frankreich gerade bei Veräußerungsgewinnen aus Beteiligungen an Immobiliengesellschaften Besteuerungstatbestände vorhält, die eine Besteuerung erlauben, wenn Frankreich abkommensrechtlich nach Art. 7 Abs. 4 DBA Deutschland-Frankreich ein Besteuerungsrecht hat. Dies ist im umgekehrten Fall in Deutschland nicht gewährleistet, da Deutschland z.B. bei Kapitalgesellschaftsbeteiligungen nicht auf das Vorhandensein von Immobilien oder die Zusammensetzung des Gesellschaftsvermögens insgesamt abstellt und insoweit die Zuordnung von Besteuerungsrechten nach Deutschland ins Leere gehen kann.

Bei der Vermögensteuer steht Frankreich das Besteuerungsrecht an den Beteiligungen des deutschen Gesellschafters zu aufgrund der französischen Immobilien im Gesellschaftsvermögen (Art. 19 Abs. 2 DBA Deutschland-Frankreich). Frankreich hält mit Art. 750 ter CGI einen inländischen Tatbestand vor, der parallel zu Art. 19 Abs. 2 DBA Deutschland-Frankreich an französische Immobilien im Gesellschaftsvermögen anknüpft. Da in Deutschland aus verfassungsrechtlichen Gründen derzeit keine Vermögensteuer erhoben wird, scheidet aber eine Doppelbesteuerung aus.

Vererbt der deutsche Gesellschafter seine Beteiligung an der Immobilien verwaltenden Personen- oder Kapitalgesellschaft, so besteuern sowohl Frankreich als auch Deutschland die Beteiligung in der Erbschaftsteuer. Frankreich qualifiziert nach seinem innerstaatlichen Steuerrecht gemäß Art. 750 ter CGI die Beteiligungen an der französischen, deutschen und drittstaatlichen Gesellschaft als Inlandsvermögen, weil die Gesellschaften überwiegend französische Immobilien verwalten. Die Beteiligungen gelten nach Art. 5 Abs. 3 DBA Deutschland-Frankreich als im Belegenheitsstaat der Immobilien (=Frankreich) belegenes unbewegliches Vermögen, in der Folge können sie gemäß Art. 5 Abs. 1 DBA Deutschland-Frankreich (E) durch Frankreich besteuert werden. Deutschland rechnet die in Frankreich entrichtete Steuer auf die Beteiligung nach Art. 11 Abs. 2 a) DBA Deutschland-Frankreich (E) in Verbindung mit § 21 ErbStG an. Die Doppelbesteuerung kann so vermieden werden.

Im Ergebnis zeigt sich, dass Frankreich parallel zur Abkommenslage in Art. 5 Abs. 3 des DBA Deutschland-Frankreich (E) Besteuerungstatbestände vorhält, die – ebenso wie bei der Einkommensteuer – eine Besteuerung erlauben, wenn Frankreich abkommensrechtlich ein Besteuerungsrecht hat. Dies ist im umgekehrten Fall in Deutschland nicht gewährleistet, da Deutschland z.B. bei Kapitalgesellschaftsbeteiligungen nicht auf das Vorhandensein von Immobilien oder die Zusammensetzung des Gesellschaftsvermögens insgesamt abstellt und insoweit die Zuordnung von Besteuerungsrechten nach Deutschland ins Leere gehen kann.

Außerhalb der deutsch-französischen DBA ist eine Weiterentwicklung des Abkommensrechts zu verzeichnen, die potenzielle Folgen für das bilaterale Verhältnis zwischen Deutschland und Frankreich und die Besteuerung deutscher Steuerpflichtiger haben könnte. Auf internationaler Ebene wird durch die Organisation für wirtschaftliche Zusammenarbeit und Entwicklung an einer Neuausrichtung bestehender Doppelbesteuerungsabkommen gearbeitet durch die Einführung des sog. „Mehrseitigen Übereinkommens zur Umsetzung steuerabkommensbezogener Maßnahmen zur Verhinderung der Gewinnkürzung und

Gewinnverlagerung"[752], das Deutschland und Frankreich neben 66 weiteren Staaten am 7.6.2017 unterzeichnet haben[753]. Dieses multilaterale Abkommen ist im Kontext der Maßnahmen zur Verhinderung von Gewinnverlagerung und Minderbesteuerung multinational tätiger Konzerne (sog. „Base erosion and profit shifting", kurz: „BEPS") zu sehen.[754] Aus diesem „Multilateralen Instrument" (MLI) könnten sich unmittelbar Folgen für deutsche Doppelbesteuerungsabkommen ergeben. Bisher ist allerdings nicht sicher, ob und welche Doppelbesteuerungsabkommen Deutschlands und Frankreichs jeweils durch das MLI geändert werden, denn die Vertragsstaaten können entscheiden, auf welche ihrer DBA das Multilaterale Instrument Anwendung finden soll (sog. „Covered Tax Agreements").[755] Das bestehende deutsch-französische DBA könnte dann teilweise durch das MLI geändert werden. Betroffen von den Änderungen sind unter anderem Immobilienklauseln im Sinne des Art. 13 Abs. 4 OECD-MA, zu denen Artikel 9 MLI Regelungen trifft. Im Verhältnis zwischen Deutschland und Frankreich könnte Art. 9 MLI somit unmittelbar Art. 7 Abs. 4 DBA Deutschland-Frankreich ändern, der Art. 13 Abs. 4 des OECD-Musterabkommens nachgebildet ist. Art. 9 Abs. 1 a) MLI würde dann bestimmen, dass die Immobilienquote, die der Ermittlung des Immobiliencharakters einer Gesellschaft dient, zu irgendeinem Zeitpunkt innerhalb der letzten 365 Tage vor der Veräußerung bestehen kann und dies zur Anwendung genügt. Nach Art. 9 Abs. 1 b) MLI kann der Anwendungsbereich zudem auf Personengesellschaftsbeteiligungen erweitert werden. Damit würde sich die Anzahl der zu beachtenden Vorschriften bei deutsch-französischen Immobiliengesellschaften im Abkommensrecht erhöhen. Diese Entwicklung ist in Bezug auf deutsch-französische Immobilieninvestitionen zu beobachten.

752 Text des Abkommens abrufbar über http://www.oecd.org/tax/treaties/beps-multi-lateral-instrument-text-translation-german.pdf; zur Funktionsweise und Entstehungsgeschichte des Multilateralen Instruments *Haase*, IWB 2017, 16.

753 http://www.oecd.org/tax/treaties/beps-mli-signatories-and-parties.pdf.

754 *Reimer*, IStR 2017, 1.

755 Art. 1 MLI, *Reimer*, IStR 2017, 1 (3).

Anhang

A. Ausgewählte Normen des Code Général des Impôts (August 2017)

Art. 4 A

Les personnes qui ont en France leur domicile fiscal sont passibles de l'impôt sur le revenu en raison de l'ensemble de leurs revenus.

Celles dont le domicile fiscal est situé hors de France sont passibles de cet impôt en raison de leurs seuls revenus de source française.

Article 4 B

1. Sont considérées comme ayant leur domicile fiscal en France au sens de l'article 4 A:
   a. Les personnes qui ont en France leur foyer ou le lieu de leur séjour principal;
   b. Celles qui exercent en France une activité professionnelle, salariée ou non, à moins qu'elles ne justifi-ent que cette activité y est exercée à titre accessoire;
   c. Celles qui ont en France le centre de leurs intérêts économiques.
2. Sont également considérés comme ayant leur domicile fiscal en France les agents de l'Etat qui exercent leurs fonctions ou sont chargés de mission dans un pays étranger et qui ne sont pas soumis dans ce pays à un impôt personnel sur l'ensemble de leurs revenus.

Article 4 bis

Sont également passibles de l'impôt sur le revenu:

1° (Abrogé);

2° Les personnes de nationalité française ou étrangère, ayant ou non leur domicile fiscal en France, qui recueillent des bénéfices ou revenus dont l'imposition est attribuée à la France par une convention internationale relative aux doubles impositions.

Article 164 A

Les revenus de source française des personnes qui n'ont pas leur domicile fiscal en France sont détermi-nés selon les règles applicables aux revenus de même nature perçus par les personnes qui ont leur domicile fiscal en France. Toutefois, aucune des charges déductibles du revenu global en application des dispositions du présent code ne peut être déduite.

Article 164 B

I. Sont considérés comme revenus de source française:

a. Les revenus d'immeubles sis en France ou de droits relatifs à ces immeubles;
b. Les revenus de valeurs mobilières françaises et de tous autres capitaux mobiliers placés en France;
c. Les revenus d'exploitations sises en France;
d. Les revenus tirés d'activités professionnelles, salariées ou non, exercées en France ou d'opérations de caractère lucratif au sens de l'article 92 et réalisées en France;

e) Les profits tirés d'opérations définies à l'article 35, lorsqu'ils sont relatifs à des fonds de commerce exploités en France ainsi qu'à des immeubles situés en France, à des droits immobiliers s'y rapportant ou à des actions et parts de sociétés non cotées en bourse dont l'actif est constitué principalement par de tels biens et droits;
e bis) Les plus-values mentionnées aux articles 150 U,150 UB et 150 UC, au 6 ter de l'article 39 duode-cies et au f du 1° du II de l'article 239 nonies, lorsqu'elles sont relatives:

1° A des biens immobiliers situés en France ou à des droits relatifs à ces biens;
2° A des parts de fonds de placement immobilier mentionnés à l'article 239 nonies ou à des parts ou droits dans des organismes de droit étranger qui ont un objet équivalent et sont de forme similaire, dont l'actif est, à la date de la cession, principalement constitué directement ou indirectement de biens et droits mentionnés au 1°;
3° A des droits sociaux de sociétés ou groupements qui relèvent des articles 8 à 8 ter dont le siège social est situé en France et dont l'actif est principalement constitué directement ou indirectement de biens et droits mentionnés au 1°;

e ter) Les plus-values qui résultent de la cession:

1° D'actions de sociétés d'investissements immobiliers cotées mentionnées à l'article 208 C dont l'actif est, à la date de la cession, principalement constitué directement ou indirectement de biens et droits mentionnés au 1° du e bis;

2° D'actions de sociétés de placement à prépondérance immobilière à capital variable mentionnées au 3° nonies de l'article 208 dont l'actif est, à la date de la cession, principalement constitué directement ou indirectement de biens et droits mentionnés au 1° du e bis;

3° De parts, d'actions ou d'autres droits dans des organismes, quelle qu'en soit la forme, présentant des caractéristiques similaires, ou soumis à une réglementation équivalente, à celles des sociétés mentionnées aux 1° ou 2°, dont le siège social est situé hors de France et dont l'actif est, à la date de la cession, principalement constitué directement ou indirectement de biens et droits mentionnés au 1° du e bis;

4° De parts ou d'actions de sociétés, cotées sur un marché français ou étranger, dont l'actif est, à la clôture des trois exercices qui précèdent la cession, principalement constitué directement ou indirectement de biens et droits mentionnés au 1° du e bis. Si la société dont les parts ou actions sont cédées n'a pas encore clos son troisième exercice, la composition de l'actif est appréciée à la clôture du ou des seuls exercices clos ou, à défaut, à la date de la cession;

5° De parts, d'actions ou d'autres droits dans des organismes, quelle qu'en soit la forme, non cotés sur un marché français ou étranger, autres que ceux mentionnés au 3° du e bis, dont l'actif est, à la clôture des trois exercices qui précèdent la cession, principalement constitué directement ou indirectement de biens et droits mentionnés au 1° du e bis. Si l'organisme dont les parts, actions ou droits sont cédés n'a pas encore clos son troisième exercice, la composition de l'actif est appréciée à la clôture du ou des seuls exercices clos ou, à défaut, à la date de la cession;

f. Les gains nets mentionnés au I de l'article 150-0 A et résultant de la cession de droits sociaux, ainsi que ceux mentionnés au 6 du II du même article retirés du rachat par une société émettrice de ses propres titres, lorsque les droits détenus directement ou indirectement par le cédant ou l'actionnaire ou l'associé dont les titres sont rachetés, sont émis par une société soumise à l'impôt sur les sociétés et ayant son siège en France;
f bis) Les distributions mentionnées au 7 du II de l'article 150-0 A afférentes à des éléments d'actif situés en France, à l'exception de celles effectuées par des entités constituées sur le fondement d'un droit étranger;
f ter) Les distributions mentionnées au 7 bis du même II prélevées sur des plus-values nettes de cession d'éléments d'actif situés en France, à l'exception des distributions de plus-values par des entités consti-tuées sur le fondement d'un droit étranger;

g. Les sommes, y compris les salaires, payées à compter du 1er janvier 1990, correspondant à des prestations artistiques ou sportives fournies ou utilisées en France.

II. Sont également considérés comme revenus de source française lorsque le débiteur des revenus a son domicile fiscal ou est établi en France:

a. Les pensions et rentes viagères;
b. Les produits définis à l'article 92 et perçus par les inventeurs ou au titre de droits d'auteur, ceux perçus par les obtenteurs de nouvelles variétés végétales au sens des articles L623-1 à L623-35 du code de la propriété intellectuelle, ainsi que tous les produits tirés de la propriété industrielle ou commerciale et de droits assimilés;
c. Les sommes payées en rémunération des prestations de toute nature fournies ou utilisées en France.

Article 165 bis

Nonobstant toute disposition contraire du présent code, sont passibles en France de l'impôt sur le revenu tous revenus dont l'imposition est attribuée à la France par une convention internationale relative aux doubles impositions.

Article 244 bis A

I.-1. Sous réserve des conventions internationales, les plus-values, telles que définies aux e bis et e ter du I de l'article 164 B, réalisées par les personnes et organismes mentionnés au 2 du I lors de la cession des biens ou droits mentionnés au 3 sont soumises à un prélèvement selon les taux fixés au III bis.

Cette disposition n'est pas applicable aux cessions d'immeubles réalisées par des personnes physiques ou morales ou des organismes mentionnés au premier alinéa, qui exploitent en France une entreprise industrielle, commerciale ou agricole ou y exercent une profession non commerciale à laquelle ces immeubles sont affectés. Les immeubles doivent être inscrits, selon le cas, au bilan ou au tableau des immobilisations établis pour la détermination du résultat imposable de cette entreprise ou de cette profession.

Les organisations internationales, les Etats étrangers, les banques centrales et les institutions financières publiques de ces Etats sont exonérés de ce prélèvement dans les conditions prévues à l'article 131 sexies.

2. Sont soumis au prélèvement mentionné au 1:
   a) Les personnes physiques qui ne sont pas fiscalement domiciliées en France au sens de l'article 4 B;

b) Les personnes morales ou organismes, quelle qu'en soit la forme, dont le siège social est situé hors de France;
c) Les sociétés ou groupements qui relèvent des articles 8 à 8 ter dont le siège social est situé en France, au prorata des droits sociaux détenus par des associés qui ne sont pas domiciliés en France ou dont le siège social est situé hors de France;
d) Les fonds de placement immobilier mentionnés à l'article 239 nonies, au prorata des parts détenues par des porteurs qui ne sont pas domiciliés en France ou dont le siège social est situé hors de France.

3. Le prélèvement mentionné au 1 s'applique aux plus-values résultant de la cession:

a) De biens immobiliers ou de droits portant sur ces biens;
b) De parts de fonds de placement immobilier mentionnés à l'article 239 nonies;
c) D'actions de sociétés d'investissements immobiliers cotées visées à l'article 208 C, lorsque le cédant détient directement ou indirectement au moins 10 % du capital de la société dont les actions sont cédées;
d) D'actions de sociétés de placement à prépondérance immobilière à capital variable mentionnées au 3° nonies de l'article 208, lorsque le cédant détient directement ou indirectement au moins 10 % du capital de la société dont les actions sont cédées;
e) De parts ou droits dans des organismes de droit étranger qui ont un objet équivalent et sont de forme similaire aux fonds mentionnés au b;
f) De parts, d'actions ou d'autres droits dans des organismes, quelle qu'en soit la forme, présentant des caractéristiques similaires, ou soumis à une réglementation équivalente, à celles des sociétés mentionnées aux c et d, dont le siège social est situé hors de France, lorsque le cédant détient directement ou indirectement au moins 10 % du capital de l'organisme dont les parts, actions ou autres droits sont cédés;
g) De parts ou d'actions de sociétés cotées sur un marché français ou étranger, autres que celles men-tionnées aux c et f, dont l'actif est, à la clôture des trois exercices qui précèdent la cession, principalement constitué directement ou indirectement de biens et droits mentionnés au 3, lorsque le cédant détient directement ou indirectement au moins 10 % du capital de la société dont les parts ou actions sont cédées. Si la société dont les parts ou actions sont cédées n'a pas encore clos son troisième exercice, la composition de l'actif est appréciée à la clôture du ou des seuls exercices clos ou, à défaut, à la date de la cession;

h) De parts, d'actions ou d'autres droits dans des organismes, autres que ceux mentionnés aux b à f, quelle qu'en soit la forme, non cotés sur un marché français ou étranger, dont l'actif est, à la clôture des trois exercices qui précèdent la cession, principalement constitué directement ou indirectement de biens ou droits mentionnés au 3. Si l'organisme dont les parts, actions ou droits sont cédés n'a pas encore clos son troisième exercice, la composition de l'actif est appréciée à la clôture du ou des seuls exercices clos ou, à défaut, à la date de la cession.

II.-Lorsque le prélèvement mentionné au I est dû par des contribuables assujettis à l'impôt sur le revenu, les plus-values sont déterminées selon les modalités définies:

1° Au I et aux 2° à 9° du II de l'article 150 U, aux II et III de l'article 150 UB et aux articles 150 V à 150 VD;

2° Au III de l'article 150 U lorsqu'elles s'appliquent à des ressortissants d'un Etat membre de l'Union eu-ropéenne ou d'un autre Etat partie à l'accord sur l'Espace économique européen ayant conclu avec la France une convention d'assistance administrative en vue de lutter contre la fraude et l'évasion fiscales.

Lorsque la plus-value est exonérée en application du 6° du II de l'article 150 U ou par l'application de l'abattement prévu au I de l'article 150 VC, aucune déclaration ne doit être déposée, sauf dans le cas où le prélèvement afférent à la plus-value en report est dû;

3° A l'article 150 UC, au 6 ter de l'article 39 duodecies ou au f du 1° du II de l'article 239 nonies lorsque les plus-values sont réalisées, directement ou indirectement, par un fonds de placement immobilier ou par ses porteurs de parts assujettis à l'impôt sur le revenu.

III.-Lorsque le prélèvement mentionné au I est dû par une personne morale assujettie à l'impôt sur les sociétés, les plus-values sont déterminées par différence entre, d'une part, le prix de cession du bien et, d'autre part, son prix d'acquisition, diminué pour les immeubles bâtis d'une somme égale à 2 % de son montant par année entière de détention.

Par dérogation au III bis et au premier alinéa du présent III, le prélèvement dû par des personnes morales résidentes d'un Etat membre de l'Union européenne ou d'un autre Etat partie à l'accord sur l'Espace éco-nomique européen ayant conclu avec la France une convention d'assistance administrative en vue de lutter contre la fraude et l'évasion fiscales et n'étant pas non coopératif au sens de l'article 238-0 A est déterminé selon les règles d'assiette et de taux prévues en matière d'impôt sur les sociétés dans les mêmes conditions que celles applicables à la date de la cession aux personnes morales résidentes de France.

III bis. – 1. Les plus-values réalisées par les personnes et organismes mentionnés au 2 du I lors de la ces-sion des biens ou droits mentionnés au 3 du même I sont soumises au prélèvement selon le taux fixé au deuxième alinéa du I de l'article 219.

Toutefois, les personnes physiques, les associés personnes physiques de sociétés, groupements ou orga-nismes dont les bénéfices sont imposés au nom des associés et les porteurs de parts, personnes physiques, de fonds de placement immobilier mentionnés à l'article 239 nonies sont soumis au prélèvement au taux de 19 %.

2. [Dispositions déclarées non conformes à la Constitution par la décision du Conseil constitutionnel n° 2014-708 DC du 29 décembre 2014].

IV.-L'impôt dû en application du présent article est acquitté lors de l'enregistrement de l'acte ou, à défaut d'enregistrement, dans le mois suivant la cession, sous la responsabilité d'un représentant désigné comme en matière de taxes sur le chiffre d'affaires.

Par dérogation aux dispositions du premier alinéa:

1° L'impôt dû au titre des cessions que réalise un fonds de placement immobilier est acquitté pour le compte des porteurs au service des impôts des entreprises du lieu du siège social du dépositaire du fonds de placement immobilier et par celui-ci, dans un délai de dix jours à compter de la date de mise en paiement mentionnée à l'article L. 214–82 du code monétaire et financier des plus-values distribuées aux porteurs afférentes à ces cessions;

2° L'impôt dû au titre des cessions de parts que réalise un porteur de parts de fonds de placement immobilier est acquitté pour le compte de ce porteur au service des impôts des entreprises du lieu du siège social de l'établissement payeur et par celui-ci, dans un délai d'un mois à compter de la cession.

L'obligation de désigner un représentant fiscal ne s'applique pas lorsque le cédant est domicilié, établi ou constitué dans un Etat membre de l'Union européenne ou dans un autre Etat partie à l'accord sur l'Espace économique européen ayant conclu avec la France une convention d'assistance administrative en vue de lutter contre la fraude et l'évasion fiscales ainsi qu'une convention d'assistance mutuelle en matière de recouvrement de l'impôt. Lorsque le cédant est une société ou un groupement mentionnés au c du 2 du I, ou une société ou un groupement dont le régime fiscal est équivalent et dont le siège social est situé dans un des Etats mentionnés à la première phrase du présent alinéa, l'obligation de désigner un représentant fiscal s'apprécie au regard de la situation de chacun des associés.

V.-Le prélèvement mentionné au I est libératoire de l'impôt sur le revenu dû en raison des sommes qui ont supporté celui-ci.

Il s'impute, le cas échéant, sur le montant de l'impôt sur les sociétés dû par le contribuable à raison de cette plus-value au titre de l'année de sa réalisation. S'il excède l'impôt dû, l'excédent est restitué aux personnes morales résidentes d'un Etat de l'Union européenne ou d'un Etat ou territoire ayant conclu avec la France une convention fiscale qui contient une clause d'assistance administrative en matière d'échange de renseignements et de lutte contre la fraude et l'évasion fiscales et n'étant pas non coopératif au sens de l'article 238-0 A.

Article 244 bis B

Sous réserve des dispositions de l'article 244 bis A, les gains mentionnés à l'article 150-0 A résultant de la cession ou du rachat de droits sociaux mentionnés au f du I de l'article 164 B, réalisés par des personnes physiques qui ne sont pas domiciliées en France au sens de l'article 4 B ou par des personnes morales ou organismes quelle qu'en soit la forme, ayant leur siège social hors de France, sont déterminés selon les modalités prévues aux articles 150-0 A à 150-0 E et soumis à un prélèvement au taux de 45 % lorsque les droits dans les bénéfices de la société détenus par le cédant ou l'actionnaire ou l'associé, avec son conjoint, leurs ascendants et leurs descendants, ont dépassé ensemble 25 % de ces bénéfices à un moment quelconque au cours des cinq dernières années. Le prélèvement est libératoire de l'impôt sur le revenu dû à raison des sommes qui ont supporté celui-ci. Toutefois, les personnes physiques qui ne sont pas fiscalement domiciliées en France au sens de l'article 4 B peuvent demander le remboursement de l'excédent du prélèvement de 45 % lorsque ce prélèvement excède la différence entre, d'une part, le montant de l'impôt qui résulterait de l'application de l'article 197 A à la somme des gains nets mentionnés au présent alinéa et des autres revenus de source française imposés dans les conditions de ce même article 197 A au titre de la même année et, d'autre part, le montant de l'impôt établi dans les conditions prévues audit article 197 A sur ces autres revenus.

Par dérogation, les gains mentionnés au premier alinéa sont imposés au taux forfaitaire de 75 % quel que soit le pourcentage de droits détenus dans les bénéfices de la société concernée, lorsqu'ils sont réalisés par des personnes ou organismes domiciliés, établis ou constitués hors de France dans un Etat ou territoire non coopératif au sens de l'article 238-0 A.

Les deux premiers alinéas sont applicables aux distributions mentionnées aux f bis et f ter du I de l'article 164 B effectuées au profit des personnes et organismes mentionnés aux mêmes deux premiers alinéas. Le seuil de 25 % est apprécié en faisant la somme des droits détenus directement et indirectement par les personnes ou organismes mentionnés à la première phrase du présent alinéa, dans la société mentionnée au f du I de l'article 164 B. Les droits détenus indirectement sont déterminés en multipliant le pourcentage des droits de ces personnes et organismes dans les entités effectuant les distributions par le pourcentage des droits de ces dernières dans la société mentionnée au même f.

L'impôt est acquitté dans les conditions fixées au IV de l'article 244 bis A.

Les organisations internationales, les Etats étrangers, les banques centrales et les institutions financières publiques de ces Etats sont exonérés lorsque les cessions se rapportent à des titres remplissant les conditions prévues à l'article 131 sexies.

Article 244 bis C

Sous réserve des dispositions de l'article 244 bis B, les dispositions de l'article 150-0 A ne s'appliquent pas aux plus-values réalisées à l'occasion de cessions à titre onéreux de valeurs mobilières ou de droits sociaux effectuées par les personnes qui ne sont pas fiscalement domiciliées en France au sens de l'article 4 B, ou dont le siège social est situé hors de France, ainsi qu'aux plus-values réalisées par ces mêmes personnes lors du rachat par une société émettrice de ses propres titres.

Il en est de même des plus-values réalisées par les organisations internationales, les Etats étrangers, les banques centrales et les institutions financières publiques de ces Etats lorsque les conditions prévues à l'article 131 sexies sont remplies.

Article 750 ter

Sont soumis aux droits de mutation à titre gratuit:

1° Les biens meubles et immeubles situés en France ou hors de France, et notamment les fonds publics, parts d'intérêts, biens ou droits composant un trust défini à l'article 792-0 bis et produits qui y sont capitalisés, créances et généralement toutes les valeurs mobilières françaises ou étrangères de quelque nature qu'elles soient, lorsque le donateur ou le défunt a son domicile fiscal en France au sens de l'article 4 B;

2° Les biens meubles et immeubles, que ces derniers soient possédés directement ou indirectement, situés en France, et notamment les fonds publics français, parts d'intérêts, biens ou droits composant un trust défini à l'article 792-0 bis et produits qui y sont capitalisés, créances et valeurs mobilières françaises, lorsque le donateur ou le défunt n'a pas son domicile fiscal en France au sens de l'article précité.

Pour l'application du premier alinéa, tout immeuble ou droit immobilier est réputé possédé indirectement lorsqu'il appartient à des personnes morales ou des organismes dont le donateur ou le défunt, seul ou conjointement avec son conjoint, leurs ascendants ou descendants ou leurs frères et soeurs, détient plus de la moitié des actions, parts ou droits, directement ou par l'intermédiaire d'une chaîne de participations, au sens de l'article 990 D, quel que soit le nombre de personnes morales ou d'organismes interposés. La valeur des immeubles ou droits immobiliers possédés indirectement est déterminée par la proportion de la valeur de ces biens ou des actions, parts ou droits représentatifs de tels biens dans l'actif total des organismes ou personnes morales dont le donateur ou le défunt détient directement les actions, parts ou droits.

Sont considérées comme françaises les créances sur un débiteur qui est établi en France ou qui y a son domicile fiscal au sens du même article ainsi que les valeurs mobilières émises par l'Etat français, une personne morale de droit public française ou une société qui a en France son siège social statutaire ou le siège de sa direction effective, et ce quelle que soit la composition de son actif.

Sont également considérées comme françaises les actions et parts de sociétés ou personnes morales non cotées en bourse dont le siège est situé hors de France et dont l'actif est principalement constitué d'immeubles ou de droits immobiliers situés sur le territoire français, et ce à proportion de la valeur de ces biens par rapport à l'actif total de la société.

Pour l'application des deuxième et quatrième alinéas, les immeubles situés sur le territoire français, af-fectés par une personne morale, un organisme ou une société à sa propre exploitation industrielle, com-merciale, agricole ou à l'exercice d'une profession non commerciale ne sont pas pris en considération.

3° Les biens meubles et immeubles situés en France ou hors de France, et notamment les fonds publics, parts d'intérêts, biens ou droits composant un trust défini à l'article 792-0 bis et produits qui y sont capitalisés, créances et généralement toutes les valeurs mobilières françaises ou étrangères de quelque nature qu'elles soient, reçus par l'héritier, le donataire, le légataire ou le bénéficiaire d'un trust défini au même article 792-0 bis qui a son domicile fiscal en France au sens de l'article 4 B. Toutefois, cette disposition ne s'applique

que lorsque l'héritier, le donataire ou le bénéficiaire d'un trust a eu son domicile fiscal en France pendant au moins six années au cours des dix dernières années précédant celle au cours de laquelle il reçoit les biens.

B. Ausgewählte Vorschriften des deutsch-französischen Abkommensrechts

Artikel 3 DBA Deutschland-Frankreich

(1) Einkünfte aus unbeweglichem Vermögen (einschließlich des Zubehörs und des lebenden oder toten Inventars der land- und forstwirtschaftlichen Betriebe) können nur in dem Vertragstaate besteuert werden, in dem dieses Vermögen belegen ist.

(2) Der Begriff „unbewegliches Vermögen" bestimmt sich nach den Gesetzen des Vertragstaates, in dem das Vermögen belegen ist.

(3) Rechte, auf die die bürgerlich-rechtlichen Vorschriften über Grundstücke Anwendung finden, Nutzungsrechte an unbeweglichem Vermögen und Rechte auf veränderliche oder feste Lizenzgebühren für die Ausbeutung von Mineralvorkommen, Quellen und anderen Bodenschätzen gelten für die Anwendung dieses Artikels als unbewegliches Vermögen; Schiffe gelten nicht als unbewegliches Vermögen.

(4) Die Absätze (1) bis (3) gelten auch für die Einkünfte aus der unmittelbaren Nutzung, der Vermietung oder Verpachtung sowie jeder anderen Art der Nutzung des unbeweglichen Vermögens einschließlich der Einkünfte aus Land- und Forstwirtschaft.

(5) Die Absätze (1) bis (4) gelten auch für die Einkünfte aus unbeweglichem Vermögen von Betrieben, die nicht land- und forstwirtschaftliche Betriebe sind, und für die Einkünfte aus unbeweglichem Vermögen, das der Ausübung einer freiberuflichen Tätigkeit dient.

Art. 7 DBA Deutschland-Frankreich

(1) Gewinne, die eine in einem Vertragsstaat ansässige Person aus der Veräußerung unbeweglichen Vermögens im Sinne des Artikels 3 bezieht, das im anderen Vertragsstaat liegt, können im anderen Staat besteuert werden.

(2) Gewinne aus der Veräußerung beweglichen Vermögens, das Betriebsvermögen einer Betriebstätte ist, die ein Unternehmen eines Vertragsstaats im anderen Vertragsstaat hat, oder das zu einer festen Einrichtung gehört, die einer in einem Vertragsstaat ansässigen Person für die Ausübung einer

selbständigen Arbeit im anderen Vertragsstaat zur Verfügung steht, einschließlich derartiger Gewinne, die bei der Veräußerung einer solchen Betriebstätte (allein oder mit dem übrigen Unternehmen) oder einer solchen festen Einrichtung erzielt werden, können im anderen Staat besteuert werden.

(3) Gewinne aus der Veräußerung von Vermögen, das Betriebsvermögen eines Unternehmens ist und sich zusammensetzt aus Seeschiffen oder Luftfahrzeugen, die von diesem Unternehmen im internationalen Verkehr betrieben werden, aus Schiffen, die der Binnenschifffahrt dienen, oder aus beweglichem Vermögen, das dem Betrieb dieser Schiffe oder Luftfahrzeuge dient, können nur in dem Vertragsstaat besteuert werden, in dem sich der Ort der tatsächlichen Geschäftsleitung des Unternehmens befindet.

(4) Gewinne, die eine in einem Vertragsstaat ansässige Person aus der Veräußerung von Aktien oder vergleichbaren Anteilen bezieht, deren Wert zu mehr als 50 vom Hundert unmittelbar oder mittelbar auf unbeweglichem Vermögen beruht, das im anderen Vertragsstaat liegt, können im anderen Staat besteuert werden. Bei der Anwendung dieser Bestimmung ist unbewegliches Vermögen, das von einem Rechtsträger unmittelbar zur Ausübung seiner Geschäftstätigkeit (zum Beispiel bei einem Bergwerk oder Hotel) verwendet wird, nicht zu berücksichtigen.

(5) Gewinne aus der Veräußerung des in den Absätzen 1, 2, 3 und 4 nicht genannten Vermögens können nur in dem Vertragsstaat besteuert werden, in dem der Veräußerer ansässig ist.

(6) Bei einer natürlichen Person, die in einem Vertragsstaat während mindestens fünf Jahren ansässig war und im anderen Vertragsstaat ansässig geworden ist, berührt Absatz 5 nicht das Recht des erstgenannten Staates, bei Anteilen an Gesellschaften, die im erstgenannten Vertragsstaat ansässig sind, nach seinen innerstaatlichen Rechtsvorschriften bei der Person einen Vermögenszuwachs bis zu ihrem Wohnsitzwechsel zu besteuern. Besteuert der erstgenannte Vertragsstaat bei Wegzug einer in diesem Staat ansässigen natürlichen Person den Vermögenszuwachs, so wird bei späterer Veräußerung der Anteile, wenn der daraus erzielte Gewinn in dem anderen Staat nach Absatz 5 besteuert wird, dieser Staat bei der Ermittlung des Veräußerungsgewinns als Anschaffungskosten den Wert der Anteile im Zeitpunkt des Wegzugs zugrunde legen. Verringert sich der Wert der Anteile nach dem Wegzug, ist für die Berechnung der Veräußerungsgewinne durch den erstgenannten Staat der Veräußerungspreis zu berücksichtigen.

Art. 9 DBA Deutschland-Frankreich

(1) Dividenden, die eine in einem Vertragstaat ansässige Gesellschaft an eine in dem anderen Vertragstaat ansässige Person zahlt, können in dem anderen Staat besteuert werden.

(2) Jeder der Vertragstaaten behält das Recht, die Steuer von Dividenden nach seinen Rechtsvorschriften im Abzugsweg (an der Quelle) zu erheben. Der Steuerabzug darf jedoch 15 vom Hundert des Bruttobetrages der Dividenden nicht übersteigen.

(3) Dividenden, die eine in Frankreich ansässige Kapitalgesellschaft an eine in der Bundesrepublik ansässige Kapitalgesellschaft zahlt, der mindestens 10 vom Hundert des Gesellschaftskapitals der erstgenannten Gesellschaft gehören, können abweichend von Absatz 2 in Frankreich nicht besteuert werden.

(4) Eine in der Bundesrepublik ansässige Person, die von einer in Frankreich ansässigen Gesellschaft Dividenden bezieht, erhält die Vorsteuer (précompte) erstattet, sofern diese von der Gesellschaft für diese Dividenden entrichtet worden ist. Der Bruttobetrag der erstatteten Vorsteuer (précompte) gilt für die Zwecke dieses Abkommens als Dividende. Auf ihn finden die Absätze 2 und 3 Anwendung.

(5) Werden die Dividenden von einer in der Bundesrepublik ansässigen Kapitalgesellschaft an eine in Frankreich ansässige Kapitalgesellschaft gezahlt, der mindestens 10 vom Hundert des Kapitals der erst-genannten Gesellschaft gehören, so darf abweichend von Absatz 2 die in der Bundesrepublik im Abzugsweg (an der Quelle) erhobene Steuer nicht übersteigen:
–10 vom Hundert des Bruttobetrags der ab 1. Januar 1990 bis 31. Dezember 1991 gezahlten Dividenden;
–5 vom Hundert des Bruttobetrags der ab 1. Januar 1992 gezahlten Dividenden.

(6) Der in diesem Artikel verwendete Ausdruck „Dividenden" bedeutet Einkünfte aus Aktien, Genußrechten oder Genußscheinen, Kuxen, Gründeranteilen oder anderen Rechten – ausgenommen Forderungen – mit Gewinnbeteiligung. Ungeachtet der anderen Bestimmungen dieses Abkommens gelten für die Zwecke der Absätze 2 bis 5 auch die folgenden Einkünfte als Dividenden:
   a) Einkünfte, die nach dem Steuerrecht des Vertragsstaats, in dem die ausschüttende Gesellschaft ansässig ist, wie Ausschüttungen behandelt werden; und
   b) in der Bundesrepublik Deutschland

Einkünfte eines stillen Gesellschafters aus seiner Beteiligung als stiller Gesellschafter,

Einkünfte aus partiarischen Darlehen oder Gewinnobligationen und ähnliche gewinnabhängige Vergütungen sowie Ausschüttungen auf Anteilsscheine an einem Investmentvermögen.

(7) Soweit Frankreich nach den Artikeln 4 und 6 das Recht zur Besteuerung von Gewinnen der in Artikel 4 Absatz (3) erwähnten Gesellschaften zusteht, können die aus diesen Gewinnen stammenden Einkünfte, die die französischen Gesetzesvorschriften als Dividenden ansehen, nach Absatz (2) dieses Artikels besteuert werden.

(8) Die Absätze (1) bis (5) gelten nicht, wenn der Bezugsberechtigte der Dividenden im anderen Vertragstaat eine Betriebstätte hat und die Anteile zum Vermögen dieser Betriebstätte gehören. In diesem Fall ist Artikel 4 anzuwenden.

(9) Die unter Absatz 6 fallenden Einkünfte aus Rechten oder Anteilen mit Gewinnbeteiligung (einschließlich der Genußrechte oder Genußscheine und im Fall der Bundesrepublik der Einkünfte eines stillen Gesellschafters aus seiner Beteiligung als stiller Gesellschafter und der Einkünfte aus partiarischen Darlehen und Gewinnobligationen), die bei der Ermittlung des Gewinns des Schuldners abzugsfähig sind, können in dem Vertragstaat, aus dem sie stammen, nach dem Recht dieses Staates besteuert werden.

(10) Die Absätze 2, 3 und 5 gelten nicht für Dividenden aus Einkünften oder Gewinnen, die aus unbeweglichem Vermögen im Sinne des Artikels 3 erzielt wurden, wenn sie von einem Investmentvermögen gezahlt werden,

a) das diese Einkünfte größtenteils jährlich ausschüttet und
b) dessen Einkünfte oder Gewinne aus diesem unbeweglichen Vermögen von der Steuer befreit sind,

soweit der Nutzungsberechtigte dieser Dividenden unmittelbar oder mittelbar über mindestens 10 vom Hundert des Kapitals des die Dividenden zahlenden Investmentvermögens verfügt. In diesem Fall können die Dividenden zu dem Satz besteuert werden, den das innerstaatliche Recht des Vertragsstaats, aus dem die Dividenden stammen, vorsieht.

Art. 19 DBA Deutschland-Frankreich

(1) Unbewegliches Vermögen im Sinne des Artikels 3, das einer in einem Vertragsstaat ansässigen Person gehört und im anderen Vertragsstaat liegt, kann im anderen Staat besteuert werden.

(2) Aktien oder Anteile an einer Gesellschaft oder einer juristischen Person, deren Betriebsvermögen im wesentlichen aus unbeweglichem Vermögen, das in einem der Vertragsstaaten liegt, oder aus Rechten an diesem Vermögen besteht, können in dem Vertragsstaat besteuert werden, in dem das unbewegliche Vermögen liegt. Für die Zwecke dieser Bestimmung bleibt das unbewegliche Vermögen außer Betracht, das von der Gesellschaft oder der juristischen Person für ihren eigenen gewerblichen oder landwirtschaftlichen Betrieb oder zur Ausübung einer nichtgewerblichen Tätigkeit eingesetzt wird.

(3) Bewegliches Vermögen, das Betriebsvermögen einer Betriebsstätte ist, die ein Unternehmen eines Vertragsstaats im anderen Vertragsstaat hat, oder das zu einer ständigen Einrichtung gehört, die einer in einem Vertragsstaat ansässigen Person für die Ausübung einer selbständigen Arbeit im anderen Vertragsstaat zur Verfügung steht, kann im anderen Staat besteuert werden.

(4) Seeschiffe und Luftfahrzeuge, die im internationalen Verkehr betrieben werden, und Schiffe, die der Binnenschiffahrt dienen, sowie bewegliches Vermögen, das dem Betrieb dieser Schiffe und Luftfahrzeuge dient, können nur in dem Vertragsstaat besteuert werden, in dem sich der Ort der tatsächlichen Geschäftsleitung des Unternehmens befindet.

(5) Alle anderen Vermögensteile einer in einem Vertragsstaat ansässigen Person können nur in diesem Staat besteuert werden.

(6) Ungeachtet der vorstehenden Absätze wird im Falle einer in Frankreich ansässigen natürlichen Person, welche die deutsche Staatsangehörigkeit besitzt, ohne die französische Staatsangehörigkeit zu besitzen, bei der Veranlagung zur Solidaritätsteuer vom Vermögen, das außerhalb Frankreichs gelegene Vermögen, das ihr am 1. Januar jedes der fünf Kalenderjahre gehört, die auf das Jahr folgen, in dem sie in Frankreich ansässig geworden ist, nicht in die Steuerbemessungsgrundlage für jedes dieser fünf Jahre einbezogen.

Verliert die Person für mindestens drei Jahre die Eigenschaft einer in Frankreich ansässigen Person und wird sie darauf erneut in Frankreich ansässig, so wird das außerhalb Frankreichs gelegene Vermögen, das ihr am 1. Januar jedes der fünf Kalenderjahre gehört, die auf das Jahr folgen, in dem sie wieder in Frankreich ansässig geworden ist, nicht in die Steuerbemessungsgrundlage für jedes dieser fünf Jahre einbezogen.

Art. 20 DBA Deutschland-Frankreich

(1) Bei Personen, die in der Bundesrepublik ansässig sind, wird die Doppelbesteuerung wie folgt vermieden:

a) Von der Bemessungsgrundlage der deutschen Steuer werden vorbehaltlich der Buchstaben b, c und d die Einkünfte aus Frankreich sowie die in Frankreich gelegenen Vermögenswerte ausgenommen, die nach diesem Abkommen in Frankreich besteuert werden können. Diese Bestimmung schränkt das Recht der Bundesrepublik nicht ein, die auf diese Weise ausgenommenen Einkünfte und Vermögensteile bei der Festsetzung ihres Steuersatzes zu berücksichtigen.

b) Bei Dividenden ist Buchstabe a nur auf die Nettoeinkünfte anzuwenden, die den Dividenden entsprechen, die von einer in Frankreich ansässigen Kapitalgesellschaft an eine in der Bundesrepublik ansässige Kapitalgesellschaft gezahlt werden, der mindestens 10 vom Hundert des Gesellschaftskapitals der erstgenannten Gesellschaft gehören. Diese Bestimmung gilt auch für Beteiligungen, deren Dividenden unter Satz 1 fallen würden.

c) Die französische Steuer, die nach diesem Abkommen auf andere als die unter Buchstabe b fallenden Dividenden sowie auf die unter Artikel 7 Absatz 4, Artikel 11, Artikel 13 Absatz 6 und Artikel 13b fallenden Einkünfte, die aus Frankreich stammen, erhoben wird, wird unter Beachtung der Vorschriften des deutschen Rechts über die Anrechnung ausländischer Steuern auf die deutsche Steuer angerechnet, die auf diese Einkünfte entfällt.
Die in Artikel 9 Absatz (7) angeführten Einkünfte gelten für die Anwendung dieses Buchstabens nicht als Dividenden.

d) Ungeachtet der Bestimmungen des Buchstabens a und anderer Bestimmungen dieses Abkommens wird die Doppelbesteuerung durch Steueranrechnung nach Buchstabe c vermieden, wenn die Bundesrepublik gegenüber Frankreich auf diplomatischem Weg andere Einkünfte notifiziert, bei denen sie die Anrechnungsmethode nach Buchstabe c anzuwenden beabsichtigt. Der vorstehende Satz gilt nur für Einkünfte nach Artikel 4 und 12. Die Doppelbesteuerung wird für die notifizierten Einkünfte durch Steueranrechnung nach Buchstabe c vom ersten Tag des Kalenderjahres vermieden, das dem Kalenderjahr folgt, in dem die Notifikation übermittelt wurde.

(2) Bei Personen, die in Frankreich ansässig sind, wird die Doppelbesteuerung wie folgt vermieden:

a) Einkünfte, die aus der Bundesrepublik stammen und nach diesem Abkommen dort besteuert werden können, können auch in Frankreich besteuert werden, wenn sie von einer in Frankreich ansässigen Person erzielt werden und nach innerstaatlichem französischen Recht nicht von der Körperschaftsteuer befreit sind. Die deutsche Steuer ist für die Berechnung der in Frankreich steuerpflichtigen Einkünfte nicht abzugsfähig. Der Empfänger hat jedoch Anspruch auf einen Anrechnungsbetrag bei der französischen Steuer, in deren Bemessungsgrundlage diese Einkünfte enthalten sind. Dieser Steueranrechnungsbetrag entspricht
   aa) bei den unter Artikel 7 Absätze 1, 4 und 6, Artikel 9 Absätze 2, 5, 9 und 10, Artikel 11 Absatz 2, Artikel 13 Absatz 6 und Artikel 13b Absätze 1 und 2 fallenden Einkünften dem Betrag der nach diesen Artikeln in der Bundesrepublik gezahlten Steuer. Er darf jedoch den Betrag der diesen Einkünften entsprechenden französischen Steuer nicht überschreiten.
   bb) bei allen anderen Einkünften dem Betrag der diesen Einkünften entsprechenden französischen Steuer, soweit die in Frankreich ansässige Person mit diesen Einkünften der deutschen Steuer unterliegt. Diese Bestimmung gilt insbesondere auch für die Einkünfte, die unter Artikel 3, Artikel 4 Absätze 1 und 3, Artikel 6 Absatz 1, Artikel 7 Absätze 2, 3 und 5, Artikel 12 Absatz 1, Artikel 13 Absätze 1 und 2 sowie Artikel 14 fallen.
b) Wird eine in Frankreich ansässige Gesellschaft dort nach französischem innerstaatlichem Recht anhand einer konsolidierten Bemessungsgrundlage besteuert, die insbesondere die Gewinne und Verluste der in der Bundesrepublik ansässigen Tochtergesellschaften oder der in der Bundesrepublik gelegenen Betriebstätten umfasst, so schließt dieses Abkommen die Anwendung des französischen innerstaatlichen Rechts nicht aus. In diesem Fall kann die deutsche Steuer nicht von solchen Einkünften abgezogen werden, die in Frankreich ansässige Person hat jedoch Anspruch auf einen Anrechnungsbetrag bei der französischen Steuer. Die Steueranrechnung entspricht der in der Bundesrepublik entrichteten Steuer. Dieser Steueranrechnungsbetrag darf jedoch den Betrag der auf diese Einkünfte entfallenden französischen Steuer nicht überschreiten.
c) Das Vermögen, das nach Artikel 19 in der Bundesrepublik besteuert werden kann, kann auch in Frankreich besteuert werden. Die in der Bundesrepublik von diesem Vermögen erhobene Steuer verleiht den in Frankreich ansässigen Personen Anspruch auf eine Steueranrechnung in Höhe der in der Bundesrepublik erhobenen Steuer, wobei aber die Anrechnung den

Betrag der auf dieses Vermögen entfallenden französischen Steuer nicht übersteigen darf. Angerechnet wird auf die Solidaritätsteuer vom Vermögen, in deren Bemessungsgrundlage das betreffende Vermögen enthalten ist.

(3) Verwendet eine in der Bundesrepublik Deutschland ansässige Gesellschaft aus Frankreich stammende Einkünfte zur Dividendenausschüttung, so schließt Absatz 1 die Herstellung der Ausschüttungsbelastung für die Körperschaftsteuer nach den Vorschriften des Steuerrechts der Bundesrepublik Deutschland nicht aus.

Art. 5 DBA Deutschland-Frankreich (E)

(1) Unbewegliches Vermögen, das Teil des Nachlasses oder einer Schenkung einer Person mit Wohnsitz in einem Vertragsstaat ist und das im anderen Vertragsstaat liegt, kann im anderen Staat besteuert werden.

(2) Der Ausdruck „unbewegliches Vermögen“ hat die Bedeutung, die ihm nach dem Recht des Vertragsstaats zukommt, in dem das Vermögen liegt, wobei jedoch hypothekarisch oder in anderer Weise durch eine Immobilie gesicherte Forderungen nicht als unbewegliches Vermögen gelten. Der Ausdruck umfasst in jedem Fall das Zubehör zum unbeweglichen Vermögen, das lebende und tote Inventar land- und forstwirtschaftlicher Betriebe, die Rechte, für die die Vorschriften des Privatrechts über Grundstücke gelten, Nutzungsrechte an unbeweglichem Vermögen sowie Rechte auf veränderliche oder feste Vergütungen für die Ausbeutung oder das Recht auf Ausbeutung von Mineralvorkommen, Quellen und anderen natürlichen Ressourcen; Schiffe und Luftfahrzeuge gelten nicht als unbewegliches Vermögen.

(3) Der Ausdruck „unbewegliches Vermögen“ umfasst ebenfalls Aktien, Anteile oder sonstige Rechte an einer Gesellschaft oder juristischen Person, deren Vermögen unmittelbar oder über eine oder mehrere andere Gesellschaften oder juristische Personen mehr als die Hälfte aus in einem Vertragsstaat gelegenen Immobilien oder aus Rechten an diesen Immobilien besteht. Diese Aktien, Anteile oder sonstigen Rechte gelten als in dem Vertragsstaat gelegen, in dem die Immobilien gelegen sind. Bei der Anwendung dieses Absatzes bleiben die Immobilien unberücksichtigt, die von dieser Gesellschaft oder juristischen Person für den eigenen gewerblichen oder land- und forstwirtschaftlichen Betrieb genutzt werden oder der Ausübung eines freien Berufs oder einer sonstigen selbständigen Tätigkeit durch diese Gesellschaft oder juristische Person dienen.

(4) Eine Immobilie gilt als Teil des Nachlasses oder der Schenkung einer Person mit Wohnsitz in einem Vertragsstaat im Sinne des Absatzes 1, wenn sie Gesellschaften oder juristischen Personen gehört, an denen der Erblasser oder der Schenker allein oder gemeinsam mit seinem Ehegatten, ihren Verwandten in gerader Linie oder ihren Geschwistern unmittelbar oder über eine oder mehrere andere Gesellschaften oder juristische Personen mehr als die Hälfte der Aktien, Anteile oder sonstigen Rechte hält.

(5) Dieser Artikel gilt auch für unbewegliches Vermögen eines Unternehmens und für unbewegliches Vermögen, das der Ausübung eines freien Berufs oder einer sonstigen selbständigen Tätigkeit dient.

Art. 11 DBA Deutschland-Frankreich (E)

(1) Die Doppelbesteuerung wird im Falle Frankreichs wie folgt vermieden:

a) Hatte der Erblasser im Zeitpunkt seines Todes oder der Schenker im Zeitpunkt der Schenkung seinen Wohnsitz in Frankreich,

aa) so besteuert Frankreich das gesamte Vermögen, das Teil des Nachlasses oder der Schenkung ist, einschließlich des Vermögens, das nach diesem Abkommen in der Bundesrepublik Deutschland besteuert werden kann, und rechnet auf diese Steuer den Betrag an, der der Steuer entspricht, die in der Bundesrepublik Deutschland für das Vermögen gezahlt wird, das aus demselben Anlass nach diesem Abkommen in der Bundesrepublik Deutschland besteuert werden kann.

bb) Der unter Doppelbuchstabe aa erwähnte Anrechnungsbetrag darf jedoch den Teil der vor der Anrechnung ermittelten französischen Steuer nicht übersteigen, der auf das Vermögen entfällt, für das die Anrechnung zu gewähren ist. Unter diesem Teil ist Folgendes zu verstehen:

–sofern die für dieses Vermögen zu zahlende Steuer unter Anwendung eines proportionalen Satzes errechnet wird, das Produkt aus dem Nettowert dieses Vermögens und dem darauf tatsächlich angewandten Satz;

–sofern die für dieses Vermögen zu zahlende Steuer unter Anwendung eines progressiven Tarifs errechnet wird, das Produkt aus dem Nettowert dieses Vermögens und dem Satz, der sich aus dem Verhältnis zwischen der Steuer, die für das gesamte nach französischem innerstaatlichen Recht zu besteuernde Vermögen tatsächlich zu zahlen ist, und dem Nettowert des gesamten Vermögens ergibt.

b) Hatte der Erblasser im Zeitpunkt seines Todes oder der Schenker im Zeitpunkt der Schenkung seinen Wohnsitz nicht in Frankreich, so wird die französische Steuer auf das Vermögen, das nach diesem Abkommen in Frankreich besteuert werden kann, unter Anwendung des Satzes ermittelt, der für das gesamte nach französischem innerstaatlichen Recht zu besteuernde Vermögen gilt.

c) Hatte der Erwerber im Zeitpunkt des Todes des Erblassers oder im Zeitpunkt der Schenkung seinen Wohnsitz in Frankreich, so kann Frankreich ungeachtet des Artikels 9 den gesamten Erwerb dieser Person besteuern; es rechnet nach Maßgabe der Vorschriften des französischen Rechts über die Anrechnung ausländischer Steuern auf die nach seinem Recht festgesetzte Steuer die Steuer an, die in der Bundesrepublik Deutschland für anderes als das Vermögen gezahlt wird, das nach den Artikeln 5, 6, 7 und 8 in Frankreich besteuert werden kann.

(2) Die Doppelbesteuerung wird im Falle der Bundesrepublik Deutschland wie folgt vermieden:

a) Hatte der Erblasser im Zeitpunkt seines Todes oder der Schenker im Zeitpunkt der Schenkung in der Bundesrepublik Deutschland seinen Wohnsitz, so rechnet die Bundesrepublik Deutschland nach Maßgabe der Vorschriften des deutschen Rechts über die Anrechnung ausländischer Steuern auf die nach ihrem Recht festgesetzte Steuer die Steuer an, die in Frankreich für das Vermögen gezahlt wird, das nach den Artikeln 5, 6, 7 und 8 in Frankreich besteuert werden kann.

b) Hatte der Erwerber im Zeitpunkt des Todes des Erblassers oder im Zeitpunkt der Schenkung in der Bundesrepublik Deutschland seinen Wohnsitz, so kann die Bundesrepublik Deutschland ungeachtet des Artikels 9 den gesamten Erwerb dieser Person besteuern; sie rechnet nach Maßgabe der Vorschriften des deutschen Rechts über die Anrechnung ausländischer Steuern auf die nach ihrem Recht festgesetzte Steuer die Steuer an, die in Frankreich für anderes als das Vermögen gezahlt wird, das nach den Artikeln 5, 6, 7 und 8 in der Bundesrepublik Deutschland besteuert werden kann.

Der anzurechnende Betrag darf jedoch den Teil der vor der Anrechnung ermittelten deutschen Steuer nicht übersteigen, der auf das Vermögen entfällt, für das die Anrechnung zu gewähren ist. Abweichend hiervon darf der anzurechnende Betrag den Teil der vor der Anrechnung ermittelten deutschen Steuer nicht übersteigen, der anteilig dem Verhältnis des Immobilienvermögens einer Gesellschaft oder juristischen Person, das ganz oder teilweise gemäß Artikel 5 Absatz 4 in Verbindung mit Artikel 5 Absatz 1 in Frankreich besteuert werden kann, zu deren gesamtem Vermögen entspricht.

Literaturverzeichnis

Birk, Dieter/Desens, Marc/Tappe, Henning: Steuerrecht, 18. Auflage, Heidelberg 2015.

Bron, Jan: Zum Risiko der Entstrickung durch den Abschluss bzw. die Revision von DBA Überlegungen zu Outbound-Investitionen unter besonderer Berücksichtigung von Art. 13 Abs. 4 OECD-MA, § 6 AStG sowie Umstrukturierungen, IStR 2012, S. 904–909.

Castagnède, Bernard: Précis de fiscalité internationale, 4. Auflage, Paris 2013.

Chuchra, Matthias/Dorn, Katrin/Schwarz, Sophie: Besteuerung nach § 6 AStG aufgrund von Art. 13 Abs. 4 OECD-MA ohne aktives Zutun des Steuerpflichtigen?, IWB 2016, S. 745–752.

Courbe, Patrick/Latina, Mathias: Droit Civil-Les Biens, 8. Auflage, Paris 2016.

Cozian, Maurice/Viandier, Alain/Deboissy, Florence: Droit des sociétés, 29. Auflage, Paris 2016. (zitiert als Cozian, Droit des sociétés).

Crezelius, Georg: Das neue Erbschaft- und Schenkungsteuerrecht im Rechtssystem, ZEV 2009, S. 1–6.

Crezelius Georg: Erbschaftsteuerreform 2016: Ein rechtssystematischer Überblick, ZEV 2016, S. 541–546.

Czakert, Ernst: Das neue Erbschaft- und Schenkungsteuer DBA zwischen Deutschland und Frankreich, IStR 2007, S. 281–283.

Debatin, Helmut: Doppelbesteuerungsabkommen und innerstaatliches Recht, Beihefter zur DStR 1992 (Heft 23), S. 1–8.

Delabre, Bruno/Olivé, Benjamin: La société à prépondérance immobilière, La Semaine juridique Notariale et Immobilière 2012, Heft 49, Nr. 1392.

Dondero, Bruno: Droit des sociétés, 4. Auflage, Paris 2015.

Editions Francis Lefèbvre *(Hrsg.)*, Bulletin des conclusions fiscales 2003, Nr. 25.

Editions Francis Lefèbvre *(Hrsg.)*: Memento Fiscal 2017, Levallois 2017.

Editions Francis Lefèbvre *(Hrsg.)*: Memento Transmission d'Entreprise 2015–2016, Levallois 2015.

Español, José Farré/Kaminski, Bert/Strunk, Günther/Pallast, Carlos Ramallo: Steuerprobleme inländischer Gesellschafter von spanischen Immobilienkapitalgesellschaften, IStR 2016, S. 653–662.

Ferré-André, Sylvie/Berre Stéphane, Successions et libéralités, 3. Auflage, Paris 2016.

Fischl, Agnes/Roth, Wolfgang: Die Reform des Erbschaftsteuer- und Bewertungsrechts zum 1.1.2009, DStR 2009 S. 177–182.

Frotscher, Gerrit: Internationales Steuerrecht, 4. Auslage, München 2015.

Gebel, Dieter/Jülicher, Marc/Gottschalk, Paul Richard: Erbschaftsteuer- und Schenkungsteuergesetz mit Bewertungsrecht und Verfahrensrecht, Kommentar, Loseblattsammlung, 52. Ergänzungslieferung Januar 2017, München (zitiert als *Bearbeiter*, in: Troll/Gebel/Jülicher/Gottschalk, ErbStG).

Gentilhomme, Rémy/Hérail, Michel, Fiscalité des mutations à titre gratuit et des partages, 2. Auflage, Paris 2013.

Gersch, Eva-Maria/Jäger, Markus/Rätke, Bernd/Ratschow, Eckart/Rüsken, Reinhart/Werth, Franceska: Klein, Abgabenordnung – einschließlich Steuerstrafrecht –, begründet von Klein, Franz, Orlopp, Gerd, 13. Auflage, München 2016 (zitiert als *Bearbeiter*, in: Klein, Abgabenordnung).

Gosch, Dietmar (Hrsg.): Abgabenordnung Finanzgerichtsordnung Kommentar (begr. Von Dr. Albert Beermann), Loseblattsammlung, 128. Aktualisierung, Bonn 2016 (zitiert als Beermann/Gosch, AO/FGO).

Gosch, Dietmar (Hrsg.): Körperschaftsteuergesetz Kommentar, 3. Auflage, München 2015 (zitiert als *Bearbeiter*, in: Gosch, KStG).

Gouthière, Bruno: Les impôts dans les affaires internationales, 11. Auflage, Levallois-Perret 2016.

Grosclaude, Jacques/Marchessou, Philippe: Droit fiscal général, 10. Auflage, Paris 2015.

Haas, Rudi/Heil, Michael: Erbrecht, Erbschaftsteuer Schenkungsteuer, 4. Auflage, Stuttgart 2017.

Haase, Florian (Hrsg.): Außensteuergesetz Doppelbesteuerungsabkommen, 2. Auflage, Heidelberg 2012 (zitiert als *Bearbeiter*, in: Haase, AStG/DBA).

Haase, Florian, Das sog. Multilaterale Instrument – Zukunft des Abkommensrechts, IWB 2017, 16.

Haase, Florian: Internationales und Europäisches Steuerrecht, 4. Auflage, Heidelberg 2014.

Hannes, Frank: Erbschaftsteuerreform 2016: Neuregelung zur Bewertung und zum Umfang der Verschonung, ZEV 2016, S. 554–561.

Hechler, Manuela: Die Besteuerung deutsch-französischer Erbfälle, zugl.: Diss., Universität Osnabrück 1997, Köln 1998.

Hellio, François/Rädler, Albert: Anmerkungen zur Diskussion um die Option zur Körperschaftsteuer aus französischer Sicht, IStR 2000, S. 401–405.

Hellio, François/Rädler, Albert/Thill, Pierre-Sebastien: Steuern in Frankreich, 2. Auflage mit Nachtrag, Köln 2005.

Hellio, François/Rädler, Albert/Roc'h, Johann: Nouvel avenant à la convention franco-allemande en matière de fiscalité du patrimoine – Apercu rapide par Francois Hellio et Johann Roc'h, La Semaine juridique Notariale et Immobilière 2015, Nr. 21, act. 601.

Henke, Ulf/Lang, Michael: Qualifizierung ausländischer Rechtsgebilde am Beispiel der Delaware-LLC, IStR 2001, S. 514–520.

Heuermann, Bernd/Brandis, Peter (Hrsg): EStG – KStG – GewStG Kommentar, begründet von *Blümich, Walter*, Stand: 135. Auflage, Stand: November 2016, München (zitiert als *Bearbeiter*, in: Blümich, jeweiliges Gesetz).

Holtz, Michael: Erbschaftsteuerreform 2016- Das neue Verschonungssystem für Unternehmensvermögen, NJW 2016, S. 3750–3755.

Jacob, Friedhelm/Link, Matthias: Zur Abkommensberechtigung einer französischen SICAV, IStR 2012, S. 949–953.

Jacobs, Otto H./Endres, Dieter/Spengel, Christoph: Internationale Unternehmensbesteuerung, 8. Auflage 2016, München (zitiert als *Bearbeiter*, in: Jacobs, Internationale Unternehmensbesteuerung).

Jülicher, Marc: Das neue DBA Frankreich-Deutschland zur Erbschaft- und Schenkungsteuer, IStR 2007, S. 85–91.

Kahlenberg, Christian: Der Rechtstypenvergleich zur Qualifikation ausländischer Rechtsträger, PIStB 2013, S. 310–316.

Kaiser, Sascha: Der französische REIT, zugl. Diss., Universität Trier (2011), Frankfurt am Main 2012.

Kessler, Wolfgang/Arnold, Niels: Immobilieninvestitionen über Kapitalgesellschaften – Versagt die deutsche DBA-Verhandlungsgrundlage per se das Schachtelprivileg?, IWB 2014, S. 60–67.

Kessler, Wolfgang/Sinz, Andreas/Achilles-Pujol, Charlotte: DBA-Kommentar Deutschland/Frankreich, Herne 2007.

Klima, Peter: Reform des Erbrechts und der Vermögensübertragung in Frankreich, ZEV 2006, S. 440–444.

Köhler, Andreas: Examinatorium Internationales Privatrecht, Baden-Baden 2016.

Kopec, Agnieszka/Mroz, Katarzyna: Steuersubjektqualifikation ausländischer Rechtsträger im internationalen Vergleich, Ubg. 2014, S. 164–170.

Korn, Klaus/Carlé, Dieter/Stahl, Rudolf/Strahl, Martin (Hrsg.): Einkommensteuergesetz, Kommentar, Stand: 98. Aktualisierung (November 2016), Berlin/Bonn (zitiert als *Bearbeiter*, in: Korn, EStG).

Kraft, Cornelia/Hohage, Uwe: Gestaltungsüberlegungen beim Verkauf von Anteilen an grundstücksverwaltenden Gesellschaften, IStR 2014, S. 605–610.

Krabbe, Helmut: OECD-Musterabkommen 2000, IStR 2000, S. 196–201.

Kramer, Jörg-Dietrich: Was bedeutet der neue Abs. 10 des Art. 9 DBA Deutschland/Frankreich? IStR 2016, S. 868–869.

Lang, Michael: Zurechnungskonflikte im DBA-Recht: unterschiedliche Auffassungen des österreichischen Finanzministeriums und der OECD, IStR 2012, S. 857–861.

Lay, Henrik/Stoecker, Verena: Die deutsche Verhandlungsgrundlage für DBA, IWB 2013, S. 368–377.

Le Lamy Fiscal, Edition 2017 (2 Bände), Reuil-Malmaison 2017.

Leboff, Dimitri/Saiac, Julien: Une entité exonéré d'impôt ne peut pas bénéficier de l'application d'une convention fiscale, Feuillet Rapide fiscal social 2014, Heft 51, Nr. 7.

Lehmann, Daniel: Die EU-Erbrechtsverordnung zur Abwicklung grenzüberschreitender Nachlässe, DStR 2012, S. 2085–2089.

Leipold, Dieter: Erbrecht, 20. Auflage, Tübingen 2014.

Leitzen, Mario: EuErbVO: Praxisfragen an der Schnittstelle zwischen Erb- und Gesellschaftsrecht, ZEV 2012, S. 520–524.

Leroyer, Anne-Marie: Droit des successions, 3. Auflage, Paris 2014.

Mallaret, Aurélien/Schultze, Pascal: Frankreich – Steuerrechtsstreite mit Handlungsbedarf bis zum 31.12.2016, IStR-LB 2016, S. 104–106.

Moench, Dietmar/Morsch, Anke: Das „Erbschaftsteuer-DBA" zwischen Saarland und Frankreich – Ein Dokument zeitvergessener Vertragsverhandlungen, ZEV 2002, S. 273–276.

Ngatsing, Pascal/Mallaret, Aurélien: Signature d'un avenant à la convention fiscale franco-allemande en matière d'impôt sur le revenu et sur la fortune, Revue de Droit fiscal 2015, act. 245.

OECD *(Hrsg.)*, The Application of the OECD-Model Tax Convention to Partnerships, Paris 1999.

OECD *(Hrsg.)*, Modèle de Convention fiscale concernant le revenu et la fortune 2014 (Version complète), Paris 2016.

OECD *(Hrsg.)*, Preventing the Granting of Treaty Benefits in Inapropriate Circumstances, Action 6 – 2015, Final Report, OECD/G20 Base Erosion an Profit Shifting Project, Paris 2015.

Plewka, Harald/Beck, Karin: Qualifikation als Immobiliengesellschaft nach dem Recht der Doppelbesteuerungsabkommen, IStR 2007, S. 125–131.

Reimer, Ekkehard: Seminar F: Die sogenannte Entscheidungsharmonie als Maßstab für die Auslegung von Doppelbesteuerungsabkommen, IStR 2008, S. 551–555.

Reimer, Ekkehard: Meilenstein des BEPS-Programms: Das Multilaterale Übereinkommen zur Umsetzung der DBA-relevanten Maßnahmen, IStR 2017, S. 1–6.

Reith, Thomas: Internationales Steuerrecht, Handbuch zum Doppelbesteuerungs- und Außensteuerrecht und zu Gestaltungen grenzüberschreitender Investitionen, München 2004.

Rössler, Rudolph/Troll, Max: Bewertungsgesetz Kommentar, Loseblattsammlung, 25. Ergänzungslieferung, Stand: 31. Oktober 2016, München (zitiert als *Bearbeiter*, in: Rössler/Troll, BewG).

Rotter, Markus/Welz, Thilo/Lammers, Lutz: Kommentar zur Verhandlungsgrundlage für DBA, Herne 2014.

Rubechi, Guillaume: Frankreich: Qualifikation ausländischer Personengesellschaften nach französischem Steuerrecht, IStR-LB 2015, S. 30.

Rubechi, Guillaume: Frankreich: Bei Sozialabgaben auf Einkünfte aus Vermögen Einspruch einreichen!, IStR-LB 2015, S. 52.

Rubechi, Guillaume: Deutsch-französisches DBA: Wichtige Änderungen, IStR-LB 2015, S. 57–60.

Säcker, Franz Jürgen/Rixecker, Roland/Oetker, Hartmut/Limperg, Bettina (Hrsg.): Münchner Kommentar zum Bürgerlichen Gesetzbuch, Band 1, 7. Auflage 2015, München (zitiert als *Bearbeiter*, in: Münchner Kommentar zum BGB, Band 1).

Säcker, Franz Jürgen/Rixecker, Roland/Oetker, Hartmut/Limperg, Bettina (Hrsg.): Münchner Kommentar zum Bürgerlichen Gesetzbuch, Band 10, 7. Auflage 2017, München (zitiert als *Bearbeiter*, in: Münchner Kommentar zum BGB, Band 10 (7. Aufl.).

Säcker, Franz Jürgen/Rixecker, Roland/Oetker, Hartmut/Limperg, Bettina (Hrsg.): Münchner Kommentar zum Bürgerlichen Gesetzbuch, Band 10, 6. Auflage 2015, München (zitiert als *Bearbeiter*, in: Münchner Kommentar zum BGB, Band 10 (6. Aufl.).

Säcker, Franz Jürgen/Rixecker, Roland/Oetker, Hartmut/Limperg, Bettina (Hrsg.): Münchner Kommentar zum Bürgerlichen Gesetzbuch, Band 11, 6. Auflage 2015, München (zitiert als *Bearbeiter*, in: Münchner Kommentar zum BGB, Band 11).

Schmalz, Andrea: Die Veräußerung von Beteiligungen an Personengesellschaften im internationalen Steuerrecht unter Berücksichtigung des Partnership-Reports der OECD, IStR 2003, S. 290–298.

Schmidt, Ludwig/Weber, Grellet, Heinrich, Einkommensteuergesetz Kommentar, 36. Auflage 2017, München (zitiert als *Bearbeiter*, in: Schmidt, EStG).

Schneider, Christoph: Doppelbesteuerungsrechtliche Qualifikationskonflikte im Kontext einer deutschen Betriebsaufspaltung mit französischem Gesellschafter, zugl. Diss., Universität des Saarlandes 2010, Baden Baden 2013.

Schömmer, Hans-Peter/Steinhauer, Thomas/Haydu, Ralph: Internationales Erbrecht Frankreich, München 2005.

Schultze, Pascal: Veräußerungsgewinnbesteuerung in Frankreich, IWB 2010, S. 631–641.

Schultze, Pascal: Frankreich: Keine Sozialbeiträge mangels Sozialversicherung in Frankreich, IStR-LB 2015, S. 30–31.

Schultze, Pascal: Keine DBA-Begünstigung für steuerbefreite Körperschaften, IStR 2016, S. 320–323.

Serlooten, Patrick: Droit fiscal des affaires, 15. Auflage, Paris 2016.

Spahlinger, Andreas/Wegen, Gerhard/Carl, Peter Steffen: Internationales Gesellschaftsrecht in der Praxis, Kollisions- und Sachrecht wesentlicher Fälle mit Auslandsverührung, Europäisches Unternehmensrecht, Wahl der Gesellschaftsform, Corporate Governance, wichtige ausländische Rechtsformen, München 2005 (zitiert als *Bearbeiter*, in: Spahlinger/Wegen, Internationales Gesellschaftsrecht in der Praxis).

Staiger, Jürgen; *Köth, Vanessa*: Abkommensberechtigung einer französischen SICAV sowie des deutschen REIT, BB 2012, S. 2915–2920.

Strunk, Günther/Kaminski, Bert/Köhler, Stefan: Außensteuergesetz, Doppelbesteuerungsabkommen: Kommentar, Loseblattausgabe, Stand 46. EL März 2017, Bonn (zitiert als *Bearbeiter*, in: Strunk/Kaminski/Köhler, AStG, DBA).

Süß, Rembert (Hrsg.): Erbrecht in Europa, 3. Auflage, Bonn 2016 (zitiert als *Bearbeiter*, in: Süß, Erbrecht in Europa).

Wagner, Gunther: Die Besteuerung des deutschen REIT – Eine rechtsvergleichende Untersuchung unter besonderer Berücksichtigung des Abkommens- und Gemeinschaftsrechts, zugl. Diss., Ludwig-Maximilians-Universität München (2009), München 2010.

Wagner, Thomas/Lievenbrück, Christoph: Die Grundbesitzklausel gemäß Art. 13 Abs. 4 OECD-MA in deutschen Doppelbesteuerungsabkommen, IStR 2012, S. 593–601.

Walter, Roland: Fiches de droit fiscal international, 3. Auflage, Paris 2016.

Wälzholz, Eckard: Die EU-Erbrechtsverordnung Nr. 650/2012 in der Gestaltungspraxis, IWB 2013, S. 613–624.

Wassermeyer, Franz (Hrsg.), Doppelbesteuerung: DBA, Loseblattsammlung, Stand: 137. Ergänzungslieferung 2017, Band I, Band II, München (zitiert als

Bearbeiter, in: Wassermeyer, DBA (jew. DBA), ggf. gekennzeichnet sind Zitate aus der 136. EL).

Wassermeyer, Franz (Hrsg.), Doppelbesteuerung: DBA, Zum 75. Geburtstag von Prof. Dr. Dr. h.c. Franz Wassermeyer, Festgabe, München 2015 (zitiert als *Bearbeiter*, in Wassermeyer, DBA, Festgabe zum 75. Geburtstag von Prof. Dr. Dr. h.c. Wassermeyer).

Wassermeyer, Franz/Richter, Stefan/Schnittker, Helder: Personengesellschaften im Internationalen Steuerrecht, 2. Auflage, o.O., 2015.

Trierer Studien zum Internationalen Steuerrecht

Herausgegeben von Gabriele Burmester

Band 1 Steffen Alexander Lindenthal: Mitwirkungspflichten des Steuerpflichtigen und Folgen ihrer Verletzung. Unter besonderer Berücksichtigung der Dokumentationspflichten bei Verrechnungspreisen. 2006.

Band 2 Svenja Kaufer: Grenzüberschreitende Organschaft kraft Gemeinschaftsrecht. Übernimmt Österreich für Deutschland eine Vorreiterrolle? 2006.

Band 3 Antje Hagena: Die Behandlung von Personengesellschaften in den Doppelbesteuerungsabkommen der Bundesrepublik Deutschland mit den Staaten Mittel- und Südamerikas. 2007.

Band 4 Marie-Theres Rämer: Besteuerung aktienbasierter Vergütungen in Deutschland und im Vereinigten Königreich. 2007.

Band 5 Thorsten Hilger: Besteuerung der internationalen Seeschifffahrt. 2007.

Band 6 Claudia Neitz: Die Besteuerung internationaler Gemeinschaftsunternehmen. 2008.

Band 7 Felix Magnus Kessens: Die Besteuerung der grenzüberschreitenden Überführung von Wirtschaftsgütern. 2009.

Band 8 Rike Claudia Henkes-Wabro: Gewinnabgrenzung bei Bankbetriebstätten im Internationalen Steuerrecht. 2009

Band 9 Markus München: Die Zinsschranke – eine verfassungs-, europa- und abkommens-rechtliche Würdigung. 2010.

Band 10 Olaf Thießen: Dreiecksverhältnisse im Internationalen Steuerrecht unter Beteiligung doppelt ansässiger Kapitalgesellschaften. 2010.

Band 11 Sascha Kaiser: Der französische REIT. Analyse des französischen SIIC-Regimes unter Berücksichtigung der Besteuerung deutscher und französischer Investoren. 2012.

Band 12 David Karl Mattern: Die Grenzgängerbesteuerung im Doppelsteuerungsabkommen zwischen Deutschland und der Schweiz. 2012.

Band 13 Stephan Hoyer: Unternehmensnachfolge und Wegzugsbesteuerung. 2013.

Band 14 Patrick Stemler: Die Behandlung von Sondervergütungen bei Personengesellschaften nach dem Recht der Doppelbesteuerungsabkommen. 2013.

Band 15 Helen Domschat: Die deutsche Vorschrift zur Verhinderung von Abkommens- und Richtlinienmissbrauch und ihre Vereinbarkeit mit Unionsrecht. 2013.

Band 16 Katharina Pfeifer: Die deutsche Besteuerung ausländischer Tonkünstler und Künstlergesellschaften. 2014.

Band 17 Evelyn Frink: Verständigungs- und Schiedsverfahren im Internationalen Steuerrecht. 2015.

Band 18 Bianca Wohlfart: Die Besteuerung der luxemburgischen Société de Participations Financières (SOPARFI). 2016.

Band 19 Sarah Anna Dreher: Die Besteuerung von Auslandsmitarbeitern in der Entwicklungszusammenarbeit. 2016.

Band 20 Dominik Monz: Die Familienstiftung im Außensteuergesetz. 2017.

Band 21 Toufic Schilling: Die Besteuerung deutscher Geschäftsaktivitäten im Libanon. 2017.

Band 22 Thomas Bücheler: Die Abkommensberechtigung von Personengesellschaften im Doppelbesteuerungsabkommen zwischen Deutschland und Japan. 2017.

Band 23 Anna Lena Weis: Französische Immobilien verwaltende Gesellschaften mit deutschem Gesellschafter unter besonderer Berücksichtigung des deutsch-französischen Abkommensrechts. 2019.

www.peterlang.com

www.ingramcontent.com/pod-product-compliance
Ingram Content Group UK Ltd.
Pitfield, Milton Keynes, MK11 3LW, UK
UKHW021851290926
8980IPUK00005B/764